国家自然科学基金资助（批准号51708378）
江苏省自然科学基金资助（批准号BK20170381）

长 城·聚 落 丛 书

张玉坤　主编

清代草原城镇：演化、结构与形态
——以漠南地区为例

张昊雁　张玉坤　著

中国建筑工业出版社

图书在版编目（CIP）数据

清代草原城镇：演化、结构与形态——以漠南地区为例 / 张昊雁，张玉坤著. —北京：中国建筑工业出版社，2020.2
（长城·聚落丛书/张玉坤主编）
ISBN 978-7-112-24836-0

Ⅰ.①清… Ⅱ.①张… ②张… Ⅲ.①草原—城镇—形成—研究—中国—清代 Ⅳ.①K29

中国版本图书馆CIP数据核字（2020）第024902号

  长城地区，是中国近三百年来土地覆盖与土地利用变化最大的区域之一，表现在"边境化"和"去边境化"的先后作用下农业生产边际和聚落景观的持续北移，奠定了近代过渡地区城镇基础。本文以清初长城南侧军堡的"撤卫置县"为序幕，通过关注兴起于长城北侧放垦蒙地的治所城镇，反映清代蒙地农耕化、聚落化、城镇化的时空结构及其演化的一般规律。并在农牧博弈、自组织与他组织双重推动的宏大视野下，运用分形、中心地等理论以及统计模拟等手段揭示历史空间演化现象背后的数学联系与物理本质。
  本书适用于建筑学、城乡规划、历史地理、城市地理、历史学等领域的研究人员、教师、学生以及对长城话题饶有兴趣人士学习或参考。

责任编辑：杨 晓 唐 旭
责任校对：王 烨

长城·聚落丛书
张玉坤 主编
清代草原城镇：演化、结构与形态——以漠南地区为例
张昊雁 张玉坤 著
*
中国建筑工业出版社出版、发行（北京海淀三里河路9号）
各地新华书店、建筑书店经销
北京锋尚制版有限公司制版
北京中科印刷有限公司印刷
*
开本：787×1092毫米 1/16 印张：16¼ 字数：334千字
2020年7月第一版 2020年7月第一次印刷
定价：68.00元
ISBN 978 – 7 – 112 –24836– 0
（35384）

版权所有 翻印必究
如有印装质量问题，可寄本社退换
（邮政编码100037）

编者按

长城作为中华民族的伟大象征，具有其他世界文化遗产所难以比拟的时空跨度。早在两千多年前的春秋战国之际，为抵御北方游牧民族的侵扰和诸侯国之间的兼并扩张，齐、楚、燕、韩、赵、魏、秦等诸侯国就已在自己的边境地带修筑长城。秦始皇统一中国，将位于北部边境的燕、赵和秦昭王长城加以补修和扩展，形成了史上著名的"万里长城"。汉承秦制，除了沿用已有的秦长城，又向西北边陲大力增修扩张。此后历代多有修建，偏于一隅的金王朝也修筑了万里有余的长城防御工事。明代元起，为防北方蒙古鞑靼，修筑了东起辽宁虎山、西至甘肃嘉峪关的边墙，全长八千八百多千米，是迄今保存最为完整的长城遗址。

国内外有关长城的研究由来已久，早期如明末清初顾炎武（1613.07—1682.02）从历史、地理角度对历代长城的分布走向进行考证。清末民初，王国维（1877.12—1927.06）对金长城进行了专题考察，著有《金界壕考》；美国人W·E·盖洛对明长城遗址进行徒步考察，著有《中国长城》（The Great Wall of China，1909）；以及英国人斯坦因运用考古学田野调查的方法对河西走廊的汉代长城进行考察等。国内学者张相文的《长城考》（1914）、李有力的《历代兴筑长城之始末》（1936）、张鸿翔的《长城关堡录》（1936）、王国良的《中国长城沿革考》（1939）、寿鹏飞的《历代长城考》（1941）等均属民国时期的开先之作。改革开放之后，长城研究再度兴盛，成果卓著，如张维华《中国长城建制考》（1979）、董鉴泓和阮仪三《雁北长城调查简报》（1980）、罗哲文《长城》（1982）、华夏子《明长城考实》（1988）、刘谦《明辽东镇及防御考》（1989）、史念海《论西北地区诸长城的分布及其历史军事地理》（1994）、董耀会《瓦合集——长城研究文论》（2004）、景爱《中国长城史》（2006）等。同时，国家、地方有关部门和中国长城学会进行了多次长城资源调查，为长城研究提供了可靠的资料支持。概而言之，早期研究多集中在历代长城墙体、关隘的修建历史、布局走向及其地理与文化环境，近年来逐步从历史文献考证向文献与田野调查相结合，历史、地理、考古、保护实践等多学科相融合的方向发展，长城防御体系的整体性概念逐渐形成。丰富的研究成果和学术进步，对长城研究与保护贡献良多，也为进一步深化和拓展长城研究打下坚实基础。

聚落变迁一直是天津大学建筑学院六合建筑工作室的主导研究方向。2003年，工作室师生赴西北地区进行北方堡寨聚落的田野调查，在明长城沿线发现大量堡寨式的防御性聚落，且尚未引起学界的广泛关注。自此，工作室便在以往聚落变迁研究的基础上，开启了"长城军事聚落"这一新分支，同时也改变了以单个聚落为主的建筑学研究方法。在研究过程中，课题组坚持整体性、层次性、系统性的研究思路和原则，将长城防御体系与军事聚落视作一个巨大时空跨度的统一整体来考虑，在这一整体内部还存在不同的规模层次或不同的子系统，共同构成一个整体的复杂系统。面对巨大的复杂系统，课题组采用空间分析（Spatial Analysis）的研究方法，以边疆军事防御体系和军事制度为线索，以遗址现场调查、古今文献整理为依托，对长城军事聚落整体时空布局和层次体系进行研究，以期深化对长城的整体性、层次性和系统性的认识，进一步拓展长城文化遗产构成，充实其完整性、真实性的遗产保护内涵。基于空间分析方法的技术需求，课题组自主研发了"无人机空—地协同"信息技术平台，引进了"历史空间信息分析"技术，以及虚拟现实、地理定位系统等技术手段。围绕长城防御体系和海防军事聚落、建筑遗产空—地协同和历史空间信息技术，工作室课题组成员承担了十几项国家自然科学基金项目和科技支撑计划课题，先后指导40余名博士生、硕士生撰写了学位论文，科学研究与人才培养相结合为长城·聚落系列研究的顺利开展提供了有力支撑和保障。

"六合文稿"长城·聚落丛书的出版，是六合建筑工作室中国长城防御体系和传统聚落研究的一次阶段性总结汇报。先期出版的几本文稿，主要以明长城研究为主，包括明长城九边重镇全线和辽东镇、蓟镇、宣府镇、甘肃镇，以及金长城的防御体系与军事聚落和河北传统堡寨聚落演进机制的研究；后期计划出版有关明长城防御体系规划布局机制、军事防御聚落体系宏观系统关系、清代长城北侧城镇聚落变迁、明代海防军事聚落体系，以及中国传统聚落空间层次结构、社区结构的传统聚落形态和社会结构表征与聚落形态关系的分析等项研究内容。这些文稿作为一套丛书，是在诸多博士学位论文的基础上改写而成，编排顺序大体遵循从宏观到微观、从整体到局部的原则，研究思路、方法亦大致趋同。但随时间的演进，对研究对象的认识不断深化，使用的分析技术不断更新，不同作者对相近的研究对象也有些许不同的看法，因而未能实现也未强求在写作体例和学术观点上整齐划一，而是尽量忠实原作，维持原貌。博士生导师作为作者之一，在学位论文写作之初，负责整体论文题目、研究思路和写作框架的制定，写作期间进行了部分文字修改工作；此次文稿形成过程中，又进行局部修改和文字审核，但对属于原学位论文作者的个人学术观点则予以保留，未加干预。

在此丛书付梓之际，面对长城这一名声古今、享誉内外的宏观巨制，虽已各尽其力，却仍惴惴不安。一些问题仍在探索，研究仍在继续，某些结论需要进一步斟酌，瑕疵、纰漏之处在所难免。是故，谓之"文稿"，希冀得到读者的关注、批评和教正。

在六合建筑工作室成员进行现场调研、资料搜集、文稿写作和计划出版期间，得到了多方的支持和帮助。感谢国家自然科学基金的大力支持，"中国北方堡寨聚落基础性研究"（2003—2005）项目的批准和实施，促使工作室启动了长城军事聚落研究，其后十几个基金项目的批准保障了长城军事聚落基础性、整体性研究的顺利开展；感谢中国长城学会和长城沿线各省市地区文保部门专家在现场调研和资料搜集过程中所给予的无私帮助和明确指引；感谢中国建筑工业出版社对本套丛书编辑出版的高度信任和耐心鼓励；感谢天津大学领导和建筑学院、研究生院、社科处等有关部门领导所给予的人力物力保障和学校"985"工程、"211"工程和"双一流"建设资金的大力支持。向所有对六合建筑工作室的研究工作提供帮助、支持和批评建议的专家学者、同仁朋友表示衷心感谢。

"人类历史刚刚破晓时,城市便已经具备成熟形式了。要想更深刻地理解城市的现状,我们需要略过历史的天际线去考察那些依稀可辨的踪迹,去了解城市更远古的结构和更原始的功能。这应成为我们城市研究的首要任务。但这还不够,我们还要遵循这些遗迹继续追寻,沿着城市经历的种种曲折和所留下的印痕,通考5000年有文字可考的历史,直至看到正在展开的未来。"[①]

——(美)刘易斯·芒福德

前 言

对于生长在南方的我而言,"塞北"蕴含着无尽异想和浪漫情怀,而这诗画意境多拜古代文人墨客所赐。在他们眼中,是"大漠孤烟直,长河落日圆"的壮阔山河;是"黄河远上白云间,一片孤城万仞山。羌笛何须怨杨柳,春风不度玉门关"的思乡孤寂;抑或是"月黑雁飞高,单于夜遁逃。欲将轻骑逐,大雪满弓刀"的昂扬抱负;是"秦时明月汉时关,万里长征人未还"的断肠哀怨。倘若撇去军旅边塞诗,南北朝民歌《敕勒歌》"敕勒川,阴山下,天似穹庐,笼盖四野。天苍苍,野茫茫,风吹草低见牛羊",则十分生动和形象地勾勒出一副草原生活的画面:蓝天白云之下,白色的蒙古包如星星般点缀散落于草原,逶迤的河畔牧草中牛羊隐隐若现。

但当自己真正踏足关外,却惊讶于沿途"阡陌交通,鸡犬相闻",尽是一派"暧暧远人村,依依墟里烟"的田园风光。这俨然内地的场景,却与心中的理想画面相去甚远。我知道,就在几百年前,所经之地还是林丹、俺答、也先等蒙古大汗放牧生息和纵横天下的舞台,如今却只剩萧萧北风在诉说过去的历史。此情此景让人不禁感慨:曾经的沧海桑田历经了怎样的变迁?它从何而来?又将向何而去?一系列困惑和不解驱使着我去探寻答案,也正是在上下求索的过程中逐渐揭开了本书的序幕。

全文遵循"过程—格局—肌理"的递进顺序,共分七部分:

绪论从时间、空间、概念三个维度界定对象,在梳理国内外相关研究的基础上,介绍研究思路和数据来源。

第一章以"发展背景"为题,坚持历史唯物主义史观,从地区自然地理环境、交通区位特征和时代政治基础三方面发掘影响城镇发展的相关因素,论述格局演化的必然性和规律性。

第二章以"时空演化"为题,廓清清代长城地区城镇发展历程:指出清初长城南侧军管型向民治型政区转变拉开了长城带开发的序幕,但近边实土卫所和腹地无实土卫所的转变路径却有所不同;在移民和商贸的推动下,长城北侧蒙地城镇遵循"设厅官(知府佐贰官)→抚民厅→'厅'改'州县'→较大市镇设官(知县佐贰官)→次县级市镇置州县,脱离母境成为独立区划→较大市镇设知县佐贰官"的渐进模式,以口北三厅为起点沿长城线作横向和

[①] (美)刘易斯·芒福德. 城市发展史——起源、演变和前景[M]. 倪文彦,宋俊岭,译. 北京:中国建筑工业出版社,1989:1.

纵向扩散。但受制于政策的反复性和放垦的渐进性，城镇发展具有明显的阶段性——设治前的封禁期、增长初期、增长停滞期、增长恢复期、增长停滞期、增长高速期。

第三章以"空间结构"为题，运用现代地理学理论对治所城镇体系的空间格局进行定量刻画，发现其具有简单的分形特征，并以归化城和承德府为聚集核心。就局部而言，归绥和直隶地区分维值位于1~2区段内，城镇向远离发展轴的腹地致密化扩散；奉天地区分维值趋近于1，城镇仍处于沿发展轴线性扩散；就时序而言，城镇体系经历了随机分布→局部有组织聚集→整体自相似扩散的过程。过程中通过规定长城出入关口和入蒙路线等影响扩散轨迹，进而左右城镇分布。

第四章以"组织结构"为题，通过对比分析城镇行政格局、军事格局、市场格局的差异，理解边地城镇体系演化的地域性与趋势性。行政体系上，长城南北侧地区城镇空间距离结构逐渐趋同，并向减少管理幅度的趋势发展；驻防体系上，通过"八旗兼统绿营"对两套系统进行整合，完成由"依托长城多中心簇状的常态值守模式"切换至"高级聚落前置的应激模式"，其与行政格局的吻合度随着级别的降低而分异；市场格局和行政格局的对应关系在中间层出现偏差，表现为新兴经济城市与传统政治城市的对峙，且前者更接近点轴扩散模型。

第五章以"城镇形态"为题，着眼于对不同等级的治所城镇形态特征进行总结和概括。作为内地政治文化的延续，口外城镇形态保持了中国传统城市的单一性和稳定性，但在规模和设施方面较为逊色。以人口为衡量标准，城镇规模可以划分6个等级，但人口规模和城周里长的对应性不显著。城市生活存在两个活动中心——商业活动中心和官绅士大夫活动中心。随着清末铁路的出现，沿线城市又于传统城区之外产生了独立的车站附属区，形成以车站为中心，商业、居住、仓储、绿地、市政等多功能综合城区，标志着城市近代化的来临。

第六章是结语，将本书定位于"后长城时代"和"长城外侧"的历史时空坐标，讨论其对历史空间现象认知的意义。

目 录

编者按

前　言

绪　论 ··· 1
　　一、研究缘起 ··· 1
　　二、研究对象与分析方法 ··· 6
　　三、相关领域研究综述 ··· 15

第一章　清代漠南地区城镇发展背景 ·· 31
第一节　漠南地区的自然地理环境 ··· 31
　　一、气候特征 ··· 31
　　二、地形地貌 ··· 32
　　三、河流水系 ··· 33
第二节　清代漠南地区的交通区位特征 ······································ 35
　　一、区位特征 ··· 35
　　二、对外交通 ··· 36
第三节　漠南地区城镇发展的社会政治基础 ································ 38
　　一、清以前的阶段性开发 ··· 38
　　二、清代地区政治基础 ··· 44
第四节　本章小结 ·· 48

第二章　清代漠南地区城镇时空演化 ·· 49
第一节　序幕：清代长城南侧城镇发展概述 ································ 49
　　一、山西长城南侧地区城镇发展 ·· 49
　　二、直隶长城南侧地区城镇发展 ·· 51
　　三、长城南侧地区城镇演化规律 ·· 54
第二节　发展：清代漠南地区城镇发展历程 ································ 55
　　一、建置概述 ··· 55
　　二、时序波动 ··· 63
　　三、空间扩散 ··· 66
第三节　现象：清代漠南地区城镇分布特征 ································ 69
　　一、空间位置特征 ··· 70
　　二、密度分布特征 ··· 73
　　三、聚集倾向特征 ··· 76
第四节　成因：清代漠南地区城镇发展动力 ································ 77
　　一、行政调控与移民流动 ··· 77
　　二、口岸贸易与资本流入 ··· 82

第五节　本章小结 ··· 87

第三章　清代漠南地区城镇空间结构 ··· 89
　　第一节　空间格局分形特征 ··· 89
　　　一、研究方法 ··· 89
　　　二、分形实证 ··· 91
　　第二节　行政网络空间结构 ··· 96
　　　一、中心地理论的一般性与漠南地区的特殊性 ······························· 96
　　　二、行政网络空间结构的地域性与趋势性 ····································· 97
　　第三节　长城与蒙地城镇的相关性 ··· 110
　　　一、长城在城镇扩散中的影响 ··· 111
　　　二、城镇与驿路的空间相关性 ··· 115
　　　三、城镇与关口的空间聚集性 ··· 117
　　　四、模拟：历史空间现象的新视角 ·· 120
　　第四节　本章小结 ·· 123

第四章　清代漠南地区城镇组织结构 ··· 124
　　第一节　补充视角——军事和经济 ··· 124
　　　一、城镇军事属性 ··· 124
　　　二、城镇经济属性 ··· 125
　　第二节　军事防御体系与驻防圈 ·· 127
　　　一、驻防体系的建置过程 ··· 127
　　　二、驻防体系的层级控制 ··· 132
　　　三、驻防体系空间结构分析 ·· 138
　　　四、驻防圈与行政格局的吻合关系 ·· 145
　　第三节　经济商贸体系与市场圈 ·· 151
　　　一、层级划分：规模与功能 ·· 152
　　　二、市场层级和代表性城镇 ·· 154
　　　三、市场体系空间结构分析 ·· 161
　　　四、市场圈与行政格局的吻合关系 ·· 181
　　第四节　本章小结 ·· 182

第五章　清代漠南地区城镇单体形态 ··· 184
　　第一节　外部形态 ·· 184
　　　一、城墙内的治所 ··· 184
　　　二、自由生长的街市 ·· 192
　　第二节　规模等级 ·· 196
　　　一、府级城市规模 ··· 196
　　　二、县级城市规模 ··· 202
　　　三、次县级市镇规模 ·· 205
　　第三节　内部结构 ·· 207
　　　一、主要功能构成要素 ··· 208
　　　二、主要功能区布局特征 ·· 213
　　第四节　本章小结 ·· 217

第六章　结　语 ·· 219

附　录 ·· 222
　　附录一　清代漠南地区城镇信息一览表 ·················· 222
　　附录二　清代内蒙古五路驿站信息一览表 ·················· 226
　　附录三　清代绿营大同镇驻屯信息一览表 ·················· 228
　　附录四　清代绿营古北口提督驻屯信息一览表 ············ 231
　　附录五　清代绿营宣府镇驻屯信息一览表 ·················· 232
　　附录六　城镇扩散模拟MATLAB源代码 ····················· 233

参考文献 ·· 235

绪　论

古语有云：欲知大道，必先为史。言简意赅地表达了历史规律所蕴含的现实意义。放眼当下，因发展而浮现的诸多问题正不断放大，如城乡二元化、地区不平衡、全球化对地域性的挑战等。为此，2014年国务院制定《国家新型城镇化规划（2014—2020）》，明确提出"优化城镇化布局和形态、强调生态文明和可持续发展、延续文脉留住乡愁"的总体要求。而规划未来的前提是对未来目标的设定，这首先取决于如何理解自己——只有搞清楚我是谁、从哪里来，才能回答要到哪里去。

本书以空间为线索，运用空间分析技术和复杂系统理论，还原和分析清代漠南地区聚落化与结构化的过程、形态、机制以及生成逻辑。绪论首先在界定研究对象的基础上，通过参考国内外相关研究，确定本案的研究方法和技术路线。

一、研究缘起

（一）边疆开发的兴起和理论研究的匮乏

漠南地区位于中国北部边疆，与内地省份以明长城为界，幅员辽阔，境内地形地貌复杂多样。400mm等降水量线穿越其境，形成半湿润—半干旱过渡的气候特征、农耕与畜牧并存的经济形式。公元前21～前3世纪，地区主要活跃匈奴、东胡、楼兰等北方游牧民族；自战国时期起，中原民族开始进入并带来农耕技术和城市文明，相继建立一系列城市：如战国时期赵国的云中郡、九原郡，燕国的雁门郡、上谷郡、右北平郡；北魏时期的盛乐城、云中城及六镇军堡；唐朝的受降城；辽朝、金朝和元朝虽然是游牧民族建立的政权，但也仿效汉制营建辽上京、中京、元上都、应昌路城等治所城镇和领主性质的投下城；明朝俺答汗建立归化城等。清朝将长城南北纳入统一的国家开发中，逐步推行蒙垦和移民，建立一系列的治所城镇并延续至今。

中华人民共和国成立后，内蒙古地区经济发展和城镇建设进入快速发展时期：1947～1957年，内蒙古自治区城市化水平由12.2%上升到18.7%，年增长0.65%，高于当时0.53%的全国水平；1958～1981年，城市化率徘徊在20%～30%区间；1982～1999年，城市化率由29.1%急剧上升至41.0%；21世纪的前十年间，随着经济全球化、区域产业结构调整以及西部开发政策的引导，边疆民族地区的城镇发展驶入快车道，城镇化率由42.2%提高到53.4%。2012年自治区政府组织制定《呼包鄂城市群规划》《乌海及周边地区城镇规划》《锡林郭勒南部区域中心城市建设规划》[①]等，2014年国家审查并通过《内蒙古自治区

[①] 城市规划通讯. 内蒙古加快城镇化建设[J]. 城市规划通讯，2012（4）：12.

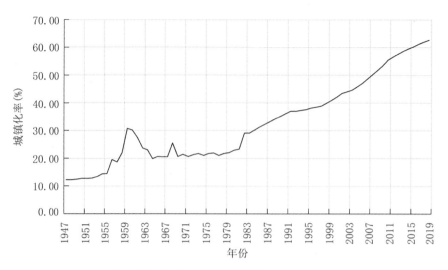

图0-1 1947~2018年内蒙古自治区城镇化率统计
（资料来源：内蒙古自治区统计局http://tj.nmg.gov.cn/）

城镇体系规划纲要（2014—2030）》，这些政策必将进一步推动内蒙古城镇化的发展（图0-1）。

区域开发和城镇建设必然产生对城镇聚落相关理论和应用研究的需求，同时空间信息技术、分形、中心地等新理论和新工具的引入，也促使聚落研究处于相对活跃时期。然而，无论是在现代聚落研究，还是历史聚落研究中均存在明显的不平衡，即"大集中、小分散"的特点[①]：成果大多集中于长三角、珠三角等经济发达地区，对象涵盖上至苏州、无锡等地区中心城市，下至乡村集镇的几乎所有规模的聚落，内容涉及城镇形态、发展历程、空间结构、模拟预测以及社会生活等；少部分学者以成都平原、黄土高原和东北地区的聚落为对象，但成果较分散不成体系。漠南蒙古地区地处边陲，历史上一直孤悬于传统经济区之外，再加上城镇建设起步较晚和经济发展相对滞后，自然较难引起关注。

可喜的是，近年来学者对边疆聚落的关注明显升温，一方面因边疆地区经济社会的快速发展而产生的源生动力，另一方面也是因传统"热点"地区研究趋于饱和而导致的"溢出"现象。在1995年至2015年的国家科学基金项目中，以"聚落"为关键词的项目数已激增至15个，其中涉及西南、西北、东北等边疆地区的项目比重也有显著提升。

---

① 王晓伟，何小芊，戈大专，等. 中国历史聚落地理研究综述[J]. 热带地理，2012，32（1）：107-112.

绪　论

（二）空间技术的崛起和传统手段的滞后

20世纪60年代以来，以电子信息、生物科学、空间技术为代表的高新技术迅猛发展，满足了处理海量信息的精确性和迅捷性的要求，极大提高了人们分析和把握复杂事物的能力。聚落分布是人类在地球表面活动的外显，与三维空间息息相关，因而"位置"（绝对坐标定位/相对拓扑关系）是研究起点，并由此推动以电子计算机为运算载体，以卫星定位系统（GPS）、遥感影像技术（RS）和地理信息系统（GIS）为代表的"3S"技术——空间信息技术（Spatial Information Technology）的崛起。卫星定位和遥感技术是利用地球表面物体对电磁波中不同光谱吸收和反射的差异判断土地覆盖物的分布和纹理特征；地理信息系统（Geographic Information System）是在计算机硬件设备支持下，对地理空间数据和属性信息进行采集、度量、分析、储存、管理、显示、运用等操作。前两者致力于数据采集，后者专注于数据管理和分析。三者在实际运用中相互配合，为城市规划、聚落考古、大气研究、地表水文等提供决策和管理支持（图0-2）。

传统的历史聚落研究首先通过收集、阅读、整理历史文献和研究资料，获得研究对象的属性信息；再通过实地考察，以今日地表景观为参照，将文字记录或古代舆图转化为空间三维感知（图0-3）。其工作机理与"3S"技术类似，区别在于运算量和精度。相比之下，传统方法存在明显的短板：（1）无法保证数据的准确性；（2）无法将分析过程计量化和参数化，不易于新技术的引入；（3）无法对多组数据进行叠加分析和相关性挖掘；（4）分析效率较低，不便于大范围、长时程的聚落群演化研究。

21世纪以来，现代地图技术与空间分析技术已渗透至历史聚落研究领域，即转译历史文献中的地理表达，绘制各时期疆域行政图、长城/水系走向图、城镇分布图等，为深度揭示特定时空范围的人地关系提供了基础平台。其中复旦大学历史地理研究中心与哈佛大学合作研发的"中国历史地理信息系统项目（CHGIS）"是为翘楚——构建中国连续历史时期的地理信息库（GIS），提供查

图0-2　法国SPOT卫星5号拍摄天津全色5米和多波段10米分辨率卫星影像
（图片来源：上帝之眼http://www.godeyes.cn）

图0-3 舆图中的敌台、现实中的敌台、模型中的敌台

询、统计、建模等开源服务。需要指出的是，目前对于新兴空间技术的运用较多停留在专题地图绘制的层面，较少涉及空间分析和推演模拟，对新技术可能对研究理念和方法的影响的思考尚缺乏深刻地认识[①]。究其原因，一方面是历史环境变迁带来的数据获取与信息核实存在障碍；另一方面，这不可避免地对研究者的知识构成提出了更高要求。

（三）区域协同的趋势和整体研究的缺位

城市和区域是整体在不同维度下的展现，城镇不可能孤立于地球表面，而必须在相互关联中获得存在的意义。针对当前城镇化中出现的种种问题，有学者明确指出"城市问题就是区域问题"[②]，呼吁从经济、市场多角度对城市和区域重新定位。《国家新型城镇规划（2014—2020）》也提出实施区域发展总体战略和主体功能区战略要求，认为构筑区域优势互补是走新型城镇化道路的保障和基础。目前，基于协同发展带来的结构优化的红利，中国城市群逐渐呈现巨型化趋势，由单核区域向多核组合、由省域向跨省域转变（图0-4）。具体就长城地带而言，虽然未被纳入"一带一路"战略，但内蒙古、吉林、黑龙江等均表达强烈的诉求，希望加快参与和构建中蒙俄经济走廊的地区合作。

长城"虽由人作宛自天开"，在农牧博弈的塑造下已成为地理气候界线的标识（半湿润与半干旱区分界）。随着清代垦殖线不断北移，明长城北侧蒙地发展为农牧经济混合地带，成为关内政治、经济、文化的延伸。当代，曾经一体的漠

[①] 潘威，孙涛，满志敏. GIS进入历史地理学研究10年回顾[J]. 中国历史地理论丛，2012，27（1）：11-17.
[②] 崔功豪. 城市问题就是区域问题——中国城市规划区域观的确立和发展[J]. 城市规划学刊，2010，01：24-28.

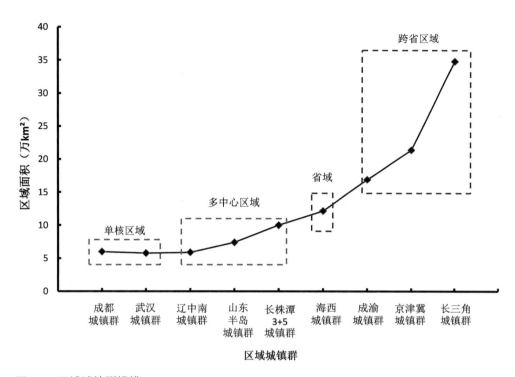

图0-4 区域城镇群规模
（资料来源：崔功豪. 城市问题就是区域问题——中国城市规划区域观的确立和发展[J]. 城市规划学刊，2010（01）：24-28.）

南地区分属于河北、辽宁、吉林、内蒙古等省份，致使聚落研究多以省界作为范围。然而，行政划属并不能掩盖蒙地城镇在发生源头的关联性，即环境约束、民族构成、发生逻辑等方面的一致性，而正是这些条件和要素的相似性为今日大区域协同发展提供了历史基础。因此，需要尝试超越当代行政区划的束缚，以地理单元作为区划标准，整体性和源头性地梳理蒙地城镇发展的脉络。

（四）大长城学的丰富和"后长城概念"的提出

长城是中国古代中原王朝为抵御北方游牧民族南下侵扰而修筑的军事防御体系，由长城墙体、军事堡寨、预警设施等构成。其中明长城凭借其浩大的规模、复杂的体系、艰巨的施工、漫长的周期，跻身世界八大奇迹之列，成为中华民族自强不息的精神象征。此外，出于兵民合一、世代驻守的考虑，大量士卒和军属有组织地迁入边疆地区，由此带动的军屯开垦和随军商贸，间接推动地区开发和城镇发展。因此，拥有丰富内涵和外延的长城学，不仅研究长城及其设施的工程做法和规划布局，直接服务于遗产保护的现实需求；也以长城为标尺，关注土壤沙化、降水量线移动、民族融合、社会变迁等历史问题。

自清以降，长城南北被置于统一的国家经制之下，农牧正面冲突的消失使得修建长城的理由不复存在。康熙皇帝认为"长城在德不在险"，表示不再修筑长城，以示海内一统。然而，长城地区农耕和游牧的异质性并未改变，反因满洲势力的介入而演化为更为复杂的三方博弈。具有"隔离"和"控制"功效的长城对于清朝统治者而言，也并非是多余之物。另一方面，明政府借助行政力量人为地在农牧之间横亘入一个缓冲隔离带。当外力消失后，关外可垦殖土地与关内严峻的人地矛盾、农牧经济的互补性必然推动资源双向流动。从明代丰州川的繁荣可一窥这一力量。明嘉靖时期，土默特部首领俺答汗在与明廷乞和无果的情况下，收留汉民在河套丰州地区开垦种植、筑城建屋，人数一度发展至万余。但这一时繁荣最终伴随明蒙政治形势的改变而消亡。无论是长城在清代继续发挥军防作用，抑或是沿边地区开发，都不可避免地与长城存在空间关联，是明长城及其附属产物在清代新政治经济背景下的调整和发展。区别于明时期浓重的军事色彩，统一、和平与发展是清时期的地区主旋律，故而冠以"后长城时代"。

"后长城时代"关注古代中国晚期、农牧和平博弈下，长城系统及其相关地区社会经济的演化。如果说，"长城时代"意在"对抗"，"后长城时代"则关注"融洽"。再加之清代是距今最近的封建王朝，距今不过百余年（1911~2020年），对当代中国的影响格外深远，因而研究也更具现实意义。可以说，对"后长城时代"的研究既是长城研究的延伸，也是史论研究向经世致用的转变。

二、研究对象与分析方法

（一）概念界定

1. 时间范围——清代

明万历四十四年（1616年），建州女真部首领努尔哈赤在赫图阿拉建立部落政权，国号金（后金），建元天命；明天启七年（1627年），皇太极即位，改元天聪，建立满洲；明崇祯九年（1636年），皇太极在盛京（今辽宁省沈阳）称帝，改国号大清，建元崇德。至此，大清成为并立于大明的独立政权，拉开明、清、蒙三方角逐的东北亚时局；1644年（明崇祯十七年），清军入关定都北京，随后大清迅速完成由"地方性政权"向"全国性政权"的转变，并致力于传统华夷秩序的重构。

蒙古诸部归顺满洲是一个渐进式的过程。早在明万历二十一年（1593年）建州女真激战以女真叶赫部、蒙古科尔沁部为首的九部联军时，努尔哈赤便开始对蒙古实施怀柔，此后采取联姻、封赏等进一步巩固女真与蒙古的同盟关系。天命九年（1621年），努尔哈赤与科尔沁首领奥巴结盟；皇太极继位后，喀尔喀蒙古扎鲁特、巴林、奈曼、敖汉等部落相继依附满洲；1632年，后金联合科尔沁、喀尔喀蒙古攻击林丹汗，使其兵败西遁；天聪九年（1635年），林丹汗之子率察哈尔部归顺清朝，并敬献元朝传国玉玺；随后，鄂尔多斯、克什克腾等部相继依附后金。1636年（崇德元年），蒙古诸部首领聚集盛京正式确定与清的君臣关系，为日后开启长城地区百年无烽燧的承平时代奠定了基础，是地区开发和城镇兴起的必要前提。

综上，本书将时间范围界定为清顺治元年至宣统三年（1644～1911年），其间276年，清朝作为覆盖长城南北、凌驾蒙汉之上的唯一行政主体，其治边方略能较清晰地凸显非战争状态下（后长城时代）草原与内地的博弈关系，故而入关前作为地方政权的"金""满洲""清"不计入内。

2. 空间范围——漠南蒙古

清朝行政版图包括满洲、行省和藩部，施行不同的管理体制。长城北侧地区涉及满洲和藩部蒙古两大地理概念。为保护龙兴之地，清政府对满洲一直实施严厉的封禁政策，人为致使地区开发和城镇发展偏离正常轨迹，为日后东北边患埋下隐患。

而藩部蒙古又以大漠为界，分为漠北蒙古（大部在今蒙古国）、漠西蒙古（今新疆青海一带）和漠南蒙古（今内蒙古自治区）。其中，漠南蒙古地区（以下简称为"漠南地区"）位于大漠以南、长城以北，范围包括今内蒙古自治区大部、河北省与辽宁省北部、吉林省西部等。清初设有25部51旗，乾隆年间改土默特2旗入山西，仍有24部49旗。在传统华夷秩序的重构过程中，清政府采取"众建分势"的策略，将漠南蒙古分为蒙古六盟、套西二旗、归化城土默特和察哈尔。漠南蒙古在三者中与中原最为邻近，是内地资源出关后率先抵达的地区，也是中原往来漠北、漠西，甚至俄罗斯的必经之地，自然较早得到开发和利用。清朝在蒙地实行蒙汉分治政策，对汉民实行州县制，对蒙民实行盟旗制。由于清朝将新设治所往属于比邻关内省份，因此蒙垦和设治过程实质上也是蒙地不断被蚕食、关内省份实际控制范围不断北扩的过程。

基于漠南地区的动态性和代表性，本书关注的空间范围以《清史稿·地理志二十四》记录为准："东界吉林、黑龙江，西界厄鲁特，南界盛京、直隶、山西、陕西、甘肃，五省并以长城为限"[1]，包括今内蒙古自治区大部，河北、辽宁长城北侧地区[2]，以及吉林省大黑山西部、黑龙江省西南部，大致为清初漠南蒙古诸部的势力范围。下文中若无解释，"长城北侧地区""过渡地区"一律指漠南地区。

3. 研究对象——设官城镇

聚落是人类定居生活的一种空间组织模式，包括以农业为主的乡村聚落和以非农业人口为主且拥有一定工商业的城镇聚落。在世界范围内，由于各国社会和地理环境的差异，对于"城镇"概念的定义并未形成统一标准，既有以行政中心

---

[1] 赵尔巽. 清史稿: 志五十二[M]. 北京: 中华书局, 1998: 06.
[2] 张昊雁, 张玉坤. 基于GIS的清代内蒙古地区城镇时空演变特征研究[J]. 干旱区资源与环境, 2015, 29(3): 13-19.

所在地为划分（如埃及），也有以人口规模和从业构成作为指标（荷兰）。但总体而言，"人口规模""人口密度""非农人口比重""行政治所""基础设施"等指标是城镇异于乡村的显著特点。

在史料中，对非纯农业型聚落的称谓极其繁多，"城、城市、镇、市镇、草市、墟、集、场"等均指代具有手工业和商业的定居点。而目前学界对古代城镇的界定暂无统一和准确的标准，硬套现代标准显然是不可行的。这些拥有不同规模商业和手工业的聚落，大致可以概括为"城、镇、市"三类。"城"，指环筑墙垣的防御性聚落，起初为抵御野兽袭击，后发展为保护统治阶级财产。战国时期已有"筑城以卫君、造郭以守民"的规划思想，但早期的"城"功能单一，尚未出现市场、仓署、学校、寺庙等；"市"，是专门从事货物买卖的固定地点，初为临时，后固定设于有城墙保卫的统治阶层居住的聚落中，两者结合为"城市"。《周易·系辞》曰："日中为市，致天下之民，聚天下之货，交易而退，各得其所，盖取诸噬嗑。"[①] 在里坊制盛行的时期，"市"被封闭在环筑墙垣的一坊之地，设吏看守定时开闭。唐代规定"诸非州县之所，不得置市。"[②] 随着商品经济的发展，商业活动从坊中溢出，不断出现"侵街"现象，直到宋代实行开放式街区，"市"才延伸到整个街区。与此同时，商品活动也溢出城墙范围。南北朝时期出现独立于城外的"草市"，并且明清时期在县以下的乡村聚落中迅猛发展，在江南甚至出现分工明确的市镇网络。

"镇"，初为军事聚落。《新唐书·兵制》记载："唐初，兵之戍边者，大曰军，小曰守捉，曰城，曰镇，而总之者曰道。"北魏时期出现了以军统民的"军镇"制度。宋代以后，在商品经济和手工业蓬勃发展的大潮下，"镇"的职能逐渐转为以经济为主，成为介于州县与草市之间的一级经济中心地。"市镇"与"草市"虽然均为具有交易活动的基层聚落，且为民间自发组织，但两者的区别亦很显然：一来在于商品交易的规模大小。"贸易之所曰市，市之至大者曰镇"[③]；二来在于是否设官收税。古代中国的最基层行政机构为州县，但会在州县以下乡村地区选择重要节点处分驻佐贰官作为行政延伸，即所谓"有商贾贸易者谓之市，设官防者谓之镇"[④]。

毋庸置疑，古代中国的城市以行政职能为主导，而古代各级地方行政机构的驻地（治所）则兼具地方经济文化中心。对应于清代"省—府—县"的三级管理，则有省治、府治、州/县治。治所城镇作为地区政治中心，通常选址于交通便捷、人口稠密、商贾辐辏之地，以实现管理效率的最大化。即使自发形成的较大规模市镇，也通过派驻行政长官而将其纳入行政体系之中。具体而言，若将长

---

① （商）姬昌著，宋祚胤注译. 周易·系辞下传[M]. 长沙：岳麓书社，2000：348.
②《唐会要·卷八十六》：唐景龙元年十一月赦：诸非州县之所，不得置县。
③ 徐寒. 中国历史百科全书[M]. 北京：中国书店，2015：152.
④ 刘凯. 晚清汉口城市发展与空间形态研究[M]. 北京：中国建筑工业出版社，2011：42.

城北侧放垦区农业聚落（移民聚落）视为连续表面，则必然涌现有高聚集核（中心地）；而设治行为本身就意味政府基于区位、基础、前景的综合评估，对聚集事实的认可与强化。因此通过地方行政建置变化观察城镇发展，以及通过治所层级系统反映城镇体系结构是具有合理性的[①]。

考虑到史料对城市、城镇、市镇、草市等具有中心性的聚落界定较为模糊，且缺乏对人口规模的统一记载，故而本书研究对象界定为清时期在漠南地区设有职官的城镇，既包括府、厅、州、县等治所城市，也包括分驻巡检司、照磨、经历等较大市镇，以期通过城镇的空间扩散和级别变更反映区域土地利用的变化（图0-5）。

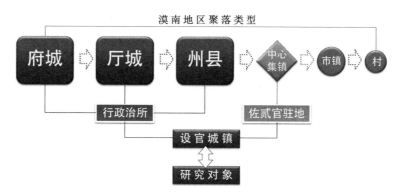

图0-5 研究对象基本概念

（二）数据来源

研究数据包括两类：城镇属性数据和基础地理数据。"城镇属性数据"包括清代城镇的空间位置、治所今址、建置时间、行政级别、从属关系、城周里长、人口规模、商业特征等，其中除空间位置、建置年代、城镇规模、人口规模、辖境村屯为数量信息之外，其余均为文本信息。

1. 城镇文本信息源

涉及清代漠南地区城镇的文献繁多，尤以清、民国时期出版的地方志、舆图、文集著作为甚。这些资料详细记录了城镇的建置沿革、山川形胜、城镇面貌、军政统治、社会生活等，是除空间信息之外大部分属性的来源，多为文字记录的文本信息，需要转译为匹配计算机语法的图形和数据，部分舆图由于缺乏精度只能作为判断城镇相对位置的参照，可细分为正史典籍、地方志、游记文集、研究著作四类。

（1）正史典籍

正史典籍为官修总志，具有记录系统、涵盖广泛、史料详实等优点，是总

---

① 何一民. 清代城市数量的变化及原因[J]. 社会科学，2014（8）：146-159.

览清代漠南地区政治、社会背景的基础史料。《清史稿》编于1914年，记录了自1616年努尔哈赤建国至1911年宣统逊位期间296年的历史，其中志书卷的《地理志》《食货志》《兵制》等篇章涉及研究区域及周边的地理环境、建置沿革、经济榷税、军事驻扎等；《钦定大清会典事例·理藩院则例》是清朝治理蒙、回、藏等藩部地区的政策法规，由《蒙古律令》修订而成，涉及疆理、封爵、喇嘛封号、设官、户丁、耕牧、赋税、兵制、会盟、边务、朝觐、俸禄、优恤等方面，是了解清朝治蒙方略最为权威和详实的资料；《重修大清一统志（嘉庆朝）》是清中期官修地理志书，记录嘉庆二十五年（1820年）之前各省山川河流、城池修葺、政区变更、人口户籍、寺观书院、津梁堤堰等。

（2）地方志

地方志，是以地方行政区划为范围，详细记载辖地自然、政治、社会、经济等方面历史与现状的书籍，是了解地方历史最为详实的信息载体，对官修总志起到补充作用。清代漠南地区设治城镇并不隶属于蒙古领主，而是划归山西、直隶、奉天、吉林等比邻省份，故该部分内容散见于上述省份的方志中。按照行政范围的差异，现存涉蒙方志大致可以分为省域通志、地区方志及府厅州县地方志。

省域通志类包括《山西通志》《畿辅通志》《奉天通志》《吉林通志》《吉林府县志辑》；区域地方志类包括《蒙古志》《内蒙古纪要》《新译蒙古地志》《古丰识略》《河套图志》《归绥道志》《绥远全志》《绥远通志稿》《口北三厅志》《钦定热河志》；漠南地区城镇建置时间较晚，各厅州县志大多编纂于清末、民国、中华人民共和国时期。此类志书包括：《归绥县志（民国版）》《和林格尔厅志（咸丰版）》《清水河厅志（光绪版）》《五原厅志》《武川县志（1988版）》《托克托县志（1984版）》《塔子沟纪略》《赤峰市志》《开鲁县志》《林西县志》《平泉县志》《滦平县志》《隆化县志》《建平县志》《建昌县志》《奉化县志》《光绪洮南府乡土志》《怀德县志》《宣统安广县乡土志》《宣统靖安县志》《宣统康平县乡土志》《宣统辽源州志》《镇东县志》《民国长春县志》《民国德惠县志》《民国农安县志》《农安乡土志》《民国安达厅志》《民国大赉县志》《民国肇州志略》《肇州县志》等。上述地方志虽记录范围和成书时间不尽相同，但篇章体例大体遵循"图说—星野—建置—职官—食货—兵制—古迹—寺观—人物—艺文"的顺序，其中建置志的城池、官署、学宫、仓储，食货志的市集、人口、村屯，寺观志的坛庙等内容是城镇信息的主要来源。

（3）旅行游记

官修总志与地方志虽然涵盖面甚广，但对于城市建设的描述却只有寥寥数语，多使用"城周若干里、高若干丈余、大街若干条、市廛数里、商贾辐辏"等概况性词语，难以有感性认识。对于此点遗憾，一些官员文人的旅行日记往往能起到补充作用，以人视角度对行进经过的城市及周边情形进行生动和直观地描述。俄国外交官阿·马·波兹德涅耶所著《蒙古及蒙古人》，分为两卷，以日记的形式记录了北京→张家口→呼和浩特→张家口→承德→多伦→经棚→库伦沿线的风土人情，尤其对城市内部重要建筑、街道、商肆进行了细致描写，是了解19世纪末土默特、察哈尔、热河地区中心城镇面貌的重要来源；朝鲜文学家朴趾源所著《热河日记》，记述了作者随使团前往北京为乾隆皇帝祝寿旅途沿线的风土人情，可了解清中前期热河地区概况；吴笈孙所著《督办赴洮南新城齐齐哈尔沿途日记》，记录了作者于1908年借调查图郡王债务一案，调查昌图—洮南—齐齐哈尔沿线蒙旗情形，是了解20世纪初东蒙放垦情况的史料来源。

（4）研究著作

除上述记录类史料之外，中华民国和中华人民共和国时期的学者对清代漠南地区社会经济等方面的专题研究也是本书的重要信息来源。牛平汉著《清代政区沿革综表》和傅林祥、林涓、任玉雪、王卫东等著《中国行政区划通史·清代卷》，详细记载了清代府州县的建置沿革、区划变迁和治所今址，是利用空间信息技术确定城镇空间位置的重要依据；罗尔纲著《绿营兵志》记载清代绿营的建置沿革、组织结构、统属关系和职能介绍，其中有关山西、直隶两省的绿营营制表有助于从军事角度重新定位漠南城镇体系，而对于"分汛"的记录则是查找州县以下较大市镇的线索；曹树基著《中国移民史·清·民国卷》和梁方仲著《中国历代人口、田地、田赋统计》是了解清漠南城镇人口和经济情况的资料来源；张守和著《内蒙古方志概考》罗列了自清代至民国时期涉及内蒙古地区的84本方志，其中清志22本、民国志53本、日伪统治时期志9本，是搜索内蒙古地区文史资料的重要线索。

2. 基础地理数据云

基础地理数据，是地理信息系统（GIS）进行统一的空间定位和空间分析的通用性地理数据，包括以数字高程模型为代表的栅格数据以及河流、行政疆域、长城线、城镇、军堡、驿站等矢量数据，是为构建清代漠南地区城镇数据库的元数据（图0-6）。

基础地理数据主要为数字高程模型（Digital Elevation Model），是以数字阵列形式表征地形地貌的一种单数字栅格模型，数字表征海拔高度，由此可衍生坡度、起伏度、坡向、土方、可视域等派生模型，在本书中供生成目标之间最短路径的成本计算之用。DEM模型来源于中国科学院计算机网络信息中心网站的ASTER GDEM数据产品，水平精度30米，垂直精度20米[①]。

---

① http://www.gscloud.cn/

图0-6 地理空间数据云

1∶400万河流（一至五级河流）、行政区划（省级至县级）、各级城市居住点等数据来源于国家基础地理信息系统1∶400万数据[①]。由于清代漠南城镇大多延续至今，所以市县级居民点是城镇空间位置信息的主要来源。清代省、府疆域等矢量数据来源于复旦大学历史地理研究中心的中国历史地理信息系统CHGIS[②]。长城及沿线堡寨点状数据来源于天津大学明长城军事防御体系研究课题组[③]。

（三）研究方法

1. 历史聚落空间结构定量研究框架

子曰：工欲善其事，必先利其器。世界是现象与本质的对立统一，工具的使用有助于提高认识本质的能力。以信息技术、生物技术、空间技术为代表的当代新技术革命对于科学认知的推动作用与日俱增，新技术、新理论的专业适用界限日趋模糊，学者们也积极致力于探索新手段运用于空间结构分析的可能性和适用性，进而以图示语言和数理表达定量刻画城镇分布的拓扑关系及原型。清代是当代过渡地区城镇的原点，在自然、政治、军事、经济的综合影响下，城镇空间结构二百余年的发展必然遵循一定的规律性。

目的和手段是人类自觉活动的两个因素，目的是动因，手段是途径，对象的特殊性决定着手段的选择。本书聚焦于清代长城北侧城镇体系的空间属性，历史

[①] 张昊雁，张玉坤. 基于GIS的清代内蒙古地区城镇时空演变特征研究[J]. 干旱区资源与环境，2015, 29（3）: 13-19.
[②] 中国历史地理信息系统（CHGIS），复旦大学历史地理研究中心，2003.
[③] 张昊雁，张玉坤. 基于GIS的清代内蒙古地区城镇时空演变特征研究[J]. 干旱区资源与环境，2015, 29（3）: 13-19.

属性和空间属性是主要关注点。"历史中的城镇"意味着观察者和对象之间具有不共时性，而这种非接触特征决定了史料文献和古代舆图成为最主要的信息来源，需要通过分析史料阐述历史意义。此外，由于缺乏聚落形态的精准描述，"历史中的城镇"多以点目标形式呈现，因而无法适用基于面状目标的诸多景观格局指数；"空间中的城镇"意味着图示和数量是结论表述的主要载体，而数据挖掘方式在很大程度上影响着结果。因此，本书内容可以概括为"历史时期点目标群空间结构特征的数理表达"。

针对关注点的特殊性，探索一套集合GIS技术、分形几何、聚类分析、内容分析法的综合运用范式。具体为：GIS是数据处理和分析的基础平台，可运用空间分析模块进行数据二次挖掘、相关性分析、时空切片展示等；在此基础上，进一步运用聚集分维数和网格分维数对点目标群空间聚散、平衡状态进行测定，运用聚类分析法在无需背景知识的情况下度量数据之间的相似性，运用matlab尝试模拟城镇扩散轨迹及探讨数学模型；最后，运用内容分析法结合史实对数据结论进行验证，对修正后的数据结论阐释历史意义。古语有云：形而上者谓之道，形而下者谓之器。本书正是从史料中挖掘数据，通过数据发现规律，最后又回归史实的解释，在反复中实现"道"与"器"的统一（图0-7）。

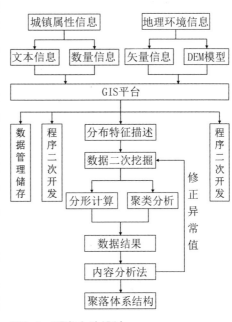

图0-7 研究方法设计

2. 数据处理平台——GIS

地理信息系统（GIS）是在计算机硬件支持下对地球表层空间中的地理分布数据进行描述、采集、处理、储存、管理、分析和应用的系统技术[1]。其中，空间数据分析和挖掘是GIS最为突出的功能，以GIS平台及外载应用程序为技术支撑，对目标属性和自然地理数据进行叠加分析和数学建模，从而以理论演绎的方式获得对客观规律的认识。目前，GIS空间分析包括数据处理和转换、可视化表达、矢量数据分析（缓冲区、叠置、网络）、栅格数据分析（栅格计算和重分类）、地统计分析、空间建模等，并与全球定位系统、遥感技术等相结合，被广泛地运用至城乡规划、灾害监测、资源管理、环境保护乃至经济地理、历史地理等领域。可以说，任何涉及空间位置的领域都可运用其提供科学管理和决策支持。

---

[1] 汤国安. ArcGIS地理信息系统空间分析实验教程[M]. 北京：科学出版社，2009：1.

本书关注对象是"空间中的历史城镇"。研究对象属性数据的处理、管理、分析、展示以及二次开发等均需依托GIS平台，具体适用于：清代漠南地区城镇数据库构建；城镇绝对空间位置、密度分布、最邻近指数、中心度、缓冲区等统计；网格分形计算中覆盖点目标的网格分割和数据提取；基于成本考虑的城镇之间最短路径生成等。

3. 聚落格局判定——分形几何

城镇体系时空演化是典型的多种非线性作用力相互影响的复杂运动，如何将非线性领域的理论和方法运用至历史聚落地理领域，推动研究逐步向计量化和模拟化发展，是当前聚落研究的热点。分形理论作为复杂性科学的前沿，是研究分形体特征、数理表达及其分布规律的科学，其中分维系数和无标度区是主要指标。

分形是大自然占据空间的最优形式，同样承载于地理空间中的城镇体系必然遵循着相似的法则。基于此，本书以分形维数作为刻画点状目标空间结构的主要指标，运用盒计分维和聚集分维分别描述聚落分布的均匀性、城镇围绕某点的中心性；从连续时间序列下分维数变化的角度理解城镇体系演化历程、判定和测度点群与指定中心（核心城市/长城关口）的聚散状态以及动力成因。

4. 相似度描述——聚类分析

聚类分析是数据挖掘的重要手段，是基于组内最大相似性和组间最小相似性的原则，根据指定属性将目标集合细分成若干子集的描述性任务。其最大特点在于不需要背景知识的前提下，仅根据数据间的欧式距离即可将其划分成不同的簇，并尽可能保证簇内数据的相似性以及簇间的差异性，从而发掘数量信息背后的规律，这对于在缺少文献史料佐证的条件下科学研究历史聚落具有积极的意义。

书中具体运用的聚类方法为层次聚类（Hierarchical Cluster）和均质聚类（K-Means Cluster）。层次聚类将每个数据视为独立组，通过不断地合并相似组直至层次分解完毕；均质聚类需要预先确定层级数，通过不断计算和对比每类的平均值进而给出最终的分类结果。本书思路是先通过层次聚类得出合理的聚类层数，再通过均质聚类找出具体分类成员，最后结合史实对噪声点和盲点进行调整和修正，具体运用于城镇空间距离、人口规模、城周里长的等级划分和成员判定。

5. 信息提取和检验——内容分析法

内容分析法（Context Analysis）是以文献内容为对象，通过推理和再现，实现对内容本质认识的一种研究方法，具有系统性、客观性和定量性三大特征。内容分析法与文献研究法有着诸多共同之处，都不与所描述的对象发生接触，只是在分析的重点和手段上体现不同。内容分析法作为一种社会科学研究手段诞生时间并不长,起源于20世纪初的美国,社会学家通过统计报纸、广播等媒介关于特定内容报道数,掌握社会舆论发展倾向。第二次世界大战期间,美国人哈罗德·拉斯韦尔等完善和发展了内容分析法,并运用该法成功获得德国重要军事情报。奈斯比特所著《大趋势——改变我们生活的十个新方向》则是内容分析法走向成熟的里程碑[①]。目前,内容分析法被广泛地运用于图书馆情报学、新闻传播学、社会学、医学、心理学等领域。

本书研究对象是"历史中的城镇",其时间属性决定了研究者和研究对象因无法共时而造成的非接触性特征,而史料文献和古代舆图则是最主要的信息来源。历史学通过搜集、鉴定、整理和解读文献,进而还原事件原貌并给予定性认识。但是对于城镇空间格局和组织结构等牵涉较多模型和规律性的研究,单纯地依靠文献法导出的结论势必较为空洞和晦涩,因此需要对非定量的历史信息进行定量转译和统计分析,并通过发生学解释把握人地关系规律。在本书中,内容分析法主要运用于城镇规模等级分析和推测、军事和市场格局以及单体形态等研究,通过对史料记录的人口、城墙、市集、街巷、建筑、驻军等信息进行推导,还原当时的城镇状况和验证数据结论。

三、相关领域研究综述

（一）国内历史聚落研究现状

历史聚落研究是聚落研究的主要分支,是研究历史时期聚落兴衰原因、演化历程、空间分布、组织结构、形态特征及其规律的学科,是历史地理和聚落地理的交叉产物。我国拥有悠久的城镇历史、丰富的史料文献、众多的遗址残存,有关聚落的记载最早见于古代沿革地理之中。之于其现实意义,《读史方舆纪要》则明确指出:"其书言山川险易,古今用兵战守攻取之宜,兴亡成败得失之迹所可见"[②],而事实上顾祖禹成书目的也正是为日后光复亡明。但是作为一门现代科学,我国历史聚落研究的起步时间和发展历程却相对滞后和波折。

1. 研究历程

中国历史聚落研究萌芽于20世纪30～40年代,但一直掣肘于战争、运动以及困难的经济形势,发展较为缓慢,并一度出现停滞。直至20世纪70～80年代,一方面得益于国家稳定、开放的政治环境以及由经济发展催生的需求;另一方面,国外学者在理论、视角、方法等领域取得的突破性成果也被相继引入国内,如计量方法、行为研究等,从而推动国内历史聚落研究进入高速发展时期。

---

① 邱均平,邹菲. 关于内容分析法的研究[J]. 中国图书馆学报,2004(2):12-17.
② (清)顾祖禹. 读史方舆纪要[M]. 北京:中华书局,2005:1.

20世纪20年代前，涉及聚落的记述主要延续旧地方志的体例，以内陆名城和边疆枢纽的历史沿革为关注点；30年代以后，现代地理学理论和方法被介绍至中国，并率先开启了对南方城市的综合研究。1937年沈汝生①以当时中国城镇人口数为统计基础，分析都市分布与距海远近、地理区域、地形特征、水陆交通四个方面的相关性，开创了宏观研究聚落分布规律的先河；在综合研究方面，王益厓②《无锡都市地理之研究》从自然地理和人文位置（矿业、防卫、漕运）两个方面介绍无锡的起源，并从都市形态、内部构造、功能区域、都市扩张和机能五大方面详细论述无锡城市特征，图文并茂，论据详实（图0-8）；随着40年代国民政府以及高校西迁，西南聚落遂成为热点。这一时期，陈尔寿、陈述彭、钟功甫等发表了《重庆都市地理》《遵义附近之聚落》《三斗坪与茅坪——战时聚落景观变迁之实例》等系列著作。1948年刘兰恩③以川西山地聚落为对象，探讨海拔对于居民物质文化、风俗信仰、社会风向的影响。

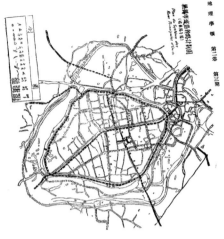

图0-8 中国都市分布图和无锡城区图
（图片来源：王益厓，无锡都市地理之研究[J].地理学报，1935（3）：23-63.）

20世纪50年代，侯仁之结合北京规划重建，先后撰写《北京海淀附近的地形、水道与聚落》④《北京都市发展过程中的水源问题》⑤《关于古代北京的几个问题》⑥《城市历史地理的研究与城市规划》⑦《北京城的兴起——再论与北京建城有关的历史地理问题》⑧等系列著作，开创了城市地理的一个新分支——历史城市地理学，提出"研究一个城市的历史地理，也必须结合整个地区的历史地理进行综合讨论"⑨。

20世纪80年代后，城市建设的现实需求以及西方新理论的推波助澜，极大地丰富了中国历史聚落研究的内容和视角，从传统的聚落起源、演变、形态等延伸至聚落经济功能和现实功用。80年代，樊树志以明代苏、松、嘉、湖地区市镇为对象，对江南基层商业聚落的起源、规模、功能、体系结构进行论述，指出明末

---

① 沈汝生. 中国都市之分布[J]. 地理学报，1937（00）：915-935.
② 王益厓. 无锡都市地理之研究[J]. 地理学报，1935（03）：23-63.
③ 刘兰恩. 川西之高山聚落[J]. 地理学报，1948（Z1）：27-29.
④ 侯仁之. 北京海淀附近的地形水道与聚落[J]. 地理学报，1951（1）：1-20.
⑤ 侯仁之. 北京都市发展过程中的水源问题[J]. 北京大学学报（人文社科版），1955（1）：139-167.
⑥ 侯仁之. 关于古代北京的几个问题[J]. 文物，1959（9）：1-6.
⑦ 侯仁之. 城市历史地理的研究与城市规划[J]. 地理学报，1979（4）：315-329.
⑧ 侯仁之. 北京城的生命印记[M]. 北京：生活·读书·新知三联书店，2009：43-48.
⑨ 侯仁之. 历史地理学四论[M]. 北京：中国科学技术出版社，1994：61.

农业经济商品化与江南市镇发展存在推动与反推动关系[①]。傅宗文《宋代的草市镇》关注交易性聚落的内部结构及其对社会经济的贡献[②]。高松凡尝试将中心地理论引入历史聚落研究,指出中地论的适用性在于分析历史时期集市、城市内部商业服务分布、历史城镇区位三个方面,并选取明清嘉兴地区城镇体系作为实证研究[③]。

20世纪90年代,慈鸿飞教授通过统计分析文献数据,认为明清是中国集镇大发展时期,且重农抑商政策对市镇的兴起产生巨大抑制,并借古喻今地呼吁当今中国走现代化道路需要大力发展集镇经济,从而实现从农业国向工业国的转变[④]。蓝勇以文献统计的方法对唐宋西南地区城镇演变进行追踪,总结出当时城镇格局与政治、经济格局吻合的特征,并在后续论文中指出该区域清代兴起的城镇主要受经济因素影响,而传统政治、军事影响力日益减少[⑤]。值得关注的是,随着城镇化进展与历史风貌保护的矛盾日益尖锐,旨在保护与再利用的聚落研究呈上升趋势:张松以山西平遥古城为案例,探讨古城保护的目的和方法,提出要尊重"历史环境保护的原真性"[⑥];黄天其运用类型学的方法提出价值折算公式: $V=v_0 \sum_{i=1}^{n} k_i$,并以西昌古城为实例进行文化价值估算[⑦]。

进入21世纪,随着城市地理学、社会学、生态学、经济学、空间信息学、统筹学等更多学科的介入,历史聚落研究的内容、视角、方法更加趋于综合化和多元化:在广度方面,从微观单一历史名城研究拓展至宏观区域城镇体系的总体把握,从静态时空切片还原延伸至连续时间序列的动态演变;在深度方面,从聚焦城镇空间格局和内部形态扩展到城市在经济、社会、文化等各方面特征挖掘;研究方法从"田野调查+文献整理"为主的现象描述发展至"空间分析+模型推演"为主的数理表达。刘景纯以清代黄土高原为实证区域,从城镇发展、空间格局、组织结构、功能形态等方面,全面系统地揭示清代该区域城镇格局和人地关系演化的客观规律[⑧]。张萍运用经济地理学的理论和方法,以明清山西城镇商业地理为视角,解析历史时期山西商品生产格局、交通路线、中心城市格局、市场网络格局等特征,揭示商业经济活动与人文自然环境的互动和制约关系[⑨];吴滔抛弃

---

① 樊树志. 明代江南市镇研究 [J]. 明史研究论丛(第二辑), 1983 (0): 133–160.
② 傅宗文. 宋代的草市镇 [J]. 社会科学战线, 1982 (1): 116–125.
③ 高松凡. 中地论与历史城市地理研究——以嘉兴市域城镇演化为重点 [J]. 经济地理, 1988, 8 (2): 112–115.
④ 慈鸿飞. 近代中国镇、集发展的数量分析 [J]. 中国社会科学, 1996 (2): 27–39.
⑤ 蓝勇. 明清时期西南地区城镇分布的地理演变 [J]. 中国历史地理论丛, 1995 (1): 107–118.
⑥ 张松. 历史城镇保护的目的与方法初探——以世界文化遗产平遥古城为例 [J]. 城市规划, 1999 (7): 50–53.
⑦ 黄天其. 历史城镇形态文化价值计量的类型学方法 [J]. 重庆建筑大学学报, 1998, 20 (3): 83–87.
⑧ 刘景纯. 清代黄土高原地区城镇地理研究 [D]. 西安:陕西师范大学, 2002.
⑨ 张萍. 明清陕西商业地理研究 [D]. 西安:陕西师范大学, 2004.

传统对于江南城镇"中央性"和"向心性"的关注，从城乡关系切入，展现一个以航船和茶馆为载体、商业和信仰为媒介的草根世界[1]；刘建国尝试将GIS空间分析技术引入聚落考古，运用距离分析、位置分析、可视分析、坡度分析、水文分析等解释中原地区文明形成伊始的人地关系[2]。

除此之外，聚落范围也从传统的民用定居点拓展至军事防御性堡寨，古代军事防御体系和堡寨空间结构成为新的领域。张云坤、李研等以明代史料典籍为线索，实地考察中国北方近百个军事堡寨，概括明代长城沿线军堡选址受到与长城的距离、作战距离、堪舆理论和地形特征四个方面综合影响[3]；王绚、侯鑫以防御形态作为切入点，通过比较研究将传统聚落分为"外围线性防御型"和"局部点式防御型"[4]；汪涛依托MapSource、Google Earth、GIS等软件对现场调研采集的空间信息进行数量处理，以地统计方法揭示明代大同镇长城及其军堡与自然地理环境之间的耦合关系，进而总结出明代大同镇军堡布局的一般性规律[5]；曹迎春[6]以明长城宣、大、山西三镇军堡为对象，从系统学的角度对军堡体系的复杂性、动态演化、等级规模等进行精确地定量刻画，在历史聚落空间数据挖掘和定量分析方面具有较高的指导价值。

2. 近十年来国内历史聚落研究内容

（1）聚落起源与发展研究

聚落起源与发展是聚落研究的基础和前提，也是LUCC计划（土地利用/土地覆盖变化研究）五个中心问题之一，通过对连续时间跨度内城镇数量、级别、规模等变化及其影响的追踪，侧面反映该时期人地关系和土地利用情况。此类研究多偏向历史地理学，以定性概括为主、数量统计为辅。

边疆地区较之内陆，由于开发较晚，更易于从源头上梳理城镇发展脉络。方修琦、叶瑜等从城镇个数和密度变化的角度评价清代东北开发，认为其在时间上可分为4个阶段，在空间上经历由南向北、由中间向两侧扩展的特点，指出清代东北地区城镇体系的变化与土地开发存在相互促进的作用[7]；"厅"是明清时期设立于边疆地区的一种临时性的地方行政机构，赵国峰从厅城的设立、职能、性质、特点及地位等方面系统阐述厅城对于清代东北地区发展的作用[8]；与关注城

---

[1] 吴滔. 清代江南的市镇和农村关系研究 [D]. 上海：复旦大学，2003.
[2] 刘建国. 地理信息系统支持的临汾盆地古代人地关系研究 [J]. 考古，2007（07）：46-70.
[3] 李哲，张玉坤，李研. 明长城军堡选址的影响因素及布局初探——以宁陕晋冀为例 [J]. 人文地理，2011（02）：103-107.
[4] 王绚，侯鑫. 传统防御性聚落分类研究 [J]. 建筑师，2006，120（02）：75-79.
[5] 汪涛. 明代大同镇长城与自然地理环境关系研究 [D]. 南京：东南大学，2010.
[6] 曹迎春. 明长城宣大山西三镇军事防御聚落体系宏观系统关系研究 [D]. 天津：天津大学，2015.
[7] 方修琦，叶瑜，等. 从城镇体系的演变看清代东北地区的土地开发 [J]. 地理科学，2005，25（2）：129-134.
[8] 赵国峰. 清代东北地区厅研究 [D]. 长春：东北师范大学，2005.

镇发展相对，张丹卉①关注明清之际东北城镇的衰落问题，认为连年战争和清朝的封禁政策是造成人口外流和城镇萎缩的主要原因。

刘景纯、徐象平结合文献与田野调查，指出清代黄土高原城镇化存在的三种推动因素和两种发展模式，即政府主导的自上而下式和域内外商人推动的自下而上式，呼吁当今城镇化发展需要重视行政干预和地方商团的力量②。雍际春、吴宏岐以陇西青东黄土高原地区城镇为研究对象，指出宋代军堡的大量修筑是促使地区城镇激增的主要原因，而金元时期数量的下降则是回归常态，且政治军事更迭仅对县以下小城镇产生影响，州县及以上城镇波动不明显③。赵普选④分别从明清政治、经济、军事、宗教等方面探讨其对于河湟地区城镇发展影响，刘洋⑤则对明清平凉地区城镇的数量、人口规模、职能等方面进行详细梳理。

除了以经济和政治功能为主的城镇或乡村聚落外，还存在相当数量具有军事功能的堡寨，当功能易变之后部分往往转化为民堡，甚至发展为较大的城镇，成为边疆地区聚落的又一来源。此类研究集中从经济、生态、文化等角度探讨军治向民治转化的途径和诱因。薛原⑥以陕晋为实证区域，从资源和经济的角度，考察明长城沿线军事聚落在军事属性消失后，功能、形态变迁规律及其影响因素，为当今城镇发展在平衡资源、文化、经济等方面提供宝贵的历史经验；王杰瑜⑦指出明清易代之际，长城沿线军事聚落中的非军事因素（随军家属和蒙汉互市）是推动堡寨向城镇和乡村转化的主要动力。

（2）聚落体系空间格局研究

聚落空间格局是历史聚落研究中最受关注的内容，通过将聚落属性和地理信息叠置，挖掘聚落在分布、选址等方面的规律及其成因。相较于城镇发展或形态研究，空间结构研究较关注人—地、人—人之间的互动关系。由于区域城镇体系具有一定的传承关系，因此成果可为当前城镇化发展和城镇体系规划提供一定的理论依据和历史借鉴，具有较强的现实意义。

李贺楠从文化生态学的视角，宏观总结中国各个历史时期农村聚落的分布、层级和形态等特征及演变的一般性规律及其驱动因素，指出需要将农村聚落所处的自然、技术、社会、意识形态视为平衡系统，运用动态视角去看待人地关系的

---

① 张丹卉. 论明清之际东北边疆城镇的衰落 [J]. 中国边疆史地研究, 2004, 14（1）: 56-66.
② 刘景纯, 徐象平. 黄土高原地区清代城镇化发展的途径与方法 [J]. 西北大学学报, 2007, 37（6）: 921-924.
③ 雍际春, 吴宏岐. 宋金元时期陇西青东黄土高原地区城镇的发展 [J]. 中国历史地理论丛, 2004, 19（4）: 84-94.
④ 赵普选. 明清河湟地区城镇的形成与发展 [J]. 西北民族研究, 2005, 46（3）: 59-68.
⑤ 刘洋. 明清时期平凉地区的城镇体系及规模演变 [J]. 陕西师范大学学报, 2004, 33: 186-188.
⑥ 薛原. 资源-经济角度下明代长城沿线军事聚落变迁研究——以晋陕地区为例 [D]. 天津: 天津大学, 2007.
⑦ 王杰瑜. 明代山西北部聚落变迁 [J]. 中国历史地理论丛, 2006, 21（1）: 113-124.

发展①；陆希刚以时间为线索，从共时性和历时性两个角度考察明清江南地区城镇发展（规模、数量）和空间结构，并将其与同时期欧洲城镇进行近代化特征的对比，认为虽然两者均具有发达且相似的商品经济和社会发展水平，但江南地区仍然无法走上欧洲工业化道路②；杨果从地貌、水文、自然资源三个方面分析宋元时期洞庭湖流域聚落的分布特征③；李春惠以山东半岛城镇群为研究对象，梳理了自秦汉至改革开放后城镇空间格局的变化历程，并对未来城镇体系规划进行了预测④；吴迪以史料为基础构建明清四川地区城镇数据库，运用ArchGIS分析交通和流域对区域城镇格局的影响，并通过与当下城镇体系进行对比发掘两者之间可能的传承关系⑤。

与民堡相对应，军堡的空间分布和组织结构往往遵循更为严格的客观法则。王琳峰、刘珊珊、刘建军、王力、庄和峰等分别就明长城蓟镇、居庸关、山西镇、山海关等防区堡寨体系展开论述，运用ArcGIS揭示防御体系的层级关系、布局特征、选址规律等，为长城原真性保护规划和开发管理提供理论基础和价值评判依据。

（3）历史聚落内部形态研究

聚落形态研究主要从内部结构和外部轮廓两个层面，研究历史时期聚落内部构成要素、功能布局、街巷结构、轮廓形态及其时空演变，其中古都学极具代表性，早期成果集中于汉唐长安、明清北京、洛阳、开封等。进入21世纪，在"聚落空间原型和特色元素构成"的基础上，研究内容拓展至分析"社会—形态""空间—形态"两个方面的承载关系。

在"社会—形态"方面，张楠⑥从社会—文化—形态的角度，以龙门镇、暖泉镇、北京、拉萨为实例，分析外部形态与社会结构的对应关系，并将其以图表和公式的形式进行直观表达；牛会聪⑦运用遗产廊道理论，以京杭大运河天津段聚落为实证对象，分析聚落形态与文化生态的进化过程和规律，并针对区域遗产提出"营销、规划、管控"三位一体的保护模式；王飒⑧以聚落体系中的空间层次为线索，建立传统聚落空间结构表述体系，提出"社会—方位"图示概念，以此揭示传统聚落空间规划中的社会文化因素。

在"空间—形态"方面，学者通过分析图底关系，研究聚落内部空间原型

---

① 李贺楠. 中国古代农村聚落区域分布与形态变迁规律性研究 [D]. 天津：天津大学，2006.
② 陆希刚. 明清江南城镇——基于空间观点的整体研究 [D]. 上海：同济大学，2006.
③ 杨果. 宋元时期江汉-洞庭平原聚落的变迁及其环境因素 [J]. 长江流域资源与环境，2005，14（6）：675-678.
④ 李春惠. 山东半岛城市群城镇体系时空结构研究 [D]. 济南：山东师范大学，2006.
⑤ 吴迪. 基于GIS的明清时期四川地区城池空间分布研究 [D]. 重庆：重庆大学，2009.
⑥ 张楠. 作为社会结构表征的中国传统聚落形态研究 [D]. 天津：天津大学，2010.
⑦ 牛会聪. 多元文化生态廊道影响下京杭大运河天津段聚落形态研究 [D]. 天津：天津大学，2011.
⑧ 王飒. 中国传统聚落空间层次结构解析 [D]. 天津：天津大学，2011.

和组织规律，进而为保护红线的划定提供依据。业祖润[①]指出传统聚落空间包括自然空间、人工空间、文化空间三部分，并遵循"中心、方向、领域"的几何构成法则，呼吁当代人居环境的营造需向"天人合一"思想汲取智慧；德尔尼其其格、阿拉腾图雅等[②]参照历史时期地图，以现代TM影像为数据来源础，以紧凑度、扩展强度等为指标，运用ArcGIS和空间扩展测度对1912~2009年呼和浩特市形态变化进行定量追踪和还原；段进[③]以空间为线索，对西递古村落的空间形成原因、图底构成、空间效果进行系统分析；沈尧[④]运用空间句法和最小路径等对西递外部空间进行量化分析，为传统民居和聚落的保护规划提供可操作性的依据；李琦华[⑤]运用拓扑理论解释台湾聚落空间文化结构，提出空间"饱和度"概念，认为饱和度可以作为空间价值评价的依据和标准。

（4）历史聚落研究新技术运用

由于对象和研究者的不共时性，意味着历史聚落研究必然依靠大量的历史文献、考古资料，并辅以实地调查进行补充和佐证，从而较全面地还原和推导历史面貌及其演变规律。随着空间信息技术的快速发展，探索其与历史聚落研究结合的可能性，克服历史信息与现代技术的匹配问题，最大限度地发挥数理模型、定量分析和图示表达的客观性和准确性优势，成为新的探索方向。

由中国复旦大学和美国哈佛大学共同开发的CHGIS（中国历史地理信息系统项目）是目前国内最为成熟的历史聚落GIS平台，访客可以凭借平台实现连续时序下聚落称谓、行政建制、地理属性等信息的检索、统计、编辑和显示，时间跨度从秦始皇统一中国（公元前221年）至清宣统三年（1911年）。针对GIS在历史聚落研究领域运用的广阔前景，早在2000年，满志敏[⑥]提出"文献解读→数据提取→指标建立→制图分析"的工作流程，在《光绪三年北方大旱的气候背景》中将史料记载的直隶和山西两省受灾村落数作为旱情指标，运用Kringing空间插值算法填补已知聚落以外空间，生成连续闭合曲线，最后通过专题制图功能再现两省受灾中心和持续时间等（图0-9）。2007年，满志敏引入三维网格体系，指出小区域研究需要从时间变量的维度去反映人地关系的变化，并重点论述小区域载体数据的标准化架构和模型[⑦]（图0-10）。除了三维数据源构建方面，潘威、

[①] 业祖润. 传统聚落环境空间结构探析［J］. 建筑学报，2001（12）：21-24.
[②] 尔德尼其其格，阿拉腾图雅，乌敦. 基于GIS和RS的呼和浩特市近百年城市空间扩展及其演变趋势［J］. 干旱区资源与环境，2013，27（1）：33-39.
[③] 段进. 空间研究1：世界文化遗产西递古村落空间解析［D］. 南京：东南大学出版社，2006.
[④] 沈尧. 以图论为背景的传统民居聚落外部空间量化分析的应用探析［J］. 小城镇建设，2011（11）：73-77.
[⑤] 李琦华. 台湾聚落的拓扑空间文化研究［D］. 台北：台湾大学，2009.
[⑥] 满志敏. 光绪三年北方大旱的气候背景［J］. 复旦学报（社会科学版），2006，6：28-35.
[⑦] 满志敏. 小区域研究的信息化：数据架构及模型［J］. 中国历史地理论丛，2008，23（2）：5-11.

孙涛[1]认为"度—簇"结构在分析历史网络空间方面同样具有研究价值，并以1908~1935年陕西邮路网络与城镇体系的关系为例进行初步探讨。

浦欣成[2]以图底关系的视角探讨聚落形态的科学量化，将聚落平面分解成边界、空间、建筑三个要素，并对应提出加权形状指数、公共空间分维指数、综合絮乱指数三个形体特征标记指标。曹迎春、张玉坤、张昊雁[3]以明大同镇军事防御堡寨的道路网为例，论证了基于表面成本的最短路径算法运用于复原古代道路系统的可能性和适用范围。

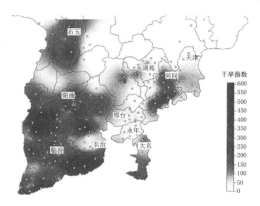

图0-9 基于GIS绘制的光绪三年北方受灾程度图

（图片来源：满志敏. 光绪三年北方大旱的气候背景[J]. 复旦学报, 2006, 6: 28-35.）

（二）清代漠南地区聚落研究现状

1．研究历程

19世纪末，俄国以考察队的名义派遣大量调查人员和旅行家对我国新疆、蒙古、青海等地风土人情、地理环境进行调查，随后出版的大量论文、报告、著作

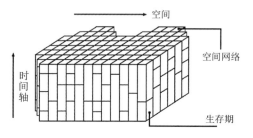

图0-10 基于GIS分析的小区域聚落时空数据模型

（图片来源：满志敏. 光绪三年北方大旱的气候背景[J]. 复旦学报, 2006: 28-35.）

成为今天研究上述地区的宝贵资料。对蒙古地区考察最著名的当属俄国人阿·马·波兹德涅耶夫[4]撰写的《蒙古及蒙古人》，书中记录了1892~1893年作者沿北京—张家口—归化城—张家口—承德—多伦—经棚—库伦的路线沿途各盟旗的所见所闻，书中第二、三、四、五、六、七、八章共十余万字对归化城、承德府、张家口、多伦诺尔、经棚等城市形态进行详细记载，可谓是研究清代蒙地城镇的经典之作。

20世纪初，日本社会学者开始着手对中国城市进行研究。在内蒙古地区，日本人以南满洲铁路株式会社的名义，向内蒙古东部地区派遣大量调查员进行更为全面和仔细的考察。20世纪30~40年代，调查范围扩大至内蒙古西部地区的城镇和农村，关注点集中于城市工商行业和会馆的组织、经费、制度等。《蒙古地

---

[1] 潘威等．GIS进入历史地理学研究10年回顾[J]．中国历史地理论丛，2012，27（1）：11-17．
[2] 浦欣成．传统乡村聚落二维平面整体形态的量化方法研究[D]．杭州：浙江大学，2012．
[3] 曹迎春，张玉坤，张昊雁．基于GIS的明代长城边防图集地图道路复原——以大同镇为例[J]．河北农业大学学报，2014，37（2）：138-144．
[4] （俄）波兹德涅耶夫．蒙古及蒙古人[M]．张梦玲，等译．呼和浩特：内蒙古人民出版社，1983．

志》①和《满蒙都邑全志》②均对城镇概况、人口、行业留有大篇幅论述；今掘诚二《中国封建社会の机构——归绥（呼和浩特）社会集团的实态调查》③将目标集中于归绥地区的行会公所、商业、运输业、金融业、手工业行会等；《中国封建社会の构造》④则将范围扩展至绥远、察哈尔、晋绥地区的城市、县城、乡村等，探讨了农村和城市的关系；在今掘诚二的调查基础上，90年代近藤富成结合城市史，以归绥二城为对象发表《清代归化绥远城市市区的形成过程》⑤《清朝后期地方都市的构造——归化绥远城1813~61》等系列论文。

我国20世纪上半叶对清代漠南地区城镇的记录主要以建置沿革和社会自然风貌记录的志书形式存在，现存约八十多种方志（清志22种、民国志53种）⑥，其中以《归绥道志》《河套图志》《绥远通志稿》等尤为经典，内容涉及建置、疆域、建筑、驻军以及城市生活等各方面，内容详实且图文并茂，是研究该区域城市史的第一手资料。中华人民共和国成立后，民族边疆地区研究曾出现短暂的停滞，80年代后一系列开拓性成果再度涌现，内容涉及呼和浩特、包头、赤峰等中心城市研究、区域城镇体系、城镇社会经济等方面。

2．清代漠南地区城镇研究内容
（1）核心城市研究

漠南地区较之关内诸省，城镇兴起时间较晚、发展较为不均衡，因此少数核心城市（归绥、包头、赤峰）的起源发展、形态结构等得到较多关注。边晋中⑦、薄音湖⑧引经据典分别对绥远城和归化城的建城年代和过程进行考证；李逸友⑨《内蒙古历史文化名城》在第九章明清部分中大篇幅介绍呼和浩特、托克托、赤峰、多伦诺尔、包头五城的起源和发展。在城市形态演变方面，张威在详细梳理明代—民国时期呼和浩特城市城市化进程的基础上，指出绥远城的兴建将城市形态由单核发展→两城并置的格局，尤其是绥远城"壬山丙向"的选址堪舆观影响了当代呼和浩特的道路结构。包慕萍⑩以建筑史的角度审视呼和浩特的都市发展，认为"游牧"和"定居"两种文化形态分别以早期阿拉坦

---

① 日本参谋本部. 蒙古地志[M]. 王宗炎, 译. 呼和浩特：内蒙古社会科学院图书馆, 1985.
② （日）山田久太郎. 满蒙都邑全志[M]. 复州古旧书店, 1986.
③ （日）今掘诚二. 中国封建社会的构造—归绥社会集团的实态调查[S]. 日本学术振兴会, 1955.
④ （日）今掘诚二. 中国封建社会の构造[S]. 日本学术振兴会, 1978.
⑤ 近藤富成. 清代归化绥远城市市区的形成过程[J]. 蒙古学信息, 1996（01）：23-28.
⑥ 张守和. 内蒙古方志概考[J]. 长春：吉林省地方志编纂委员会, 1985：1.
⑦ 边晋中. 清绥远城修筑时间和过程考[J]. 内蒙古师范大学学报（哲学社会科学版）, 2007（1）：19-24.
⑧ 薄音湖. 呼和浩特城（归化）建城年代重考[J]. 内蒙古大学学报（人文社会科学版）, 1985（2）：35-39.
⑨ 李逸友. 内蒙古历史名城[M]. 呼和浩特：内蒙古人民出版社, 1993.
⑩ 包慕萍. 长城内外都市文化的融合——游牧和定居的重层都市呼和浩特[J]. 北京规划建设, 2006（04）：54-57.

汗营造的呼和浩特城和山西买卖城为形态载体，并在二者的叠加和重构中形成独特的"游牧城市"。

李丹[1]重点考察呼和浩特将军府建筑，从建筑格局特色衍生至文化伦理影响；高鹏[2]对公主府的建筑形态、文化内涵、宅府制度及保护规划等做出系统总结和分析；王卓男[3]、李艳杰[4]等分别透过绥远城街巷名称和城市功能的变迁，总结出城市发展的进程和传统文化保护的急迫。

（2）城镇起源和发展研究

祁美琴、王丹林[5]以"买卖城"为对象，通过形成缘由、布局特征、商业特色及管理三个方面，反映清代内蒙古地区经济社会的巨大变迁。陈喜波等通过研究长城线城镇兴起的过程和类型，指出人口外迁、蒙垦开发和商业发展是主要因素。何一民[6]分别从国家安全和民族融合的角度探讨清代蒙古城镇兴起的原因、规模、形态及其动力机制，认为自然环境、战乱、落后的经济基础制约着清代边疆地区的城市发展，且部分因子仍为当代该区域城镇化的羁绊。张慧芝、张民服等分别探讨了民族经济和商业道路对于城镇的影响关系。

乌云格日勒[7]《十八至二十世纪初内蒙古城镇研究》在对浩如烟海的史料整理和辨析的基础上，对清至民国初年时期内蒙古地区城镇兴起的背景、驱动力、城镇类型、城市内部经济文化生活等进行细致的梳理和总结，整体、全面地还原清代内蒙古地区的城镇面貌，可视为此类研究之集大成者。

（3）区域城镇体系研究

相对于追溯城镇起源和发展，对城镇体系空间地域格局特征的发掘也日趋活跃，通过借鉴城市地理学等理论和方法，讨论格局结构和人地关系关联性，成果也逐渐趋于综合化和定量化。张斌[8]首先对明代至民国近600年期间呼和浩特地区城镇体系演变进行系统梳理，并深入探讨其作用机制和驱动因素；乌敦[9]尝试引入GIS、SPSS以及分形理论等数量方法，定量研究近代绥远地区城

---

[1] 李丹. 从清代古建筑看呼和浩特市将军衙署的文化符号[J]. 内蒙古大学艺术学院学报, 2007（3）: 65-69.
[2] 高鹏. 呼和浩特清公主府第建筑研究[D]. 西安: 西安建筑科技大学, 2004.
[3] 王卓男, 王罡. 清绥远城街巷名称及其演变[J]. 内蒙古工业大学学报, 2010, 29（1）: 73-80.
[4] 李艳洁, 周红格. 绥远城城市功能的变迁（清—1937年）[J]. 内蒙古大学学报（哲学社会科学版）, 2011, 43（2）: 9-14.
[5] 祁美琴, 王丹林. 清代蒙古地区"买卖城"及其商业特点研究[J]. 民族研究, 2008（2）: 63-74.
[6] 何一民. 国家战略与民族政策: 清代蒙古地区城市之变迁[J]. 学术月刊, 2010（3）: 137-144.
[7] 乌云格日勒. 十八至二十世纪初内蒙古城镇研究[M]. 呼和浩特: 内蒙古人民出版社, 2005.
[8] 张斌. 明清到民国时期呼和浩特地区城镇体系演变研究[D]. 呼和浩特: 内蒙古师范大学, 2011.
[9] 乌敦. 近代绥远地区城镇体系研究[D]. 呼和浩特: 内蒙古大学, 2014.

镇分布的地域空间关系、职能分工层次以及交通网络影响，利用聚集分维数得出城镇体系具有以呼和浩特和包头为双中心进行自组织发育的分形特征，在历史聚落体系的方法探索中迈出实质的一步；萧凌波、方修琦[①]等通过将清代东蒙地区城镇时空分布图与气候水热等值线图进行叠加，研究气候变化和城镇兴衰的耦合关系。

（4）其他方面研究

定宜庄[②]考察清代北部边疆八旗驻防体系（东北、新疆、内外蒙古）筹设过程和地位影响，指出蒙古地区的防御体系由南线、东线和北线构成，且军事控制色彩极其隐蔽。翁道乐[③]则重点研究绥远将军、热河都统、察哈尔都统的设立过程、组织结构和功能作用。

（三）聚落形态相关理论

1. 中心地理论

中心地理论是德国经济地理学家克里斯泰勒（W. Christaller）于1933年在著作《德国南部的中心地》一书中提出的城市地理学理论，旨在建立关于中心地数量、规模、等级分布的理论模型。该理论首次运用演绎和假设的方法，用图示语言取代描述文字揭示城镇分布的客观规律，是计量地理学研究的奠基之作。然而，该理论提出后一直未受关注，直至20世纪40年代才被发现其内在的巨大价值。在我国，中地论最早于1964年由严重敏教授翻译引入，后研究中断，直到1978年才重新见之于世[④]，并在80年代流行起对该理论的系统介绍、评价展望以及实践运用等，代表作有宁越敏《上海市区中心区位的探讨》（1984年）、柯建民和陈森发《中心地理论的进一步探讨》（1986年）、T.R.威利姆斯《中心地理论》（1988年）、葛本中《中心地理论评介及其发展趋势研究》（1989年）、牛亚菲《中心地模式的实验研究——江苏省赣榆县和灌云县城镇网的优化设计》等。

由于是理论模型，因而中心地理论必须构建一个理想化环境：①资源均质分布；②人口均质分布，且购买力相同；③各方向运输条件相同。在这样完全均质的前提下，中心地理论可以概括为三点内容：①"中心"概念。一个地区必然存在一个中心向其提供服务，且随着范围的变化，"中心"亦有等级之分，等级越高提供的服务种类越多，反之亦然。②六边形市场区。有"中心"，亦有"边界"，边界之内是中心的辐射范围。以成本效益为考量，形成以中心地为圆点、最大销

---

① 萧凌波，方修琦，叶瑜. 清代东蒙农业开发的消长及其气候变化背景[J]. 地理研究，2011, 30（10）：1775-1782.
② 定宜庄. 清代北部边疆八旗驻防概述[J]. 中国边疆史地研究，1991（2）：20-29.
③ 翁道乐. 清在漠南蒙古地区的军事驻防体系[D]. 呼和浩特：内蒙古大学，2006.
④ 葛本中. 中心地理论评介及其发展趋势研究[J]. 安徽师大学报，1989（02）：80-88.

售距离 r 为半径的圆形范围，但由于相邻"中心—边缘"挤压形成重叠区，故而重新分割为六边形范围。③六边形嵌套法则。不同等级中心地在空间分布上遵循市场、交通、行政三个原则，从而构成复合的空间网络体系（图0-11）。

中心地模型在现实运用中存在过于理想化的缺陷，因而被不断地补充和修正，最具代表性的有廖什景观论、斯坦恩的周期性中心地、邦吉的人口修正观点、瓦因斯商业模式等。虽然当代社会的复杂程度远超于克氏所处时代，昔日静态的模型也无法适应今日动态的社会组织，但中地论首创将空间模型法则、系统观点、计量方法引入聚落研究领域的功绩是不可磨灭。

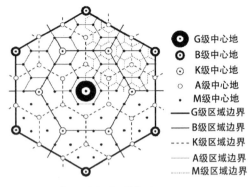

图0-11 中心地六边形模型

中心地理论产生的背景是20世纪20~30年代德国南部的农业地区，且假设为各项均匀的区域。这些今日看似苛刻的假设条件却较适用于本案。对于内地而言，清代漠南地区是未开发的农业真空区域，原有牧民追水草而居，原有影响几乎为零，平坦的草原也基本可视为均质区域；另一方面，清代蒙地开发主要用于农业垦殖，纵然清末已处于近代化的开端，但是工业尚未真正进入这一地区，因此农业社会是清代蒙地城镇发展的时代背景。综上所述，中心地理论在研究中国传统农业聚落体系结构方面仍具有较强的生命力，陆玉麒[①]、高松凡[②]、张萍[③]等学者就利用其揭示明清时期太湖流域和黄土高原地区的城镇空间结构。

2．施坚雅模式

施坚雅模式是美国人类学家施坚雅（G. William Skinner）在考察四川地区集镇分布和联系情况过程中，总结出的用于揭示中国明清区域社会结构的一种"功能—结构"的分析模式，其观点散见于著作《中华帝国晚期的城市》中的《十九世纪中国的地区城市化》《城市与地方体系层级》《清代中国的城市社会结构》等论文。该理论跳出了传统聚落研究以行政区划为范围的局限，从市场联系的角度考察地理单元内的城镇结构，对中国近代城市史、经济史、传统市镇研究均具有深远的影响。

---

① 陆玉麒，董平. 明清时期太湖流域的中心地结构[J]. 地理学报，2005，60（4）：587-596.
② 高松凡. 中地论与历史城市地理研究——以嘉兴市域城镇演化为重点[J]. 经济地理，1988（02）：112-115.
③ 张萍. 黄土高原原梁区商业集镇的发展及地域结构分析——以清代宜川县为例[J]. 中国历史地理论丛，2003（03）：46-56.

绪　论

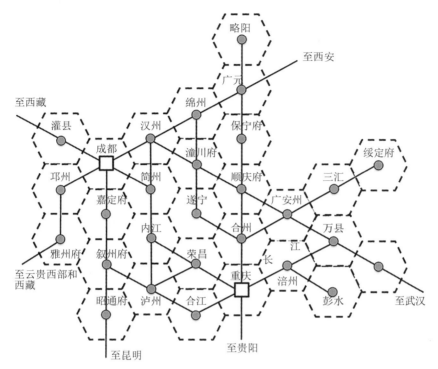

图0-12　1893年沿河流和道路分布的长江上游城市贸易体系（施坚雅模式）
（图片来源：（美）施坚雅. 中华帝国晚期的城市［M］. 叶光庭，译. 北京：中华书局，2000.）

施坚雅模式可以概括为三点内容：①宏观区域论。施坚雅从自然地理（水系为主）、人口密度、高等级城市辐射圈以及具有分工的城市体系四个标准，将晚清中国划分出九大相对独立的区域：华北、长江上游、长江中游、长江下游、东南沿海、岭南、西北、云贵、满洲[①]。②"核心—边缘"理论。每一个层级的市场区域都由"核心"和"边缘"两部分构成，核心地区在各方面均占有优势。③市场等级结构模式。将19世纪末中国经济中心分为八个层级：标准市镇、中间市镇、中心市镇、地方城市、较大城市、地区城市、地区都会、中心都会[②]。各级市场范围简化为六边形，高等级中心被低等级中心环绕（图0-12）。

施坚雅模式是将中心地、位序规模法则等理论，专门结合中国区域提出的一种修正式的分析方法，因而较之中地论更具有在中国运用的现实价值。王笛[③]运用六边形构图分析明清时期长江上游地区有关城镇贸易网络的一系列问题；陆希刚[④]、胡勇军[⑤]则运用其揭示明清江南地区市场层级的空间结构。可以说，研究

---

① （美）施坚雅. 中华帝国晚期的城市［M］. 叶光庭，等译. 北京：中华书局，2002：245-246.
② （美）施坚雅. 中华帝国晚期的城市［M］. 叶光庭，等译. 北京：中华书局，2002：339.
③ 王笛. 跨出封闭的世界——长江上游地区社会研究1644-1911，北京：中华书局，2001.
④ 陆希刚. 明清江南城镇——基于空间观点的整体研究［D］. 上海：同济大学，2006.
⑤ 胡勇军，徐茂明. "施坚雅模式"与近代江南市镇的空间分析［J］. 南通大学学报（社科版），2012，28（03）：28-34.

27

明清时期的市镇结构，施坚雅模式是一个有力的分析范式，但其并不能解决所有问题，具体运用时还需要创新和超越。具体在本书中主要借鉴该模型分析清代漠南地区城镇的经济层级和空间结构，以期透过行政条线的表象，观察边地城镇发展的经济关联和推动力。

3. 分形理论

分形理论（Fractal Theory）是美国数学家曼德布鲁特（B. B. Mandelbrot）于20世纪70年代提出的，旨在说明事物的整体和局部在一定程度上呈现相似性的特征，其观点最早见于《英国海岸线到底有多长？》一文。该理论最初是作为现代数学的分支——分形几何学，但是其描述世界的方式却为其他学科提供了崭新的世界观和方法论，被广泛地运用于自然和社科领域，帮助理解客观事物的非线性和复杂性（图0-13）。

分形是大自然的优化结构，能高效地实现对空间的占有，因而对于同样以占有空间为目的的城镇而言，其优化状态下的分布和演化规律也应该且必然遵循类似的法则。在本书中，分形理论主要作为刻画点状地理目标空间分布状态的一种描述工具，具体参数有分维数和无标度区。分维数即分形维度数，介于整数之间，其数值大小反映分形体不规则程度，作为一个发育度良好的城镇体系，其分维数应趋近于2，即以分形状态填满二维平面，但是对于处于发育初级阶段的待开发地区，城镇分布往往是随机散布（分维为0~1），或是沿发展轴线性分布（分维趋近1）；无标度区域指分维体保持不变性的范围，与数学上分形体的无限重复性不同，自然界中物体的分形属性只存在一定尺度内，因此合理划分无标度

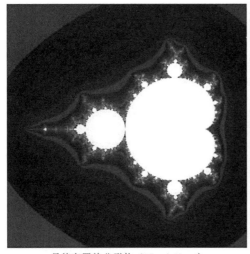

曼德布罗特分形体（Mandelbrot）

受限凝聚扩散分形体（DLA）

图0-13 两种典型的分形几何体
（图片来源：FractalMaster软件生成）

区是确保分维数准确性和解释力的重要保障。对于城镇体系而言，无标度区的宽窄代表分形发育度的高低。

4. 点轴理论

中心地理论展现了一个静止的等级分布图示，但未能描绘出机理形成的动态过程。针对于此，1955年法国学者佩鲁（Francios Perroux）首次用"增长极理论"阐述聚落凝聚过程中的"极化效应"和"扩散效应"；20世纪70年代末，德国学者沃纳·松巴特（Wemer Sombart）提出"生长轴理论"，肯定交通干线对于经济活动的推动作用。在此基础上，1984年中国学者陆大道提出点—轴渐进式扩散模型（图0-14）以及结合中国国情的"T"形发展战略。

点轴理论的主要观点如下：①扩散和聚集是经济体空间运动的两种基本形式。在均质地区，资源共享和效益最大化促使经济体产生聚集，但过度聚集又随即出现溢出，迫使部分客体寻找新的聚集点，以达到空间平衡。②空间扩散不是一蹴而就的，而是渐进式的发展。③点轴扩散模型的主要阶段：第一阶段，客体无序分布在均质空间上；第二阶段，均质性被打破，聚集点和发展轴开始有组织聚集；第三阶段，点—轴主体结构形成；第四阶段，体系进入自组织状态。

相较于中心地和施坚雅模型，点轴模型具有方向性、时序性和过渡性的显著特征。这些动态特征体现出点轴理论对区域发展不平衡性的肯定，并采用渐进扩散的方式较好地回应了发展过程中公平和效益的问题，因此尤其适用于发展中国家和地区。根据我国资源分布、地理构造、地区潜力等，陆大道提出了"T"形开发和布局战略规划，即以东海和长江沿岸作为一级发展主轴，合理布局增长极和加强"极"之间的横向联系，引导资源向腹地梯度转移。

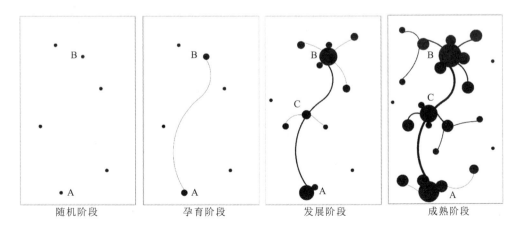

图0-14 点轴扩散
（图片来源：蒙莉娜，郑新奇. 区域城镇点—轴系统空间结构的分形模型［J］. 地理科学研究，2009，28（6）：944-951.）

清代漠南地区的待开发性和农业社会背景是理论适用的基础，开发模式和地域特征也极为符合点轴理论的描述。首先，城镇产生方式具有明显的渐进性，即在开垦区设厅官（厅城）→"厅"改"州县/府"→较大市镇设州县佐贰官（次县级市镇）→"市镇"改"州县"、脱离母境成为独立区划→在新境内较大市镇设州县佐贰官（次县级市镇）；其次，清代漠南地区开发环境类似于"T"形结构。长城可类比于沿海地区，作为开发和未开发区之间的公共边界；由长城关口延伸的驿路类似于长江，由公共边界指向开发滞后的腹地，承担引导资源流动的发展轴作用。综上所述，实证区域在社会背景、扩散模式、地域结构等方面与点轴理论极为接近，因而书中用以解释草原城镇扩散和格局的基本规律，并作为理论原型推导出数学模型。

5．理论评述

城镇体系的扩散过程和地域结构是一个制约因素众多的复杂运动，对于历史时期城镇体系演变的还原和追踪更是充满变数，将"历史现象"转换为适用于现代分析技术的"历史数据"，则为引入现代区位理论和数学模型去刻画空间格局特征、结构关联特征以及系统复杂性提供了可能。清代中国所处的农业社会背景、漠南地区的待开发性和均质性、城镇扩散的渐进性以及拥有清晰公共边界和时间节点等特征，是相关理论适用的前提。

分形几何中的聚集分维、网格分维和关联分维是刻画点目标群空间分布的重要指标，可以表征点群空间分布的特征和中心点的聚集强度，进而可以验证对于增长极和增长轴的假设，在本书空间结构研究中发挥数据挖掘的工具作用；中心地理论和施坚雅理论展示的是一个静态的理想模型，最大意义在于为本书提供了一种基于数理的"结构—功能"的研究范式，取代了以往缺乏立体感和空间感的描述文字，将空间、数量、等级等概念引入历史聚落研究领域。同时，六边形模型和市场等级划分也极具启发意义，是漠南地区城镇地域结构修正和变形的原型；相对于前二者的静态性，点轴理论则描绘出在发展不平衡状态下城镇扩散的一般性规律，是发生学解释蒙地城镇设治规律和空间格局特征的依据和基础。同时，该理论的现实应用性也为书中结论和当代区域规划的结合找到了可能性和切入点。

需要注意的是，上述理论在文中并非孤立存在于各章节，而是贯彻始终地综合运用。从本质上看，这些理论相互间就具有一定的传承和重叠，中心地六边形图示是静态的理想模式，在此基础上衍生施坚雅的市场圈模型和点轴扩散理论，而这些系统无一例外地具有自组织性和结构性，体现分形特征。在本书实际运用中，上述理论和模型不可避免地会被调整和修正，这并非是对其的否定和怀疑，而是在具体环境下的发展和超越，更是基础理论强大生命力的体现！

第一章　清代漠南地区城镇发展背景

探究城镇起源和发展，离不开对自然和人文环境的考察。前者是城镇存在的物质支撑和空间载体；而后者是行为主体"人"所建构的社会性、非自然的无形环境。二者共同塑造了城镇发展历程、空间格局、内部形态等地域性。如果脱离具体环境讨论城镇议题，那只是普适性理想模型的构建；倘若一味放大环境影响，又会落入环境决定论的误区。故而在展开长城北侧聚落化进程的宏伟篇章之前，有必要廓清过渡地区的环境地域性和清代的时代性，因为这种"特殊性"必将烙印于聚落景观的方方面面。

第一节　漠南地区的自然地理环境

一、气候特征

漠南位于内陆中纬度地区，幅员辽阔、南北跨约16个纬度，太阳热辐射分布的差异决定了辖区内气温、降水等分布极为不均匀，日照充足、多风干燥、冬季漫长、夏季短促，以温带大陆性季风气候为主[1]。地区年气温变化幅度和形式基本一致，呈一高一低单波浪形（最热/冷月分别为7月/1月）。不同于年平均气温变化的稳定，日气温变化幅度较大，尤以春秋两季最为明显，幅度可达13℃，冬夏两季则相对较小。

水，是生产和生活的基本原料。在生产力不发达的古代农业社会中，降水分布和降水量直接决定农作物产量，进而左右城镇兴衰。漠南地区地处亚欧大陆腹地，远离海洋，全年降水集中于夏季，占年总降水量的60%～70%[2]。区域年降水量由大兴安岭向西南方面递减：大兴安岭东侧可达500毫米；西侧兴安盟、哲里木盟（今通辽市）、赤峰以及大青山南坡为300～400毫米；伊克昭盟（今鄂尔多斯市）西部和阿拉善东部为100～200毫米；阿拉善盟中西部为降水最少地区，降水不足50毫米。与降水趋势相反，区域蒸发量自东向西递增，蒸发量大于降水量致使土壤干燥。此外，漠南地区降水极其不稳定，不仅年份之间差异较大，年内分配也不均匀[3]。这样不稳定的降水特点，致使农作物种植缺乏有效保障，产量低且不稳定。

400毫米等降水量线是划分半湿润和半干旱区的地理分界，在区域内大致经过大兴安岭—阴山山脉—鄂尔多斯地区；200毫米等降水量线是划分半干旱和干

---

[1] 王文辉. 内蒙古气候[M]. 北京：气象出版社，1990：50.
[2] 内蒙古自治区气象学会. 内蒙古气象漫谈[M]. 北京：气象出版社，1987：86.
[3] 内蒙古自治区气象学会. 内蒙古气象漫谈[M]. 北京：气象出版社，1987：86.

旱区的地理分界,在区域内大致经过阴山山脉北部—贺兰山脉。这就决定了漠南地区地表植被分布呈"森林→草原→荒原"的递进特征、经济形式以农耕和畜牧并存。这种过渡和混合的地域性也为农牧长期博弈埋下了伏笔。

二、地形地貌

漠南地区位于蒙古高原东南缘,是一个由山脉、高原、沙漠、长城围合的较独立的地理单元:北抵由阴山—大兴安岭构成的蒙古高原分水岭,南界明长城,东临长白山余脉大黑山,西抵沙漠。境内地貌形态复杂,包括高原、山地、平原、盆地、草原和沙漠戈壁等,其中海拔1000米以上的高原占全区总面积的50%,东西延绵3000多公里,从东至西有呼伦贝尔高原、锡林郭勒盟高原、乌兰察布高原、巴彦淖尔、阿拉善以及鄂尔多斯高原(图1-1)。

漠南地区的山脉主要沿大兴安岭自东北向西南延伸,至阴山山脉处转折为向西延伸,最后再折为南北延伸的贺兰山,这一系列山脉为内蒙古高原东南部隆起边缘,构成南北自然环境差异的分界线。山北地带统称为内蒙古高原,是整个蒙古高原的一部分;大兴安岭,西南起于西拉木伦河源头,东北向延伸;阴山,西起河套西北向东北方向延伸,由狼山、额尔腾山、乌拉尔山、大青山构成;贺兰山,又称"阿拉善山","起于松山,北贯长城并黄河而东北"[①],是漠南与漠西的

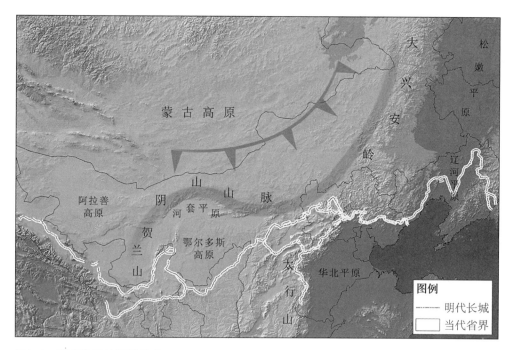

图1-1 漠南地区的地形特点

---

① (清)姚明辉. 蒙古志 [M]. 光绪三十三年刊本. 成文出版社影印本,1968:8.

界山。连绵的山地构成南北之间的天然屏藩,抵御了西伯利亚冷空气的南侵,在一定程度上保护了山南平原的气候环境,为农业发展提供了可能。与此相对,南部长城也抑制了明代农业的蔓延,一定程度上保护了山南地区的生态平衡。此外,群山叠嶂中的众多沟谷,在战时成为"一夫当关万夫莫开"的战略关隘,和平时期则成为沟通内外的交通桥梁。

漠南地区的平原主要分布于大兴安岭东麓、阴山南坡和黄河"几"字湾。面积10余万平方公里,主要有河套平原(前套和后套)、辽河平原和松嫩平原。这些平原地势平坦,有黄河和辽河水系灌溉之便,土壤富含养分易于种植,因而成为农耕经济跨越长城之后的首选目标。

三、河流水系

流经漠南地区的河流以贺兰山—阴山—大兴安岭为分水岭,有内流河和外流河之分:内流河较少;外流河以黄河、辽河、嫩江为担负流域农业灌溉和交通联络的主要水系。蒙地城镇主要分布于上述水系的干流和支流沿岸,其中黄河水系流经与山西、陕西接壤的河套地区,辽河、嫩江流经与满洲接壤的东蒙地区。

黄河水系,自青海经甘肃北出长城进入蒙地,向北流经鄂尔多斯,是该地与阿拉善往来水陆通道;再向东流经乌拉特旗过包头渡口,又东流至与图尔根河交汇处之托克托渡口,转而南流复入长城,成为山西、陕西二省界河。总体来看,黄河北出长城后,先向北再向东再向南,折出了一个"几"字形走向。该段黄河水流较缓,不同于关内段黄河的湍急,因而可行船航运,是清代归绥地区向西联络的黄金水道。同时,河套地区雨水充沛,土地肥沃、气候湿润、宜耕宜牧,是农业开发的首选(图1-2)。

西辽河水系(图1-3),发源于大兴安岭东南和燕山山脉北部的夹角地区——沟通漠南、华北、满洲的枢纽地带。南源为老哈河,北源为西拉木伦河,两支流汇合后东行途径开鲁、通辽、双辽等地,在昌图地界与东辽河汇合为辽河,再南流注入渤海。辽河河面宽阔,"春夏两季常有渡船,若秋水涨溢则流势甚急,渡辄往返竟日,而冬季则反之,河冰坚硬人马可行"[①]。西拉木伦河源自直隶省北界克什克腾旗西,向东经巴林旗、阿鲁科尔沁旗、翁牛特旗、至敖汉旗境内与老哈河汇流;老哈河源出直隶省北界喀喇沁右翼旗,沿途注入巴尔哈河、英金河、昆都仑河等,长度与西拉木伦河相仿,"隆冬严寒坚冰数尺,无须舟楫车马可行"。

嫩江水系(图1-4),源自黑龙江伊勒呼里山,东南经墨尔根、齐齐哈尔城

---

① (清)姚明辉. 蒙古志[M]. 光绪三十三年刊本. 成文出版社影印本, 1968: 41.

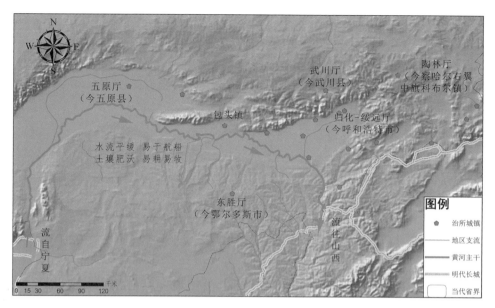

图1-2 河套地区黄河水系

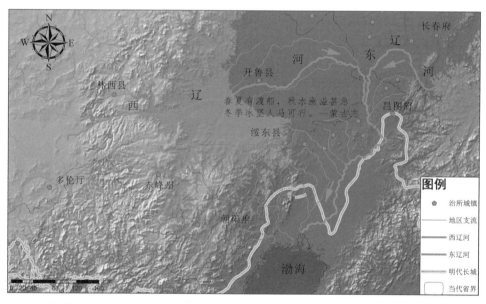

图1-3 东蒙地区辽河水系

进入东蒙牧地，经杜尔伯特旗、西扎赉特旗、郭尔罗斯前旗入吉林省汇合于松花江，沿途主要注入雅鲁河、淖尔河、洮儿河等支流，"此江水势缓若池泊，自入蒙古界内而至雅尔淖尔入嫩江处，河㳷宽阔，积沙成洲，星罗棋布，沿岸地势平坦，江水盛涨时或溃决，少灌溉之利，而输輓甚便，自伯都讷至齐齐哈尔，中俄小汽船往来其间络绎不绝"①。

---

① （清）姚明辉. 蒙古志[M]. 光绪三十三年刊本. 成文出版社影印本，1968：42.

第一章 清代漠南地区城镇发展背景

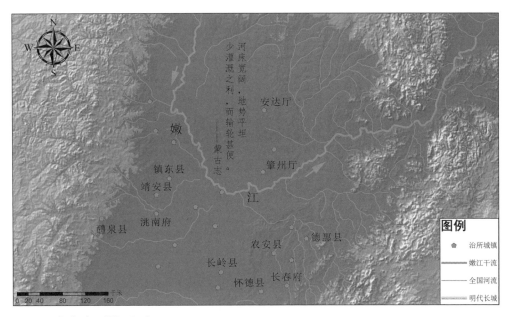

图1-4 东蒙地区嫩江水系

第二节 清代漠南地区的交通区位特征

一、区位特征

漠南地区位于中国北部边疆，辖境呈东北—西南的斜长形，纵狭横广。东临黑龙江、吉林两省，南与辽宁、河北、山西、陕西、甘肃五省以长城为界，西抵厄鲁特，北与漠北蒙古接壤。范围包括今内蒙古自治区大部，河北、辽宁省长城以北，吉林西部和黑龙江西南部。可见，漠南地区是衔接漠北、满洲、华北、漠西四大区域的十字枢纽，在清代有拱卫京畿、防御蒙古与沙俄、联络满洲的战略地位（图1-5）。

归绥土默川地区，位于大青山南麓河套平原，南与山、陕二省以长城为界，东抵直隶省口北三厅，西临漠西，素有"燕冀之锁鑰、秦晋之屏藩"之称。境内坐拥黄河水道，可上通青海甘肃，下达关内山西、陕西沿河流域，重要渡口有包头、托克托等。陆路交通可出大青山孔道到达山北四子王部，再由此向北通往乌里雅苏台进而达到俄罗斯边境，或向西通往伊犁；向南可取道长城杀虎口关进入山西或张家口关进入畿辅地区；向西可通阿拉善盟、甘肃、青海。

口北三厅与热河地处内蒙古高原最南缘的坝上地区，南与直隶省以长城为界，东西连接东蒙和土默川地区，是关内直隶地区北通乌里雅苏台、俄罗斯，东北通往哲里木盟（今通辽市）、黑龙江地区的必经之地。

哲里木盟、昭乌达盟、卓索图盟位于漠南地区东缘、衔接直隶与满洲的夹角地带。境内拥有嫩江水系和西辽河水系，地区城镇既可横向往来热河、察哈尔，

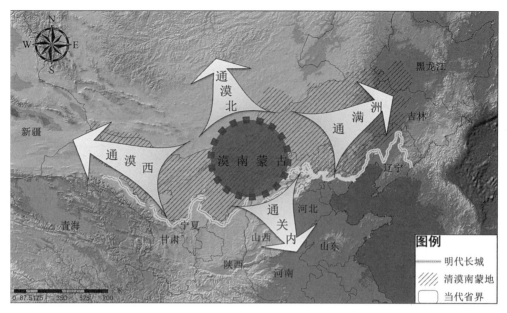

图1-5 清代漠南蒙地区位

也可纵向联系黑龙江和奉天地区并借道营口港转而海运。陆路可由喜峰口、古北口进入关内,或经草原道路通往黑龙江、吉林、奉天三省。

二、对外交通

清朝治下的中国是一个多民族整体,中原、满洲、草原、绿洲和高原各自在体系中占据独特且不可替代的位置。为维系正常运转,如何高效地传递政令和投放影响直接关乎清朝对于边疆的控制。因此在入关后,内地至东北满洲的驿路系统被首先安设起来。随后在康熙三十年(1691年)接受喀尔喀四部归降的多伦诺尔会盟上,康熙皇帝决定重建内蒙古至内地朝贡路线。次年,内大臣及理藩院尚书等便前往口外丈量远近、勘察选址,并在随后的两年时间内逐步完成,由理藩院主管、兵部协助监督。驿路体系主要由五条干路构成,从京师出发,分别经由喜峰口、古北口、独石口、张家口、杀虎口五个长城关口通往漠南蒙古诸部,史称"口外五路"或"草地路"(图1-6)。

喜峰口路,设于康熙三十一年(1692年),由北京出发,经遵化至喜峰口,由此出关向东北途径卓索图盟的喀喇沁右旗、喀喇沁左旗、喀喇沁中旗、土默特左右两旗,昭乌达盟的敖汉旗、奈曼旗、扎鲁特左右两旗、喀尔喀左旗,哲里木盟的科尔沁左翼三旗、右翼三旗、郭尔罗斯前后两旗、扎赉特旗、杜尔伯特旗。喜峰口驿路途经三盟二十旗,总长1000多公里,设站24座。其中,北京至喜峰口共有六站,喜峰口至杜尔伯特共18站。喜峰口驿路是清代东部蒙古盟旗往来北京的必由之路,其走向平行与满洲干道"盛京—吉林—伯都讷—齐齐哈尔—瑷珲",

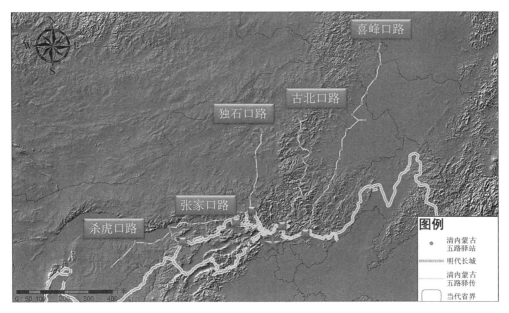

图1-6 基于GIS最短路径复原的清代内蒙古五路驿站线路

二者共同架构起清时期内地与东北地区互通的交通动脉。

古北口路,设于康熙三十二年(1693年)①,由京师北通锡林郭勒盟的乌珠穆沁左旗。由北京出发,经顺义、密云至古北口,由此出关向北经昭乌达盟的翁牛特左右两翼旗、扎鲁特左右两翼旗、巴林左右两翼旗、阿鲁科尔沁旗,直至锡林郭勒盟的乌珠穆沁右翼、左翼旗。古北口驿路途经二盟九旗,总长580公里,设站19座,其中北京至古北口3座,口外蒙汉驿站16座。需要补充的是,古北口驿路出关后在鞍匠屯站分出一条东向支路,经王家营站、喀喇河屯站至热河站,是皇室往来京师和避暑山庄的御道。

独石口路,设于康熙三十二年(1693年)②,由京师出发经昌平、居庸关、赤城到达独石口,由此出关往北经察哈尔左翼、昭乌达盟的克什克腾旗,锡林郭勒盟的阿巴嘎左右两翼旗、阿巴哈纳尔左右两翼旗,直至浩齐特左右两翼旗。独石口驿路途经察哈尔、昭乌达和锡林郭勒盟,全长共590公里,设站15座。其中京师至独石口有驿站8座,口外蒙汉驿站共7座。此外,该驿路在关内赤城驿站分出支路,经龙门至赵州地区。

张家口路,设于康熙三十二年(1693年),由京师出发经怀来、宣化府至张家口,由此出关向西经察哈尔右翼旗,直至归化城土默特旗地。该驿路全长500多公里,设站9座,其中京师至张家口设驿站3座,口外蒙汉驿站6座。此路不仅沟通归化城地区,且西部的阿拉善厄鲁特旗和额济纳土尔扈特旗也借由此路往返

---

① 《清圣祖实录·卷一五八》:"康熙三十二年二月庚辰……议于古北口至乌珠穆秦设立六站……"
② 《清圣祖实录·卷一五八》:"康熙三十二年二月庚辰……独石口至蒿齐忒设六站……"

京师与旗地。

　　杀虎口路，设于康熙三十一年（1692年），由杀虎口出关，经4站达到归化城，再由归化城分出两路，一路往北经4站到达乌兰察布盟乌拉特三旗，全长280公里，曰"北路"；一路往西经7站通往鄂尔多斯地区，全长650公里，曰"西路"。清代山西、直隶汉民正是经由杀虎口和张家口前往土默川地区开垦种植、发展商贸，并以此为中转将贸易延伸至新疆、青海和俄罗斯地区，史称"走西口"。

　　漠南通往漠北的陆路联系是由阿尔泰军台承担，自四子王部境起，经6站至赛尔乌苏，由赛尔乌苏分出两路：一路经21站至哈拉尼敦，再经20站至乌里雅苏台（今蒙古国扎布哈朗特），再经14站至科布多（今蒙古国科布多省会）；一路经14站至库伦（今蒙古国乌兰巴托），再经12站至中俄互市口岸恰克图。阿尔泰军台与内蒙古五路驿站相结合，即张家口—四子王部—赛尔乌苏—库伦—恰克图，可搭建起内地—漠南—漠北地区的交通往来，清代著名的茶叶贸易路线张库大道正基于此路发展而来。

　　除陆路外，水运也是漠南地区联络内外的重要方式。土默川、河套地区的物产可借由黄河水运进入山西、陕西沿河流域，也可承接上游甘肃往来的货物。境内主要码头有河口镇（托克托厅）、南海子镇（包头）、柳青镇（丰镇厅）；奉天洮昌地区可利用西辽河水运南下盛京（今沈阳），继而到达营口海港；杜尔伯特旗和郭尔罗斯旗地可利用嫩江—松花江水系联系齐齐哈尔、墨尔根、吉林。

　　有清一代，内地至漠南地区形成总长超过2500公里、共71座驿站的交通网络，从京师可以直达漠南任何一个盟旗。正是得益于超越前朝的驿站网络，清政府有效地实现和巩固了对于漠南地区的管控和影响，为日后的资源流动与聚集夯实了基础。

第三节　漠南地区城镇发展的社会政治基础

一、清以前的阶段性开发

1．第一阶段：史前时期

　　漠南地区旧石器时代的文化遗存在阴山南麓、鄂尔多斯高原、呼伦贝尔高原、赤峰丘陵以及科尔沁草原均有发现，迄今约30处，其中以大窑文化和萨拉乌苏文化最具代表性[①]。公元前6世纪左右，漠南地区东部开始出现以原始农业为主、狩猎采集为辅的新石器文明，代表者有小河西文化（敖汉旗小河西）、兴隆洼文化（敖汉旗兴隆洼村）、赵宝沟文化（敖汉旗高家窝铺乡赵宝沟村）等。这

---

① 郝维民，齐木德道尔吉．内蒙古通史纲要［M］．北京：人民出版社，2006：06.

些遗址反映出当时半地上半地下的半穴居状态,并出土了大量的打磨石器、陶器和骨器等;中南部地区文化主要由中原迁徙的人群创造,文化结构与东部有明显的差异,包括仰韶文化王墓山类型(今凉城县岱海南岸)、海生不浪文化(今托克托县海生不浪遗址)、文化山文化等。青铜器时代文化包括夏家店下层文化(今赤峰市夏家店遗址)、大口文化(今准格尔旗大口遗址)、朱开沟文化(今伊金霍洛旗束会川上游)、夏家店上层文化等。史前诸多遗迹表明:漠南地区具有孕育源发性文明的地理基础,经济形式为农业和渔猎并存;区域内部地域结构具有一定的差异性;蒙地中南部与中原早有文化交流的先例。

2. 第二阶段:东周—秦汉时期

战国时期中原文化已普遍进入铁器时代,生产力的发展推动生产关系由奴隶制向封建制过渡。由此引发的外部扩展和内部重构推动中原势力不断北扩,迫使原居于此的娄烦、东胡、匈奴等游牧民族迁徙至漠北。最先进入漠南地区的是魏国,于公元前408年占据了河西地区,在今鄂尔多斯东南部及陕西北部设置了上郡。公元前328年,魏国败于秦国,割让上郡及所辖十五县,秦国势力遂进入河套。

公元前400年后赵国势力进入漠南地区,占据了今内蒙古阴山以南、黄河以北,西到巴盟河套一带,东至乌盟南境和山西北部的广大地区[①],并设置了云中郡、雁门郡和代郡。[②]

燕昭王时期(公元前312~公元前279年),燕国占据了今河北北部、内蒙古东南部和辽宁省大部,设置了上谷、渔阳、右北平、辽西、辽东等五郡。今赤峰市、通辽市的南部地区,分属于右北平和辽西郡管辖。燕国在这些地区兴建城市,遗址包括宁城县甸子乡黑城(右北平郡治所平刚县)、敖汉旗新惠镇古城、奈曼旗土城子和沙巴营子古城等。

公元前221年,秦统一中国。在获得赵、燕所设云中、雁门、代、上谷、右北平、辽西等地的基础上,北击匈奴,控制阴山南麓地区。秦在北部边疆筑长城、迁徙人口、发展农业,并首次将郡县制推广至漠南地区,对其实施了有效的开发和管理。秦代郡县多在汉代沿用并重筑,目前发现只有托克托县哈拉板申村西古城未有改筑的痕迹。该城址平面呈不规则形,夯土墙围绕,东西约230~420米,南北约450~550米,由此可一窥秦置郡县的规模。为加强对漠南边陲的控制,秦始皇修筑了由云阳(今陕西省淳化县)至九原郡(今内蒙古自治区包头市西南)的直道,全程700多公里,黄土夯实,成为沟通中原和漠南的快速干道。

公元前206年汉朝建立,经过初期对匈奴不断地军事打击,将势力延伸至阴

---

① 刘蒙林,孙利中. 内蒙古古城. 呼和浩特:内蒙古人民出版社,2003:4.
② 郝维民,齐木德道尔吉. 内蒙古通史纲要. 北京:人民出版社,2006.

山以北地区。汉匈战争之后,汉朝大量迁徙内地人口至北疆地区开垦戍边,有效地推动地区开发和经济发展。据史料记载,西汉时期内蒙古地区人口已达240万之众。为有效管理边民,汉朝在蒙地南缘设置五原、上郡、云中等郡,各郡属县不一,少则十余个,多则数十个,总数约占据汉代全国郡县总数的10%。汉光武帝建武二十四年(公元48年),匈奴分裂为南、北两部。北部留居漠北,后西迁;南部归附汉王朝,入居河套。东汉王朝将南迁的匈奴人安置在北地、朔方、五原、云中、定襄、雁门、代那、上郡等地,成为东汉王朝的羁縻臣民。东汉末期连年战乱,导致漠南地区一度出现行政空缺,直至北方鲜卑民族建立北魏政权后,才出现新的建置(图1-7)。

图1-7 内蒙古地区秦汉时期城址分布
(图片来源:包玉海,乌兰图雅. 内蒙古古代城市(城郭)分布影响因素分布[J]. 人文地理,2000,15(5):72-74.)

3. 第三阶段:北魏时期

南北朝是中国历史上民族大迁徙与大融合时期,但也是一个国家分裂、朝代更迭、社会动荡的混乱时期。该时期内,统治中国北方时间最长的政权是鲜卑族建立的北魏王朝,国祚约1世纪。对于中原王朝而言,漠南地区更多的是作为拱卫中心的边缘和战略缓冲区;但对于鲜卑族而言,阴山南麓是其最初的活动地点和政治中心,并在呼和浩特平原上建造了最早的都城。[1]

为了抵御柔然、突厥等北方民族的南侵,北魏王朝创造了"以军统民"的军镇制度,将北部边疆划分六个军镇:沃野镇(今乌拉特前旗东北)、怀朔镇(今固

---

[1] 郝维民,齐木德道尔吉. 内蒙古通史纲要[M]. 北京:人民出版社,2006:61.

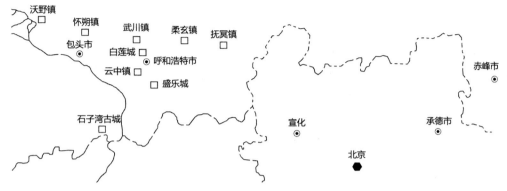

图1-8 北魏军镇分布图
（图片来源：李逸友. 内蒙古历史名城[M]. 呼和浩特：内蒙古人民出版社，1993：59.）

阳境内）、抚冥镇（今四子王旗境内）、武川镇（今武川境内）、柔玄镇（今兴和境内）和怀荒镇（今河北张北县境内）。此外，北魏政权尚在漠南及周边地区设置了恒州、朔州、夏州、凉州等地方建置：恒州，治在平城（今山西大同），辖境包括黄旗海、岱海以南地区；朔州，所在盛乐古城（今内蒙古和林格尔县土城子村北），辖境包括呼和浩特平原、鄂尔多斯高原东北；夏州，治在统万城（今陕西靖边县北），辖境包括鄂尔多斯高原大部；凉州，辖境包括额济纳河流域。总体而言，北魏时期漠南地区城址大致呈"两线分布"，一线排布于阴山北麓，多为扼守关谷的军镇；一线位于阴山南麓，多为以政治、经济为主的民治城镇（图1-8）。

4．第四阶段：隋唐时期

隋王朝（公元581~619年）结束了中国长达300年的南北分裂，再次建立以汉民族为主体的大一统政权。隋朝实行郡县二级管理，在河套、土默川一带设治有定襄（今和林格尔县境）、榆林（今准格尔旗北境）、五原（今五原以南），在鄂尔多斯高原设治有朔方、盐川、灵武等郡。隋制，郡都尉执掌一郡兵马，在边地要处设立总管州，统调周边各州军力，其辖境涉及漠南地区的总管州有灵州（驻今宁夏灵武）、夏州（驻今乌审旗南边）、朔州（驻今山西朔州）、营州（驻今辽宁朝阳）等。漠南地区东部的契丹、室韦等归附民族被原地安置，由毗邻的幽州、营州负责监管。

唐王朝（公元618~907年）建立后，实行"道—州—县"的三级建置。在民族地区增设总管府和都督府管理边务，边地各府、州、县统归节度使节制。漠南地区在唐代划归于陇右道、关内道、河东道、河北道，在境内先后设置有灵州、盐州、丰州、有宥州、夏州、麟州、胜州以及呼延都督府、兰池都督府、云中都督府、定襄都督府、松漠都督府、饶乐都督府、室韦都督府等州府建置，并设置天德军、横塞军、经略军、振武军、安北都护府（今包头以西）、燕然都护府（今杭锦后旗东北）、单于都护府（今和林格尔）等军事建置。

5. 第五阶段：辽金元时期

公元10世纪初，契丹族建立辽王朝，势力范围包括今内蒙古自治区大部、河北与山西北部地区。辽朝实行"道—府—州—县"四级管理，建立"上、中、东、西、南"五京道，其中上京和中京在漠南地区，即上京临潢府（今赤峰市林东镇）和中京大定府（今赤峰市宁城县大明城）。上京和中京是辽代漠南地区的政治中心，都城效仿中原形制，但仍然保有契丹族的生活方式。城中留有搭设毡帐的空地，贵族居住在皇城内，其他民族聚集在坊市中。辽朝实行"南北面官"制度分治境内各族人民，北面官管理契丹人，南面官设三省六部管理汉人，开启了两种制度并行蒙地的政治局面。

辽王朝在漠南地区设置的城镇类型包括民治州县、领主性质的投下州城、专为守卫和奉祀皇帝陵墓的奉陵邑、军事性质的边防城（图1-9）。其中，普通州城有永州（今翁牛特旗白音他拉苏木）、仪坤州（今锡林郭勒市巴彦锡勒牧场境内）、饶州（今林西县樱桃沟）、降圣州（今敖汉旗新民村）、恩州（今喀喇沁旗西桥乡）、高州（今赤峰市郊）、武安州（今敖汉旗丰收乡白塔子）、松山州（今赤峰市西南城子村）、丰州（今呼和浩特市东白塔古城）、云内州（今托克托县西白塔古城）、宁达州（今清水河县下城湾村）、东胜州（今托克托县托克托城大皇

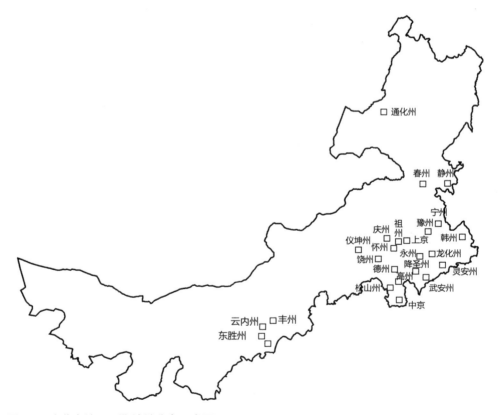

图1-9 内蒙古地区辽代城址分布示意图
（图片来源：李逸友. 内蒙古历史名城［M］. 呼和浩特：内蒙古人民出版社，1993：84.）

城)、春州(今突泉县双城子村)、韩州(今科左后旗城五家子村)等①；投下州城有松山州(今巴林右旗布敦化苏木)、豫州(今扎鲁特旗格日朝鲁村)、宁州(今扎鲁特旗巴雅尔胡硕村)、灵安州(今库伦旗黑城子村)等②；奉陵邑有祖州(今巴林左旗石房子村)、怀州(今巴林右旗岗岗庙村)、庆州(今巴林右旗索博力嘎苏木)③；屯兵边防城有通化州(今陈巴尔虎旗)、静州(今乌兰浩特市公主岭)、金肃州(今准格尔旗东北)④等。

金朝沿袭辽朝南北面官制，形成了猛安谋克城和州县制并存的局面。金代行政建置为五京、十四总管府、十九路。漠南地区在金代分属于北京路、临潢府路和西京路管辖。北京路治于今内蒙古宁城县大明城，下辖松山县、武平县、三韩县，辖境包括今赤峰西部、敖汉旗等地区；临潢府沿用辽代临潢府城，在漠南地区设有长泰县、卢川县、宁察县、庆州等州县，范围大约在今巴林左旗、右旗和阿鲁科尔沁旗境内；西京路设治于今山西大同市，在土默特地区设置有宣宁县(今凉城县淤泥滩)、天成县(今凉城县天城村)、丰州、振武镇(今和林格尔县土城子)、净州(今四子王旗吉生太乡城卜子村)、云内州(今托克托县西白塔古城)、宁达州(今清水河下城湾)、东胜州(今托克托)、桓州(今正蓝旗四狼城)、抚州下属集宁县、抚州下属威宁县(今兴和县台基庙村)。

蒙古族建立元朝后，创建了行省制度，实行了"省—路—府—州—县"五级管理。漠南地区大部分作为皇族、弘吉剌部、汪古部等封地，只有南部划归中书省、辽阳、陕西、甘肃行省管辖。今河北北部地区划归中书省上都路和兴和路，设置有桓州(正蓝旗黑城子)、松州(今赤峰红山区八家古城)、宝昌州(今张北九连城)等；土默川平原划归行中书省大同路，设置有云内州(今托克托县白塔)、丰州(今呼和浩特市东郊白塔村)、东胜州(今托克托县)；东蒙地区划归于辽阳行省大宁路，设置有大宁路城(今赤峰宁城县大明城)和高州(今赤峰市太平地乡)；鄂尔多斯和额济纳分属于陕西和甘肃行省。

第五阶段开发的显著特征是北方民族建立的政权作为地区行政主体。不同于中原王朝的草原属性及其政治逻辑，与清朝主导的地区开发存在诸多相似与共同之处。辽朝创立的南北面官制、金朝确立的猛安谋克城和州县并存制度，均是为适应过渡地区农牧混合而进行的制度创新，取得了良好的效果，为清时期盟旗制和州县制并存提供了历史记忆。

6．周期性空档：明时期

受华夷之辨的观念影响，明朝拒绝继承元代的大一统，致力于建立以汉人农

---

① 李逸友. 内蒙古历史名城［M］. 呼和浩特市：内蒙古人民出版社，1993：82.
② 李逸友. 内蒙古历史名城［M］. 呼和浩特市：内蒙古人民出版社，1993：82-83.
③ 李逸友. 内蒙古历史名城［M］. 呼和浩特市：内蒙古人民出版社，1993：82-83.
④ 郝维民，齐木德道尔吉. 内蒙古通史纲要［M］. 北京：人民出版社，2006：06.

耕经济为主体的国家治理体系。为抵御蒙古南侵，明朝施行"民近边者，皆徙内地"的政策，利用燕山形胜广筑城堡、关隘、长城、烽火台、驿站等防御工事，并沿长城线内外设置兼顾生产和作战的卫所。明初在漠南地区设置的卫所，分属于大宁、万全、山西、陕西等都司，有大宁卫、全宁卫、新城卫、开平卫、东胜卫、镇虏卫、玉林卫、云川卫、宜宁卫等。明成祖继位后，奉行"近疆固守"政策，将长城外侧卫所悉数内迁，放弃了对漠南地区的控制，国家实际控制范围退缩至长城一线。因而，明代是漠南地区城镇发展的空档期，间接地为下阶段清时期的再开发进行生态环境的准备和恢复。

二、清代地区政治基础

清朝，作为古代中国最后一个王朝，具有诸多特点：首先，成功将满洲、蒙古、中原、西域、西藏整合成一个有机整体，各部分发挥不可替代的作用，需要加以区别；其次，满蒙军事同盟是帝国力量的重要来源。在元代，蒙古贵族的对立面是包括汉人、契丹、女真人在内的所有民族；而在清代，蒙古诸部是需要拉拢和争取的对象，满蒙通过联姻在统治阶层中凝结了牢固的亲缘关系；再次，在明清更迭之际的明、蒙、满三方博弈中，实力最为逊色的满洲成为最后赢家，这意味着清朝统治者对前两者的戒心始终存在。即使蒙古一直作为满洲的左膀右臂，但其强大的实力、成吉思汗覆灭大金的历史记忆，以及清初察哈尔部、准格尔部的叛乱都给清朝统治者留下深刻的印象。了解了这几点，就能理解清朝对蒙经略中的矛盾性和反复性，即"蒙汉分治、维护大清统治"的底层逻辑。

1. 盟旗制度

清沿袭明制，在关内施行"省—府—县"三级管理，但在漠南地区确立的是"理藩院—盟—旗"的治理体系。根据亲属远近，蒙古诸部可分为外藩蒙古、内属蒙古和蒙古八旗：外藩蒙古享有世袭统治权，属于委任管理，分为外藩外札萨克和外藩内札萨克，漠南诸部大多被编入内扎萨克，漠北和青海蒙古被编为外札萨克；内属蒙古指察哈尔八旗和土默特二旗，原也是委任管理的扎萨克旗，后被削去世袭权和自治权，直接受都统节制。无论是外藩蒙古还是内属蒙古，均受中央理藩院管理；蒙古八旗是仿满八旗制度对爱新国初年归附的喀尔喀和科尔沁部进行编制的兵民结合的制度，由兵部管辖，作为清朝的后备兵源。

"旗"，是蒙古军政合一的基本单位。满洲对归附的较大蒙古领主，出于不便于拆分、加强蒙古部族向心力和八旗自身吸纳有限的考虑，着手编制"蒙古札萨克"。札萨克旗的编制持续到康熙年间，根据《清实录》记载漠南地区旗数稳定在16部49旗。札萨克旗编制过程中根据对朝廷的忠诚度和贡献度决定原主是否继续留任。中央通过查编户口和编制牛录，防止蒙古旗主坐大和加强军政管理；并界定各旗牧场范围，禁止私自更改和越界，防止部落纠纷。

"会盟"，是蒙古部族为协商解决纠纷和冲突等事宜而举行的集会，是蒙古族的一项传统。清朝在此基础上进行利用、改造和制度化，规定会盟每三年举行一次，处理"简稽军务、巡阅边防、清理刑名、编审丁册"等事务。盟长在参会各旗中选任并握有朝廷颁发的印信，会盟全程有理藩院派遣官员参加。有清一代，漠南地区共设六盟，即哲里盟、昭乌达盟、锡林郭勒盟、卓索图盟、乌兰察布盟、伊克昭盟。

理藩院，是代表中央负责处理边疆民族事务的国家机构，初期为专司蒙古事宜的蒙古衙门，后发展为全权处理蒙、回、藏地区行政、立法、司法等事务的独立机构，但对蒙事务仍占比较大。理藩院直接隶属清帝，与六部没有隶属关系。至此，"理藩院—盟—旗"的行政制度正式确立，在保障蒙古领主原有自治权的基础上，强化清政府对蒙古各部族的主权意识，并以《理藩院则例》的法律形式延续。

2. 军府制度

军府制度，是以军统民的地方管理制度，多在边疆和民族杂居地区与原有制度（盟旗制度、伯克制度）并行实施，以武力为后盾确保国家管控力度。清朝在全国节点地区设置八旗驻防将军/统领，"掌镇守险要、绥和军民、均齐政刑、修举武备"①，但在满洲、漠南、新疆、乌里雅苏台设置的将军/都统，其职能由稽检军务扩大至民政和司法领域，实为地方最高军政主官。

清朝在漠南地区设置的具有军政合一性质的驻防长官有绥远将军、察哈尔都统和热河都统。热河都统的设立源于避暑山庄的修建，因清帝木兰秋狝和消暑理政而设，驻屯于承德府。初为雍正二年（1724年）的热河总管，乾隆三年（1738年）更为副都统，嘉庆十五年（1810年）更为都统；绥远将军是应清准战争的需要而设立，由最初的右卫将军和安北将军演化而来，驻屯于绥远城（今呼和浩特市）；察哈尔都统的设立是为监控移驻于宣大口外的察哈尔部，驻屯于张家口。三者的基本职能均包括统领八旗、整饬军务、调遣附近绿营、处理蒙汉纠纷、管理蒙古部落等。此外，察哈尔都统还需管理马政。而热河和绥远地区因大量汉民迁入和州县建立，民政事务更为宽泛，包括考核和任免地方官吏、筹设矿厂、监督喇嘛教、督办蒙垦、征收税银、赈恤民众、管理驿站和卡伦、签发商民出关部票等。

清朝通过在漠南地区设置军府确保政令在民族混居地区传达的通畅和一致，提高了中央在边疆地区的管控效率和威慑力，为地区发展营造了一个"百数年来

---

① （清）赵尔巽，清史稿，卷一百十七，志九十二，职官四。

无烽燧"的和平稳定局面，使前明九边之地尽为腹里。然而，随着社会的发展和时局的变迁，军府制自身军政不分、官员偏向武职以及其与盟旗制、州县制之间兼容性等弊端日益暴露，逐渐成为阻碍漠南地区进入近代社会的障碍之一。光绪三十三年（1907年）满洲地区的黑龙江、吉林、奉天将军相继撤为行省，但漠南地区的军府制却一直延续至清亡。

3．府县制度

随着蒙垦开放和汉民迁徙，自17世纪始逐渐在口外的土默川、昭乌达等地形成了一个蒙汉杂居、农牧商混合的区域，不仅改变了漠南地区原有的经济地理格局，也引起政治体制、社会文化等方面的重大变革。文化的差异和利益的争夺必然引起蒙汉纠纷的激增，面对新的社会问题，"理藩院—盟—旗"单一管理体制的局限性日益明显。出于蒙汉分治、加强移民管理的考虑，清朝逐步将内地府县制度移植于漠南农垦区，并最终形成"盟旗制"与"府县制"并存的二元政治格局。

有清一代，蒙古的向背关乎北疆安危，因而中央在处理涉蒙事务方面的态度甚为谨慎。"府县制"实质上通过"编立户籍"和"报地升科"等措施，将未被承认的开垦事实纳入国家经制。但这一做法却间接触动蒙旗利益，因为经过"报地升科"之后，土地及其依附人的管理权就从蒙旗王公手中转移至国家，土地收益自然也纳入国家税收，必然导致蒙古与中央之间权利的此消彼长。清代漠南地区州县的设立是一个渐进式的过程，并且是以"外派低级理民官员—临时性'厅'—正式州县"①模式循序实现，前后持续约200年，大致可分为准备期、过渡期、完成期三个阶段。

第一阶段：准备期（雍正元年之前，1723年之前）。清初，内地移民多以"春令出口、冬令返回"的雁行模式进入蒙地，属于季节性流动，尚未成为定居移民。清朝通过颁发出关许可证（票照）控制入蒙人数。票照由原籍地政府或接受地蒙旗向户部申请后颁发，出入关口时以备检验。康熙中期于张家口、独石口两地置县丞②，拉开了向漠南地区派驻低级理民官的序幕。

第二阶段：过渡期（雍正元年～乾隆四十一年，1723～1776年）。该时期的标志是建立特殊理民机构——"厅"。"厅"是府城派遣到辖境内的临时机构，多设于民族和边疆地区，由同知或通判主管。根据职责区别有理事厅和抚民厅，前者专司民族纠纷，后者管辖境内诸事。该时期，先后在漠南地区设立15座厅城，即张家口厅、多伦理事厅、独石口理事厅、八沟厅、绥远城厅、归化城厅、清水河厅、宁远厅、萨拉齐协理事通判厅、托克托协理事通判厅、清水河协理事通判

---

① 张永江．论清代漠南蒙古地区的二元管理体制［J］．清史研究，1998（02）：29-40．
② 清史稿，卷五十四，地理志一·直隶："张家口僮……康熙中，置县丞；康熙中置县丞，曰独石口"。

厅、和林格尔协理事通判厅、四旗厅、塔子沟厅、三座塔厅，分布于察哈尔、土默特、昭乌达以及卓索图地区。这些厅城成为清代漠南地区民治机构建立之始，标志着盟旗体系之外的行政制度的出现。

第三阶段：完成期（乾隆四十三年～宣统三年，1778～1911年）。伴随着蒙垦深入和移民扩大，清朝一方面在新拓垦地区增设厅城，另一方面将原有厅城升级为州县，正式在漠南地区确立府县制度。（乾隆四十三年，1778年）将八沟厅、四旗厅、塔子沟厅、三座塔厅、乌兰哈达厅分别更为平泉州、丰宁县、建昌县、朝阳县和赤峰县；嘉靖朝增设长春厅和昌图厅；光绪年间则迎来设治的高峰，分布上由近长城地区向哲里木盟腹地和后套地区拓展。

4. 封禁制度

清朝处理民族事务的思路可以概括为"因其教不易其俗，齐其政不易其宜"，并体现于《理藩院则例》的具体条文。其中针对蒙古诸部的限制性条款反映出清朝治蒙经略思想，可概括为对蒙古内部交流的限制和对蒙汉之间交流的限制两大类型。

对蒙古内部交流的限制体现在三个方面：①对蒙古诸部牧地的划分。《理藩院则例》第一章"疆理"，便是对漠南地区各盟旗放牧范围进行界定，牧地之间以卡伦为界限标志，严禁越界放牧。牧地范围的界定强化了领主对土地所有权的感知，通过额定的草场承载力限制牲畜繁殖，降低蒙古部族的移动性，但客观上也起到维护生态平衡的作用；②限制蒙民入关。《理藩院则例·禁令》规定："内外扎萨克蒙古，皆令由山海关、喜峰口、古北口、张家口、独石口、杀虎口出入。入关时，均告明该管官年详记人数，出口时，仍令密对原数放出。若有置买物件，报院转行兵部，给予出边执照。除此六边口外，别处边口不准行走。"[①]③限制资源开发。严格控制蒙古购买军械，严禁开矿挖煤采铅和挖人参捕貂等。

对蒙汉之间交流的限制体现在四个方面：①限制民族贸易。对商团实行官员担保制，如若有事，担保官员按例治罪。同时规定商人出关必须申请部票，部票上注明商团的人数、籍贯、货物、出发地、目的地、预计行程等，沿途接受检查，并且严控部票每年的分发量；②限制汉民出关垦殖。内地巨大的人口压力和口外辽阔的可垦殖土地推动大批流民出关开垦种植，而蒙古王公也需要发展农业补充畜牧业的不足，并且收取丰厚的租银。对此，《理藩院则例》严禁口内民人出边开垦，违者按私开牧场定罪。严禁蒙古王公招租，并规定处罚措施；③禁止蒙汉通婚。对于偷娶者，夫妻必须离异，妇人发回原籍，民人罚一九牲畜；④禁止文化交流。禁止蒙古王公聘请内地书吏，禁止使用汉字等。

---

① （清）会典馆. 钦定大清会典事例·理藩院[M]. 北京：中国藏学出版社，2006：404.

清朝期望借此打造一个割裂的近乎静止与僵化的社会，在这个体系里任何形式的流动都是不被允许和受控的。这样固然有利于统治，也着实打造出几百年相对缓和的社会局面，但蒙古畜牧经济的单一性，天然需要农业经济的补充，人为的限制只能造成蒙古不断的积贫积弱和离心离德。所谓"棍棒打不垮经济原理"，现实中蒙汉人民对封禁制度发起了不断的冲击，迫使清朝不断地对其修正和调整。

第四节 本章小结

从自然环境看，漠南地区处于半湿润—半干旱过渡地带，是一个较为完整和独立的地理单元，"亦耕亦牧"的自然属性是清代进行农业开发和城镇建设的前提。但脆弱的生态环境也为日后"蒙汉逐利"埋下了隐患——因为区域开发的过程，也是一个农业经济不断壮大，畜牧经济不断萎缩的过程，而经济基础的调整，势必引发社会上层建筑的震荡。

从历史上看，周期性的开发是对区域可垦殖性以及发展潜力的论证，且主要集中于大青山南麓平原和大兴安岭东南麓平原，并伴随开发主体的更迭，城镇重心在两地之间来回周期性"钟摆"：由南方中原王朝建立的城镇多集中于土默川地区，具有"边城"属性；由北方游牧民族建立的城镇多集中在大兴安岭西南麓昭乌达地区，是国家政治、经济、文化的中心。同为少数民族主导的开发，辽朝的南北面官制、金朝的猛安谋克城和州县并存制较好地解决了地区农牧并存的管理问题，为清代开发提供了制度参考；明朝在"近边固守"政策下放弃了长城以北地区，使之成为对抗前沿，从而形成地区城镇发展的空档期，但间接地为下阶段清时期的再开发进行生态环境的恢复和准备。

从政治背景看，清朝在漠南地区实行的盟旗和州县并存制、军府制、封禁制并非是预先设计，乃是适应地区社会经济发展的必然产物。实际效果也确实达到了预期。然而，清朝对地区事务的人为干预，必然对地区开发和城镇兴起产生深远的影响，而这种作用力最终会以各种形式渗透在蒙地城镇的方方面面。

第二章　清代漠南地区城镇时空演化

在清代统一稳定的政局背景下，长城地区数百年几无烽燧之警，九边竞相成为腹里。加之经过明代的生态恢复，长城北侧地区再次由农业真空地带发展为拥有79座治所城镇的新兴农垦区，构建了道—府/厅—州县—次县级市镇的四级行政体系。较之于内地，虽然城镇普通规模较小、辐射较弱、结构网络不完善，但实为今日地区城镇之肇始。本章将利用GIS地统计和时空切片展示，还原草原城镇的时空演化历程，为后续复杂性和结构性研究奠定基础。

第一节　序幕：清代长城南侧城镇发展概述

明朝通过"布政使司"和"卫所"两大系统实现对全国疆域的管控："布政使司"系统通过"中央六部—省布政使司—府（直隶州）—州县"的层级管理户籍民众，并因循"山川形便"，将全国划分为13个布政使司和两京共15个地方一级行政区；"都司卫所"是明代在边疆要地建立的"军管型政区"，以"五军都护府—都指挥使司—卫（守御千户所）—千户所"的层级管理军籍民众。常例下，一省设一都司节制全境卫所，沿边要地可置多个，如山西省设有山西行都司和山西都司。都司卫所不仅为军事戍守单位，还兼有军屯土地和世袭军户，具有"世守一处、寓兵于农"的特征，因此卫所长官不仅统领守战士卒，还需管理军属和军屯土地上的百姓。这意味着卫所并非纯粹的军事组织，而是与行政区划平行的地方管理机构。为防备北方民族，明朝依托长城，在沿边地区已有都司卫所的基础上，进一步发展出"总兵镇守制"，形成长城"九边十一镇"格局。

清初因袭明制，遣御史巡视军屯，定卫屯官制，改设"守备"兼理官屯。雍正二年（1724年），竟裁屯卫并入所在州县，只保留无州县归属的边卫和专职漕运的卫所。可以说，清初九边地区城镇发展本质上是明朝军管型政区向州县政区转变。由于漠南地区与关内的山西、直隶最为邻近、往来最为频繁，因此通过梳理两省边地城镇发展，把握长城地区聚落化趋势。

一、山西长城南侧地区城镇发展

明末，山西省境内分布有"民治州县"和"军治卫所"两类聚落：前者隶属于山西布政使，后者分隶于山西都司、山西行都司、大同镇、山西镇。山西布政使司领五府三州，即大同府、太原府、汾州府、平阳府、潞安府、辽州、沁州、泽州。山西行都司和山西都司共领23卫12所[①]，以"偏关—宁武—雁门"一线的内长城为界：山西行都司统领内长城以北卫所，为防线最前沿，多为实土卫所；山西都司统领内长城以南卫所，多为无实土卫所，与州县混合。此外，明朝沿长城线修筑大量的关隘堡寨，构成"镇城（总兵）—路城（参将/游击）—堡城（守备/操守）"的驻防结构。山西境内的边堡归属于大同镇和山西镇：前者管辖"居庸关—偏关/老营堡"段外长城，后者管辖内长城。需要注意的是，都司卫所和军镇堡寨有部分重叠，高等级聚落往往兼有双重身份，如天城城是大同镇东路参将驻地，也是天城卫；右卫城是大同镇中路参将驻地，也是大同右卫；老营堡和偏关分别是山西镇镇城和西路路城，二者也同为守御千户所。

顺治—雍正期间，清朝施行"撤卫置县"政策，将大量卫所军户转为地方民户（图2-1）。至清末，晋北长城南侧政区调整为3府3直隶州：大同府、宁武府、朔平府、保德直隶州、代州直隶州、忻州直隶州，领21州县。其中新增2府7县均由卫所转化而来：朔平府（右玉卫改置）、宁武府（宁武守御千户所改置）、平鲁县（平鲁卫改置）、左云县（左云卫改置）、阳高县（阳高卫改置）、天镇县（天镇卫改置）、偏关县（偏关守御千户所改置）、五寨县、神池县。

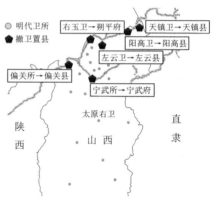

图2-1 清初山西地区撤卫置县

山西镇和大同镇所属军堡，除去与卫所重叠者，余下堡寨唯有五寨堡和神池堡更为民治州县：雍正四年（1726年）撤五寨堡置五寨县，撤神池堡置神池县（表2-1）。

清初山西境内卫所变更一览表　　　　　　　　　　　　　表2-1

名称	级别	建置时间	明代隶属	清代变更	变更时间
云川卫	卫	正统	山西行都司	裁入大同左卫	顺治七年
玉林卫	卫	正统	山西行都司	裁入大同右卫	顺治七年
高山卫	卫	洪熙元年	山西行都司	裁入阳和卫	顺治七年
镇鲁卫	卫	洪熙元年	山西行都司	裁入天城卫	顺治七年
威远卫	卫	正统三年	山西行都司	裁	顺治十一年
安东中屯卫	卫	洪熙元年	山西行都司	裁	顺治十六年
山阴守御千户所	所	宣德七年	山西行都司	裁	顺治十六年
马邑守御千户所	所	宣德七年	山西行都司	裁	顺治十六年
大同左卫	卫	永乐七年	山西行都司	左云卫→左云县	雍正三年

[①] 牛汉平所著《清代政区沿革综表》认为清初山西领所十三，即包括怀仁所。笔者根据《读史方舆纪要》和《中国行政区划通史》记载，查无怀仁所城信息。故而在此记录为十二所城。

续表

名称	级别	建置时间	明代隶属	清代变更	变更时间
大同右卫	卫	永乐七年	山西行都司	右玉卫→朔平府	雍正三年
平鲁卫	卫	成化十七年	山西行都司	→平鲁县	雍正三年
阳和卫	卫	洪武三十一年	山西行都司	阳高卫→阳高县	雍正三年
天成卫	卫	洪武二十六年	山西行都司	天镇卫→天镇县	雍正三年
井坪守御千户所	所	成化二十年	山西行都司	裁	雍正三年
太原右卫	护卫	洪武三年	山西都司	裁	顺治十一年
八角守御千户所	所	嘉靖三年	山西都司	裁	顺治十五年
镇西卫	卫	洪武七年	山西都司	裁	顺治十五年
汾州卫	卫	洪武二十四年	山西都司	裁	顺治十五年
保德守御千户所	所	宣德七年	山西都司	裁	顺治十六年
潞州卫	卫	洪武元年	山西都司	裁	顺治十六年
沈府中护卫	护卫	永乐七年	山西都司	裁	顺治十六年
沁州守御千户所	所	洪武十一年	山西都司	裁	顺治十六年
宁化守御千户所	所	洪武十一年	山西都司	裁	雍正三年
老营守御千户所	所	嘉靖十七年	山西都司	裁	雍正三年
偏头守御千户所	所	成化十一年	山西都司	→偏关县	雍正三年
振武卫	卫	洪武六年	山西都司	裁	雍正三年
雁门所	所	洪武二十一年	山西都司	裁	雍正三年
宁武守御千户所	所	弘治十一年	山西都司	→宁武府	雍正三年
平阳卫	卫	洪武二年	山西都司	裁	雍正三年
蒲州守御千户所	所	洪武二年	山西都司	裁	雍正三年
太原左卫	护卫	洪武十一年	山西都司	裁	雍正三年
太原中卫	护卫	洪武十一年	山西都司	裁	雍正三年
宁山卫	卫	洪武	河南都司	裁	顺治十六年
平定州守御千户	所	洪武二十四年	后军都督府	裁	
朔州卫	卫	洪武十年			

二、直隶长城南侧地区城镇发展

明末，直隶省境内分布有"民治州县"和"军治卫所"两类聚落：前者直隶于中央六部，领8府2直隶州，即顺天府、保定府、河间府、真定府、顺德府、广平府、大名府、永平府、延庆直隶州、保安直隶州，下辖17属州和116县[①]；后者隶于大宁都司、万全都司、后军都督府及宣府镇、蓟镇等。大宁都司初设立于长城北侧，治于大宁城（今内蒙古自治区宁城县大明镇），后内迁。所属卫所或废

[①] 周振鹤，郭红，靳润成. 中国行政区划通史·明代卷[M]. 上海：复旦大学出版社，2007：15.

弃或内迁京畿改隶后军都督府，至明末有11卫2所；万全都司设立较晚，地处京畿与大同之间（约为今张家口地区），下辖15卫7所，且多数为实土卫所；怀来以东卫所初隶北平都司，后罢北平都司直隶于后军都督府，下辖36卫7所[1]。在这80个卫所中，多数驻于州县治所，甚至数个卫所共驻一城，例如保定前、后、中、左、右五卫同驻保定府城，延庆左卫和永宁卫同驻永宁县城，延庆右卫、保安右卫、怀安卫同驻怀安县城。真正独立的卫所城池并不多，主要集中于宣府镇境内。除卫所以外，直隶地区长城沿线还修筑关隘堡寨等，隶属于宣府镇和蓟镇，前者辖74座军堡[2]，后者辖106座军堡和44座营城[3]。

直隶政区调整始于顺治九年（1652年），至雍正年间趋于稳定。长城地区调整为3府2直隶州：宣化府、顺天府、永平府、遵化直隶州、易州直隶州，共领9州36县。在调整原有州县的基础上，新增县级治所9座，即宣化县（宣化卫）、万全县（万全卫）、怀来县（怀来卫）、怀县（怀卫）、西宁县、龙门县（龙门卫）、赤城县、蔚县（蔚州卫）、临榆县（山海卫）（图2-2）。其中西宁县建置于顺圣西城、赤城县改置于原宣府镇赤城堡，其余7县均由卫城改置而来（表2-2）。

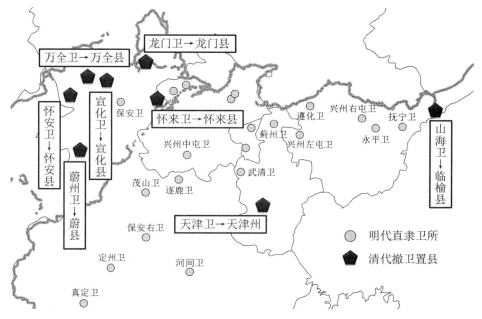

图2-2 清初直隶地区撤卫置县

---

[1] 牛汉平所著《清代政区沿革综表》11页中认为清初直隶地区十七座所城包括平定州而非潮河川。郭红、勒润成所著《中国行政区划通史·明代卷》300页中记载："平定州守御千户所……治于平定州城内"。平定州原隶于太原府，雍正二年升为山西省直隶州，期间卫所并未迁移。《中国行政区划通史·明代卷》354页中记载：弘治十七年，"改密云中卫后所为潮河川千户所……治在古北口附近"。《读史方舆纪要·卷十一》在潮河词条下有记载："潮河……川口东南又有小城，曰潮河川堡，设潮河川守御千户所戍守。"故而，笔者认为清初直隶地区十七所城中包括潮河川所，而非平定州所。
[2] 杨申茂. 明长城宣府镇军事聚落体系研究[D]. 天津：天津大学，2013：135.
[3] 王琳峰. 明长城蓟镇军事防御性聚落研究[D]. 天津：天津大学，2011：241.

清代直隶境内卫所变更一览表　　表2-2

名称	级别	建置时间	明代隶属	清代变更	变更时间
营州后屯卫	卫	永乐元年	大宁都司	裁	顺治九年
营州左屯卫	卫	永乐元年	大宁都司	裁	顺治九年
营州中屯卫	卫	永乐元年	大宁都司	裁	顺治九年
营州右屯卫	卫	永乐元年	大宁都司	裁	顺治九年
营州前屯卫	卫	永乐三年	大宁都司	裁	顺治九年
保定中卫	卫	永乐元年	大宁都司	裁	顺治九年
保定前卫	卫	永乐元年	大宁都司	裁	顺治九年
保定后卫	卫	永乐元年	大宁都司	裁	顺治九年
茂山卫	卫	景泰三年	大宁都司	裁	顺治十二年
保定左卫	卫	永乐元年	大宁都司	裁	康熙二十七年
保定右卫	卫	永乐元年	大宁都司	裁	康熙二十七年
密云中卫	卫	洪武二年	北平都司	裁	康熙三年
沈阳中屯卫	屯卫	洪武三十五年	后军都督府	裁	顺治元年
兴州前屯卫	屯卫	永乐元年	后军都督府	裁	顺治九年
兴州中屯卫	屯卫	永乐元年	后军都督府	裁	顺治九年
兴州左屯卫	屯卫	永乐元年	后军都督府	裁	顺治九年
兴州右屯卫	屯卫	永乐元年	后军都督府	裁	顺治九年
密云后卫	卫	洪武三十年	后军都督府	裁	顺治九年
神武中卫	卫	建文二年	后军都督府	裁	顺治九年
神武右卫	卫	宣德五年	后军都督府	裁	顺治九年
天津左卫	卫	永乐二年	后军都督府	裁入天津卫	顺治九年
天津右卫	卫	永乐四年	后军都督府	裁入天津卫	顺治九年
抚宁卫	卫	永乐三年	后军都督府	裁	顺治九年
卢龙卫	卫	永乐四年	后军都督府	裁	顺治九年
武清卫	卫	永乐三年	后军都督府	裁	顺治九年
通州右卫	卫	永乐七年	后军都督府	裁	顺治九年
涿鹿左卫	卫	永乐七年	后军都督府	裁	顺治九年
涿鹿中卫	卫	永乐十七年	后军都督府	裁	顺治九年
定边卫	卫	洪武三十五年	后军都督府	裁	顺治九年
镇朔卫	卫	洪武三十五年	后军都督府	裁	顺治九年
东胜左卫	卫	洪武三十五年	后军都督府	裁	顺治九年
东胜右卫	卫	洪武三十五年	后军都督府	裁	顺治九年
兴州后屯卫	屯卫	永乐元年	后军都督府	裁	顺治十二年
定州卫	卫	洪武三十五年	后军都督府	裁	顺治十六年
忠义中卫	卫	万历元年	后军都督府	裁	康熙六年

续表

名称	级别	建置时间	明代隶属	清代变更	变更时间
通州左卫	卫	永乐五年	后军都督府	裁	康熙十二年
涿鹿卫	卫	永乐七年	后军都督府	裁	康熙二十七年
河间卫	卫	永乐十年	后军都督府	裁	康熙二十七年
延庆卫	卫	建文四年	后军都督府	裁	乾隆二十六年
天津卫	卫	永乐二年	后军都督府	→天津州	雍正三年
开平中屯卫	屯卫	永乐元年	留守行后军都督府	裁	顺治十一年
大同中屯卫	屯卫	永乐元年	留守行后军都督府	裁	顺治十二年
蓟州卫	卫	洪武四年	留守行后军都督府	裁	顺治十六年
遵化卫	卫	洪武十年	留守行后军都督府	裁	顺治十六年
永平卫	卫	洪武三年	留守行后军都督府	裁	康熙二十七年
真定卫	卫	洪武三年	留守行后军都督府	裁	康熙二十七年
山海卫	卫	洪武十四年	留守行后军都督府	→临榆县	乾隆二年
通州卫	卫	洪武三年	亲军卫	裁	顺治九年
延庆左卫	卫	宣德四年	万全都司	裁入永宁卫	顺治七年
延庆右卫	卫	宣德四年	万全都司	裁入怀来卫	顺治七年
保安右卫	卫	永乐二十年	万全都司	裁入怀来卫	顺治七年
宣府左卫	卫	洪武二十六年	万全都司	裁入宣府前卫	顺治十年
宣府右卫	卫	洪武二十六年	万全都司	裁入宣府前卫	顺治十年
开平卫	卫	宣德五年	万全都司	裁	康熙三十二年
怀来卫	卫	永乐十六年	万全都司	→怀来县	康熙三十二年
永宁卫	卫	永乐十五年	万全都司	裁	康熙三十二年
保安卫	卫	景泰二年	万全都司	裁	康熙三十二年
龙门卫	卫	永乐二十年	万全都司	→龙门县	康熙三十二年
宣化前卫	卫	洪武二十六年	万全都司	→宣化县	康熙三十二年
万全左卫	卫	洪武二十六年	万全都司	裁	康熙三十二年
万全右卫	卫	洪武二十六年	万全都司	→万全县	康熙三十二年
怀安卫	卫	洪武二十六年	万全都司	→怀安县	康熙三十二年
蔚州卫	卫	洪武三年	万全都司	→蔚县	康熙三十二年

三、长城南侧地区城镇演化规律

由图表可知：山西、直隶两省长城南侧地区新增建置集中于顺治雍正时期，而雍正朝之后地区治所变更只是在级别和隶属方面的调整。该时期内，山西省增加2府5县，直隶省增加9县，共16座治所城镇，均由明代近边实土卫所改置而来，非实土卫所则被直接裁撤（图2-3）。

实土卫所多分布于长城地区，属于"边卫"。一方面明初"近边内迁"，导致边地人口稀少、无州县等地方行政；另一方面，"世守一处、寓兵于农"使得军事移民集团成为地方实际管理者，而拥有土地和人口的实土卫所则是等同于州县的一种地方机构。如果说清代长城北侧聚落化是一种"无中生有"的扩散，长城南侧城镇发展则是"有中生有"的调整，其母胚

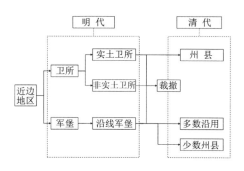

图2-3　清初近边卫所演化模式

正是明代九边军镇遗留的物质基础（人口土地）和制度基础。

无实土卫所[①]多远离长城，地处州县境内，驻地多与府、州、县衙署同城或附近，属于"内卫"或"京卫"，如潞州卫驻潞州府城、汾州卫驻汾州府城、平定州守御千户所驻州城。这些卫所在清初的改制中，大多被直接裁撤，辖地和人口并入附近州县。

九边军镇所辖堡寨在"撤卫置县"中变化不大，山西和直隶境内唯有山西镇的五寨堡更为五寨县，神池堡更为神池县，宣府镇赤城堡更为赤城县。究其原因，是军镇堡寨除了地处防御纵深的镇城、路城、所城之外，大多沿长城线分布，占地和驻军规模较小，不具备设治所需的物质基础。但即便如此，长城堡寨并非直接废弃，而是部分以绿营驻防的形式继续存在，依托长城线发挥调控和隔离作用。

从时间上看，山西、直隶近边卫所的"军转民"调整集中于顺治—康熙—雍正初年，而长城北侧最早的理民机构（归化城厅）始于雍正元年（1723年），关内的卫所民化和关外的设治端倪在时间上恰好存在前后关联。再结合二者空间相邻，可以推论清初长城内侧的军管型政区向民治型政区的转化宣告了和平开发时代的来临，由此拉开了长城北侧草原开发的序幕。

第二节　发展：清代漠南地区城镇发展历程

一、建置概述

不同于关内城镇因袭明制或脱胎于军堡，长城北侧蒙地城镇皆为新建，分别

[①] 传统上认为明代卫所分为"实土卫所"和"无实土卫所"，《明史·地理志》也称："卫所有实土者附见，无实土者不载"。但谭其骧、顾诚等学者认为所谓"无实土卫所"也是具有少量辖地和人口的。顾诚在《明帝国的疆土管理体制》（北京师范大学学报，1988，02）中认为："它们作为地理单位呈现一种模糊感，因为屯田既少又极为分散，在内卫所官军及其家属与州县居民混杂。尽管如此，在内卫所的屯田和丁口毕竟不归州县管辖。"本文"无实土卫所"采用《中国行政区划通史·明代卷》中的定义，即①位于州县境内；②州县所辖土地和人口占绝对优势。

隶属于山西省、直隶省、奉天省，以及光绪三十三年（1907年）改置的吉林省和黑龙江省。最高地方建置为"道"，行省之下、节制府/厅和州/县。有清一代，先后设有5道，即山西省归绥道、直隶省口北道和热河道、奉天省洮昌道，以及吉林省西南路道。

"道"之下为府、直隶厅、直隶州，节制属县（州）。曾先后设有承德府、朝阳府、昌图府、洮南府、长春府，另有等同于府的赤峰直隶州；"厅"，是设立于边疆和民族杂居等不便于直接统治地区，专司纠纷盗匪事务的临时政务机构，有"理事厅"和"抚民厅"之分，长官为通判或同知。地区先后设有归绥十二厅、口北三厅、热河厅、三座塔厅、长春厅等29厅，多数后期改为府、州、县等正式机构，是漠南地区设置时间最早、数量最庞大、影响最深远的地方机构。

州/县，是清代最基层的行政建置，素有"万事胚胎于州县"之说。地区共置有23座州县，即平泉州（原八沟厅）、丰宁县（原四旗厅）、建昌县（原塔子沟厅）、滦平县（原喀喇河屯厅）、隆化县（原张三营巡检）、奉化县（原梨树城照磨）、怀德县（原八家镇经历）、康平县（原康家屯经历）、辽源州（原郑家屯主簿）、农安县（原农安照磨）、彰武、建平、阜新、靖安、开通、安广、林西、开鲁、绥东、醴泉、德惠、镇东县。

府、厅、州、县择其境内重要节点处派驻巡检、照磨、经历等佐贰官，负责安查民籍和管理税务等，属于州县之下文官系统的延伸，其所驻县下市镇也逐渐发展为新的州县。至清末，地区曾出现此类次县级市镇29座，其中张三营镇、梨树城镇等6座市镇升级为州县。

有清一代，以雍正元年（1723年）归化厅和热河厅的建立为起点，以宣统二年（1910年）镇东县和德惠县的设立为终点，漠南地区逐渐确立"道—府/直隶厅/直隶州—县/散州—次县级市镇"的行政体系。从中也可以看出，长城北侧草原聚落始终作为关内政治、军事、经济的延伸，而过渡地区的独立性、特殊性、结构性在该阶段并未完全形成。现将建置历程分省还原如下：

1. 山西省归绥道

雍正元年（1723年），于西河置归化城理事同知厅，隶山西朔平府（始隶大同府，雍正七年往属朔平府）。乾隆元年（1736年）增设七协理事通判，分驻归化城、昆都仑、萨拉齐、善岱、托克托、清水河、和林格尔。乾隆六年（1741年）升归化城厅为直隶厅，同年于厅城置归绥道，节制归化厅、绥远厅及其分驻协理事通判。乾隆二十五年（1760年），裁撤昆都仑和善岱协理，改萨拉齐、清水河、托克托、和林格尔协理为理事通判厅。光绪十年（1884年），将上述四座理事通判厅升为抚民同知厅。

天聪八年（1634年），清太宗征察哈尔部，林丹汗西遁后毙命于青海大草滩，土默特部悉数归降，初安置于义州。康熙年间，察哈尔部反叛被平，遂被移驻于宣府、大同口外地区。出于监视和管理的需要，清朝于阳和卫和天城卫边外地置丰川卫、镇宁所、宁朔卫、怀远所，并置大朔理事通判管辖新增卫所。乾隆十五年（1750年）撤丰川卫与镇宁所，置丰镇理事厅；撤宁朔卫与怀远所，置宁远理事厅。二厅于光绪十年（1884年）升为抚民厅往属归绥道。

伴随光绪末年蒙垦的全面开放，归绥土默特地区"生齿日繁、村落毗邻"，垦殖线扩张至鄂尔多斯和大青山北麓。光绪二十九年（1903年），时任山西巡抚赵尔巽以"垦田渐多汉民拥集，原有厅治难以周济"为由，奏请析原丰镇厅东界察哈尔正黄旗垦地二道河巡检司驻地置兴和厅、原宁远厅北界灰腾梁及毗邻察哈尔正黄正红旗垦地科尔布镇置陶林厅、原萨拉齐厅管辖之达拉特杭锦旗垦地大佘太镇置五原厅、原归化城四子王部茂明安等旗垦地公滚城置武川厅。光绪三十三年（1907年）于板素濠地置东胜厅。至此，清代山西归绥道十三厅格局正式形成，并以厅城建置延续至清末，期间未能完成州县改制（表2-3）。此外，尚有佐贰官分驻的次县级市镇四座：毕齐克齐镇（巡检司/归化厅）、包头镇（巡检司/萨拉齐厅）、张皋镇（巡检司/丰镇厅）、大佘太镇（巡检司/五原厅），这些市镇与厅城共同构建和完善地区行政和商业网络（表2-4）。

清代归绥道所属厅城沿革表　　表2-3

城镇名称	四字要缺	时间（年）	初设建置	变更	所处蒙地
归化城厅	冲烦疲难	1723	协理通判	1884年改抚民厅	土默特旗地
托克托厅	烦疲难	1736	协理通判	1760年理事厅，1884年抚民厅	土默特旗地
和林格尔	烦疲难	1736	协理通判	1760年理事厅，1884年抚民厅	土默特旗地
清水河厅	烦疲难	1736	协理通判	1760年理事厅，1884年抚民厅	土默特旗地
萨拉齐厅	冲烦疲难	1736	协理通判	1760年理事厅，1884年抚民厅	土默特旗地
宁远厅	冲疲难	1751	理事厅	1884年改抚民厅	察哈尔右翼旗
丰镇厅	烦疲难	1751	理事厅	1884年改抚民厅	察哈尔右翼旗
武川厅	要	1903	抚民厅		四子王旗、达尔罕旗、茂明安旗
陶林厅	要	1903	抚民厅		察哈尔右翼正黄正红旗地
兴和厅		1903	抚民厅		察哈尔右翼正黄旗地
五原厅	要	1903	抚民厅		达拉特、杭锦旗
东胜厅	要	1907	抚民厅		郡王旗、札萨克

清代归绥道次县级市镇建置表　　　　　　　　表2-4

城镇名称	设置时间（年）	分驻职官	城镇级别	行政隶属
张皋镇	1727	巡检司	市镇	丰镇厅
包头镇	1809	巡检司	市镇	萨拉齐厅
毕克齐镇	1849	巡检司	市镇	归化城厅
大佘太镇	1903	巡检司	市镇	五原厅

2．直隶省口北道、热河道

清朝在明宣府镇边外地置口北和热河两道，一来监控由义州移驻的察哈尔部，二来管辖蒙地不断涌现的汉民聚落，三来管理官地牧场。口北道原为明宣府镇，康熙元年（1662年）析怀隆道所属保安、延庆州来属，康熙十四年（1675年）迁察哈尔东翼四旗和西翼半旗驻扎于此，康熙三十二年（1693年）改宣府镇为宣化府，降保安、延庆为散州。雍正朝期间先后置张家口、多伦诺尔、独石口理事同知往属。

康熙中期于明宣府镇兴和所、开平卫边外地置张家口和独石口县丞。雍正二年（1724年），于张家口下堡城设张家口理事厅，管辖察哈尔东翼镶黄旗、西翼正黄旗以及边墙内宣化县、西宁县、万全县、怀安县境内旗民；雍正十年（1732年），置多伦诺尔理事厅，负责管辖察哈尔东翼四旗、喀尔喀旗；雍正十二年（1734年），置独石口理事厅，负责管辖察哈尔东翼四旗以及怀来县、赤城县、龙门县境内旗民；光绪七年（1881年），三理事厅均升为抚民厅，无隶属州县（表2-5）。三厅在境内重要市镇分驻隶属于同知的捕盗营，负责"村庄逃盗奸匪及催徵旗民地畝钱粮之事"①，是以武力为后盾的行政基层延伸（表2-6）。

清代直隶口北三厅沿革表　　　　　　　　表2-5

名称	要缺	时间（年）	初次设置	变更	所辖蒙地
张家口厅	要	1724	理事厅	1881年抚民厅	察哈尔东翼镶黄一旗 西翼正黄半旗
多伦厅	要	1732	理事厅	1881年抚民厅	察哈尔东翼四旗
独石口厅	要	1734	理事厅	1881年抚民厅	察哈尔东翼四旗

清代直隶口北三厅次县级市镇建置表　　　　　　　　表2-6

城镇名称	设置时间（年）	分驻职官	城镇级别	行政隶属
乌里雅苏台	1724	千总	市镇	张家口厅
太平莊	1725	把总	市镇	张家口厅
黑河川	1734	千总	市镇	独石口厅
丁莊湾	1735	把总	市镇	独石口厅
东卯镇	—	外委把总	市镇	独石口厅

① （清）黄可润．口北三厅志·卷四职官［M］．乾隆二十三年刊本，成文出版社影印：72-73．

热河道置于乾隆五年（1740年），至清末领二府一直隶州：承德府、朝阳府、赤峰直隶州。康熙四十二年（1703年）于明代诺音、泰宁卫地修建避暑山庄，康熙五十二年（1713年）筑城；雍正元年（1723年），置热河直隶厅设热河巡检，雍正七年（1729年）置八沟厅设理事同知，雍正十一年（1733年）更热河直隶厅为承德直隶州；乾隆元年（1736年）置四旗厅设理事通判，乾隆七年（1742年）复改承德直隶州为热河直隶厅，设张三营巡检，增设喀喇河屯厅（理事通判），乾隆四十三年（1778年）升热河直隶厅为承德府，升喀喇河屯厅为滦平县、升八沟厅为平泉州、升四旗厅为丰宁县，其中原厅理事通判和同知继续管理州县事务；光绪三十年（1904年），在原承德府张三营巡检处置隆化县。至清末，承德府领三县一州：滦平县、丰宁县、隆化县、平泉州。次县级市镇六座：鞍匠屯镇（巡检司/泉州）、大宁城镇（州判/平泉州）、郭家屯镇（巡检司/丰宁县）、大阁镇（巡检司/丰宁县）、黄姑屯镇（巡检司/丰宁县）、土城子镇（巡检司/丰宁县）（表2-7）。

清代直隶热河道所属州县沿革表　　表2-7

名称	要缺	时间（年）	初置	变更	所属蒙地
承德府	冲繁难	1723	热河厅	1778年承德府	
平泉州	冲繁难	1729	八沟厅	1778年平泉州	喀喇沁旗
丰宁县	繁难	1736	四旗厅	1778年丰宁县	察哈尔左翼
建昌县	繁难	1740	塔子沟厅	1778年建昌县	喀喇沁旗
滦平县	难	1742	喀喇河厅	1778年滦平县	
隆化县	—	1742	张三营巡检	1910年隆化县	
朝阳府	繁疲难	1774	三座塔厅	1778年朝阳县，1903年朝阳府	土默特两翼
赤峰州	繁疲难	1774	乌兰哈达厅	1778年赤峰县，1908年赤峰州	翁牛特右翼
建平县	—	1903	建平县	—	敖汉旗
阜新县	—	1903	阜新县	—	土默特左翼
绥东县	—	1908	绥东县	—	喀尔喀左翼
开鲁县	—	1908	开鲁县	—	札鲁特两翼
林西县	—	1908	林西县	—	巴林左右翼

乾隆三十九年（1774年）析平泉州北境置乌兰哈达厅，设理事通判，乾隆四十三年（1778年）升乌兰哈达厅为赤峰县，原通判管辖县务；嘉庆十年（1805年），于县境大庙镇分驻县丞。光绪三十四年（1908年）升为赤峰直隶州，于境内增置林西、开鲁两县。至清末，赤峰直隶州领县二：林西县、开鲁县；次县级市镇一：大庙镇。

乾隆五年（1740年）置塔子沟厅，设理事通判一员；乾隆三十九年（1774

年）析塔子沟厅东境置三座塔厅，设理事通判一员；乾隆四十三年（1778年），升三座塔厅、塔子沟厅为朝阳县、建昌县，往属承德府。光绪二十九年（1903年）升朝阳县为朝阳府，置阜新县（初设鄂尔土板镇后迁新秋镇）、建平县。光绪三十四年（1908年）置绥东县。至清末，朝阳府领县四：建昌县、阜新县、建平县、绥东县。次县级市镇三：鄂尔土板镇（巡检/朝阳县）、蟒牛营镇（巡检/建昌县）、四家子镇（县丞/建昌县）。

清末，直隶省管辖的口外蒙地治所共两府一直隶州三厅十县：张家口直隶厅、多伦直隶厅、独石口直隶厅、承德府、滦平县、丰宁县、平泉州、隆化县、朝阳府、建昌县、阜新县、建平县、绥东县、赤峰直隶州、林西县、开鲁县；次县级市镇十二座：经棚（巡检）、经棚（巡检）、鞍匠屯（巡检）、郭家屯（巡检）、大阁儿（巡检）、黄姑屯（巡检）、土城子（巡检）、大宁城（州判）、大庙（县丞）、鄂尔土板（巡检）、蟒牛营（巡检）、四家子（县丞）（表2-8）。

清代直隶热河道次县级市镇建置表　　　　表2-8

城镇名称	设置时间（年）	分驻职官	城镇级别	行政隶属
郭家屯	1736	巡检司	市镇	丰宁县
大阁儿	1736	巡检司	市镇	丰宁县
黄姑屯	1736	巡检司	市镇	丰宁县
鞍匠屯营	1736	巡检司	市镇	滦平县
鄂尔土板	1774	巡检司	市镇	朝阳府
大庙	1805	县承	市镇	赤峰直隶州
大宁城	1811	州判	市镇	平泉州
四家子	1811	县丞	市镇	建昌县
蟒庄	1811	巡检司	市镇	建昌县

3．奉天省洮昌道

奉天省洮昌道建置于宣统元年（1909年），治于辽源州，领昌图、洮南二府。嘉庆十一年（1806年）于科尔沁左翼后旗昌图额勒克地置昌图理事通判厅，设理事通判一员；同治三年（1864年）更为抚民同知厅；光绪三年（1877年）升为昌图府。道光元年（1821年），于梨树城驻昌图厅分防照磨，同治五年（1866年）于八家镇置昌图厅分防经历。光绪三年（1877年），梨树城升为奉化县，原梨树城照磨移至八面城镇，八家镇升为怀德县，八家镇经历移至康家屯镇。光绪六年（1880年），康家屯镇更置为康平县，于郑家屯设主簿，光绪二十八年（1902年）郑家屯更置为辽源州，原主簿移至后新秋镇。宣统二年（1910年），于通江口设同知。至清末，昌图府领一州三县：辽源州、奉化县、康平县、怀德县；次县级市镇三座：同江口镇（同知/昌图府）、八面城镇（照磨/昌图府）、后新秋镇（主簿/康平县）。

光绪三十年（1904年），于科尔沁右翼前旗洮儿河南岸放垦地设立双流镇，置洮南府，于科尔沁右翼前旗宾图郡王旗开垦地置开通县和靖安县。次年于科尔沁右翼后旗镇国公旗开垦地解家窝堡置安广县。宣统元年（1909年），于科尔沁右翼中旗土谢图旗地醴泉镇置醴泉县。宣统二年（1910年），于科尔沁右翼后旗镇国公旗地南叉干扰置镇东县。

隶属于奉天省的蒙地城镇除洮昌道之外，尚有法库厅和彰武县。光绪二十八年（1902年），于科尔沁休养牧场横道子镇地置彰武县，隶属于新民府，次年于县境哈拉套街设县丞；光绪三十二年（1906年），于科尔沁左翼前旗地法库边门处设立法库厅，次年升为直隶厅，无领属。

至清末，奉天省管辖的蒙地治所共两府一厅十县：昌图府、辽源州、奉化县、怀德县、康平县、法库门厅、洮南府、靖安县、安广县、开通县、醴泉县、镇东县、彰武县（表2-9）。次县级市镇有五：八面城（照磨）、后新秋（主簿）、哈拉套街（县丞）、乾安镇（照磨）、同江口（同知）（表2-10）。

清代奉天省蒙地治所沿革表　　　　　　　　表2-9

名称	要缺	时间（年）	初置	变更	所属蒙地
昌图府	繁疲难	1806	昌图厅	1877年昌图府	科尔沁左翼后旗
奉化县	繁难	1820	梨树城照磨	1877年奉化县	科尔沁左翼中旗
怀德县	繁难	1866	八家子经历	1877年怀德县	科尔沁左翼中旗
康平县	繁难	1877	康家屯经历	1880年康平县	科尔沁左翼后旗
辽源州	繁难	1880	郑家屯主簿	1920年辽源州	科尔沁左翼中旗
彰武县	繁疲难	1902	彰武县	—	科尔沁休养牧场
洮南府	繁疲难	1904	洮南府	—	科尔沁右翼前旗
靖安县	繁疲难	1904	靖安县	—	科尔沁右翼前旗
开通县	繁疲难	1904	开通县	—	科尔沁右翼前旗
安广县	冲繁疲难	1905	安广县	—	科尔沁右翼后旗
法库门厅	冲繁难	1906	法库门厅	1907年直隶厅	科尔沁右翼前旗
醴泉县	冲繁	1909	醴泉县	—	科尔沁右翼中旗
镇东县	—	1910	镇东县	—	科尔沁右翼后旗

清代奉天省蒙地次县级市镇建置表　　　　　　　表2-10

城镇名称	设置时间（年）	分驻职官	城镇级别	行政隶属
八面城	1877	照磨	市镇	昌图府
后新秋	1894	主簿	市镇	康平县
哈拉套街	1903	县承	市镇	彰武县
乾安镇	1907	照磨	市镇	洮南府
同江口	1910	同知	市镇	昌图府

4．吉林省西南道

康熙元年（1662年）设立宁古塔将军（后更为吉林将军）管辖北至松花江，南界朝鲜，东抵乌苏里江，西临盛京及哲里木盟郭尔罗斯前旗蒙地；光绪三十三年（1907年）裁吉林将军改置吉林行省。省下属西南路道置于光绪三十三年，治于长春府，起初称西路道，宣统元年更为西南路道，领二府二州七县，其中治于开垦蒙地的有长春府、农安县、长岭县、德惠县。

嘉庆五年（1800年）于郭尔罗斯开垦地长春堡置理事通判。道光五年（1825年）移治宽城子。光绪八年（1882年）改为长春抚民通判厅，并于农安城设分防照磨；光绪十四年（1888年）农安城改置农安县，照磨移驻靠山屯；次年升长春厅为长春府。光绪三十三年（1907年）和宣统二年（1910年），在郭尔罗斯前旗开垦地分别添置长岭县和德惠县。至清末，吉林省管辖的蒙地治所共一府三县：长春府、农安县、长岭县、德惠县（表2-11）；次县级市镇包括：靠山屯镇（照磨/长春府）、新安镇（主簿/长岭县）、朱家城子镇（照磨/长春府）（表2-12）。

清代吉林省蒙地治所沿革表　　　　　　　　表2-11

名称	要缺	时间（年）	初置	变更	所属蒙地
长春府	繁疲难	1800	长春厅	1889年长春府	郭尔罗斯前旗
农安县	疲难	1882	农安照磨	1889年农安县	郭尔罗斯前旗
长岭县	—	1908	长岭县	—	郭尔罗斯前旗
德惠县	—	1910	德惠县	—	郭尔罗斯前旗

清代吉林省蒙地次县级市镇建置表　　　　　　表2-12

城镇名称	设置时间（年）	分驻职官	城镇级别	行政隶属
靠山屯镇	1889	照磨	市镇	长春府
朱家城子镇	1890	照磨	市镇	长春府
新安镇	1903	主簿	市镇	农安县

5．黑龙江省

康熙二十二年（1683年）设黑龙江将军管辖以齐齐哈尔为中心，北至外兴安岭，南抵松花江，东至黑龙江松花江合流处，西临哲里木盟扎赉特旗、杜尔伯特旗以及郭尔罗斯后旗等。光绪三十三年裁撤黑龙江将军改设黑龙江行省。光绪三十年（1904年）于扎赉特旗开垦地莫勒红冈子置大赉直隶厅和塔子城分防经历。光绪三十二年（1906年）于杜尔伯特旗开垦地置安达直隶厅，郭尔罗斯后旗开垦地置肇州直隶厅和肇东分防经历，扎赉特旗北境设分防经历驻景星镇。至清末，隶属于黑龙江省管辖的蒙地治所共三座直隶厅：大赉厅、安达厅、肇州厅

（表2-13）；次县级市镇包括：塔子城（经历）、景星镇（经历）、昌五城（经历）（表2-14）。

清代黑龙江省蒙地治所沿革表　　　　　　　　　　　　　　　表2-13

名称	要缺	时间（年）	初置	变更	所属蒙地
大赉厅	冲疲难	1905	厅	—	扎赉特旗
肇州厅	繁难	1906	厅	—	郭尔罗斯后旗
安达厅	冲繁难	1906	厅	—	杜尔伯特旗

清代黑龙江省蒙地次县级市镇建置表　　　　　　　　　　　　表2-14

城镇名称	设置时间（年）	分驻职官	城镇级别	行政隶属
塔子城	1904	分防经历	市镇	大赉厅
景星镇	1906	分防经历	市镇	大赉厅
昌五城	1908	分防经历	市镇	肇州厅

二、时序波动

根据地方志中记载设治年代或职官到任时间，将时间分辨率设定为20~30年；进而将顺治元年（1644年）至宣统三年（1911年）期间的268年近似折算为14个等距离区段，以此统计设治累积数（表2-15）。为统计便利，数值只反映治所个数的变化，不考虑级别变更，故而以最初设治时间为准。例如，昌图府奉化县最初为设于1820年的梨树城照磨，1877年更为奉化县，统计中将1820年定为奉化县的建置时间。因为州县佐贰官的分驻客观表明该地开发程度已经达到需要设官理民的最低阈值：地区拥有一定的人口规模、城镇拥有一定的中心性。

治所建置时间折算统计表　　　　　　　　　　　　　　　　　表2-15

时间单元	起止时间（年）	时间跨度	修正后时间单元（年）	修正后时间跨度	累积个数
顺治	1644~1661	18	1644~1661	18	0
康熙	1662~1722	61	1662~1682	21	0
			1683~1702	20	0
			1703~1722	20	0
雍正	1723~1735	13	1723~1735	13	7
乾隆	1736~1795	60	1736~1755	20	24
			1756~1775	20	27
			1776~1795	20	27
嘉庆	1796~1820	25	1796~1820	25	32

续表

时间单元	起止时间（年）	时间跨度	修正后时间单元（年）	修正后时间跨度	累积个数
道光	1821~1850	30	1821~1850	30	37
咸丰	1851~1861	11	1851~1874	24	38
同治	1862~1874	13			
光绪	1875~1908	34	1875~1892	18	45
宣统	1909~1911	3	1892~1911	19	79

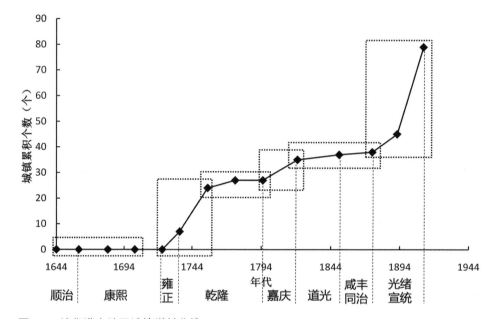

图2-4 清代漠南地区城镇增长曲线

由图2-4和表2-15可知，有清一代，漠南地区的城镇增长并非是一个线性过程（匀速），而是具有显著的停顿和跳跃，大致可以划分出六个时期：

（1）1644~1722年（顺治元年~康熙六十一年）为城镇设治前的封禁期，期间78年长城北侧未出现治所城镇，对应于清初对蒙绝对封禁时期。顺治十二年（1655年）规定："令各边口内旷地，听兵治田，不得往垦口外牧地"[①]，将汉民和旗民一律纳为限制对象，拉开清代封禁律令的序幕，此后更颁布一系列限制蒙汉贸易、文化交流和通婚的法令。康熙朝为解决西北兵粮和人口压力，开始对前期封禁政策作出部分调整，默许口内农民以"春去秋归"形式开垦蒙地。虽然依旧存在诸多限制，但随着"雁行"规模的扩大和逐渐定居化，康熙中期开始在张家口和独石口置县丞（州县佐贰官）[②]，为蒙地农垦区设治的兴起奠定了基础。

---

① 清史稿·卷一百二十·志九十五·食货志一。
② 清史稿·卷五十四·志二十九·地理志一："张家口厅……康熙中，置县丞，雍正二年，改理事厅……独石口厅……康熙中置县丞，曰独石口，并卫入赤城，雍正十二年置理事厅。"

（2）1723~1755年（雍正元年~乾隆二十年）为城镇增长初期，期间32年增加城镇24座。雍正朝拉开了蒙地设治的序幕，13年间共设治所7座：雍正元年置归化城厅和热河直隶厅标志着中央直接管理长城以北事务的开始；次年于张家口置理事厅，雍正五年（1727年）在太仆寺开垦区张皋镇置巡检司；雍正八年（1730年）在科尔沁南部开垦村落中置八沟厅（后更平泉州）；雍正朝末期又先后设置独石口理事厅和多伦若尔理事厅，标志宣府口外"口北三厅"格局的正式确立，专司察哈尔、喀尔喀等部以及关内蒙、汉、旗民纠纷事务。乾隆朝前期（1736~1755年）设治17座，包括6座厅城、5处协理事和6处巡检司驻地，占总数的21.5%。归化城土默川地区城镇包括托克托、和林格尔、清水河、萨拉齐和善岱协理事通判，宁远厅、丰镇厅、绥远厅；热河地区新增治所集中于昭乌达和卓索图两盟南部地区，包括四旗、塔子沟、喀喇河屯三座厅城，以及在郭家屯、大阁儿、黄姑屯、土城子、张三营、鞍匠营屯六处中心市镇派遣巡检司。

雍正时期，对蒙封禁政策进一步放松，政府为解决流民问题而推行"借地养民"政策，以免租的方式鼓励内地流民出口谋食，同时晓谕蒙古王公收容汉民，承认吃租的合法性。正是政府的默许态度以及汉人的大批涌入，推动长城北侧蒙地城镇快速增长。新增城镇主要集中于近边的察哈尔、土默特地区。究其原因，上述地区为内属蒙古，而非外藩蒙古札萨克旗。土地所有权和支配权在中央，而非札萨克王公贵族，因此较易于政府推行和控制土地开垦和移民迁徙；另一方面，该地区紧邻长城线，且靠近指定的出入关口，是汉民进入蒙地的必经和首经之地。同时，木兰秋围和西北用兵也对地区开发起到了推波助澜的作用。该时期建立的治所多为理事厅，职权仅限于处理蒙汉纠纷、诉讼等。"厅"的设立也表明开垦蒙地设治的条件尚未成熟，只是代表所属上级行政机构（府）在关外的延伸。但即使如此，这些厅城作为正式理民机构的雏形，标志着独立于盟旗体系之外的另一制度开始出现与并存于蒙地。

（3）1756~1795年（乾隆二十一年~六十年）为城镇增长停滞时期，期间40年只新增治所3座，包括两座厅城（乌兰哈达厅、三座塔厅）和一处巡检司（鄂尔土板），且均建于1774年。该时期国内形势趋于稳定，历经雍正和乾隆朝前期的默许，乾隆朝中后期再次收紧对汉人蒙垦的限制。自乾隆十三年（1748年）起，相继颁布回籍令、禁止出典土地令、禁止出口令等，从移民方和接收方两方面将汉人驱逐回关内，导致该时期新增治所无多。虽然城镇数变化不大，但治所级别调整频繁：土默川地区托克托、和林格尔、清水河、萨拉齐四处协理事通判于1760年更为理事厅，正式由府城专项事务管理的附属机构发展为专地管理的地方机构，至此早期"归绥六厅"的格局正式形成；热河道诸厅于乾隆四十三年（1778年）更为正式理民机构——州县，即热河厅、八沟厅、四旗厅、塔子沟厅、喀喇河屯厅、乌兰哈达厅、三座塔厅被更为承德府、平泉州、丰宁县、建昌县、滦平县、赤峰县和朝阳县。内地行政建置历经"厅"的过渡正式出现在漠南地区，且归绥道、口北道、热河道的城镇格局也大体确立，并一直延续至光绪朝末期。

（4）1796～1820年（嘉庆元年～二十五年）为城镇增长恢复时期，期间25年新增治所8座。嘉庆时期，封禁政策逐步松弛：一方面，汉民向东北方向的哲里木盟继续挺进，并在新辟农垦区中置长春厅、昌图厅和梨树城照磨；另一方面，已设治地区开发深入，通过派遣佐贰官分驻将新涌现的较大市镇纳入地方行政网络。此类次县级市镇包括赤峰县大庙镇（县丞）、萨拉齐厅包头镇（巡检司）、平泉州大宁城（州判）、建昌县四家子镇（县丞）、蟒庄镇（巡检司）。

（5）1821～1874年（道光元年～同治十三年）再次为城镇增长停滞时期，期间54年新增治所3座，且均为次县级市镇，即1825年多伦厅白岔镇巡检、1849年归化城厅毕克齐镇巡检、1866年昌图府八家镇经历。此外也无治所级别变更。

（6）1875～1911年（光绪元年～宣统三年）为城镇增长高速期，期间37年新增治所41座，约占总数的52%。光绪朝时期封禁政策逐渐废除，尤其光绪二十八年（1902年）推行新政，更是以国家主导的形式全面推进蒙地开垦，废除对于内地汉民的迁徙限制。光绪朝前期（1875～1892年），治所城镇继续向哲里木盟郭尔罗斯前旗和科尔沁左翼中旗腹地深入，新增7座次县级市镇：昌图府康家屯镇（经历）、八面城镇（照磨）、郑家屯镇（主簿）、农安镇（照磨）、多伦厅经棚镇（巡检）、长春厅靠山屯镇（照磨）和朱家城镇（照磨）；同时升昌图厅和长春厅为府城。光绪后期（1892～1911年），随着蒙垦的全面推行，漠南地区全境迎来城镇增长的高峰时期，新增治所34处，包括府城1座、厅城9座、县城13座、分驻市镇11处，占治所总数的43%。东部地区向郭尔罗斯后旗腹地深入，以长春、洮南、昌图三座府城为中心形成聚落聚集带；土默川地区新增武川、五原、陶林、兴和、东胜五座厅城，标志着农业开发已深入至大青山北麓和鄂尔多斯地区。

三、空间扩散

根据城镇时序增长特征，截选雍正十三年（1735年）、乾隆二十年（1755年）、乾隆六十年（1795年）、同治十三年（1874年）、光绪十八年（1892年）、宣统三年（1911年）为断面，运用ArcGIS生成指定时空切片下的城镇分布图，进而连续观察地区城镇空间扩散轨迹和趋势。由图2-5可知：清代漠南地区治所城镇最早兴起于宣府、大同边外，继而以此为原点沿长城向东西、由边缘向腹地进行阶段性扩散。究其原因，在于这一地区的土地性质和区位优势。清初，察哈尔部因叛清被移驻宣大边外，并规定其"在蒙古四十九旗外，官不得世袭，事不得自专"[①]。因此察哈尔部牧地的所有权和支配权均掌握在国家，而非蒙古王公。较

---

① （清）福格. 听雨丛谈［M］. 汪北平，点校. 北京：中华书局，1997.

之外札萨克蒙地,更易于推行中央政策。此外,该地区紧邻杀虎口、张家口、独石口等,是关内资源出关后的首经之地,故而成为蒙地农垦扩散的跳板。

根据城镇扩散方向,可以口北三厅地为界分为东西两个方向:西进城镇集中于大青山南麓的土默川地区。自乾隆朝前期就已确立以归化城为首位城市、众厅拱卫的单核心格局。有清一代,归绥道城镇体系的演化历程并不激烈,表现为城镇空间扩张幅度较小,只是在光绪后期由土默川拓展至鄂尔多斯、河套以及大青山北麓地区。治所级别亦无频繁更迭。前期遵循"协理通判→理事厅→抚民厅"的设治

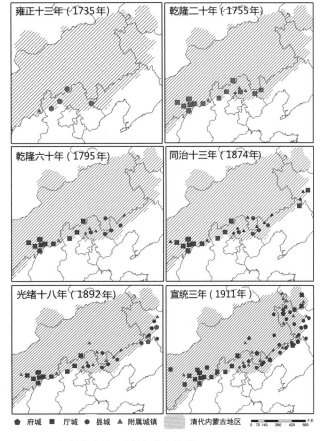

图2-5 清代漠南地区城镇时空扩散

路线,后期则直接置理事厅或抚民厅,且直至清末也未实现由"厅"向"州县"的转变;反观东扩,由于容纳空间的辽阔和移民政策的反复,开垦区沿昭乌达盟→卓索图盟→哲里木盟向东北延伸,最终形成西起承德、东至黑龙江西南肇东地区的城镇带。并且不同于归绥地区的高首位度体系,东蒙地区形成以承德、昌图、长春为中心的多核城镇链。在设治模式上,起初也以厅城为过渡,但1778年即改为府县。此后府县制遵循"厅/市镇→县→府"的渐进模式:通常在新开垦蒙地中选择发育度较高/区位较好的市镇作为厅城治所,伴随开垦深入,向境内新垦区分派照磨/经历等属官,待到地区开发度和城镇中心度提升后再调整为州县。

聚落群空间分布中心是聚落体系研究的重要内容,是中心—边缘理论的基础。本书几何中心计算是以目标点均质化为前提,不考虑因级别不同而引起的加权分配问题,通过观察连续时序下中心运动轨迹,把握城镇空间扩散特征。计算方法为:

$$X=(\sum_{i=1}^{n} X_i)/n, Y=(\sum_{i=1}^{n} Y_i)/n$$

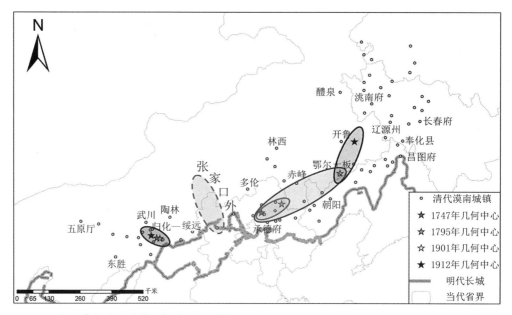

图2-6 清代漠南地区城镇几何中心运动轨迹

根据城镇时序增长特征,截选1747年、1795年、1901年、1912年为断面,运用ArcGIS9.3分别计算东、西扩散方向城镇群的几何中心位置,最后叠加形成几何中心变迁图(图2-6)。

由图2-6可知:张家口以东地区城镇的几何中心在4个时间断面均有运动,且位移幅度明显,大致沿蒙汉/蒙满边界向东北方向延伸。1747年城镇几何中心位于丰宁县—郭家屯镇—大阁镇三点连线区域;1795年,随着赤峰、朝阳等地开发,中心向东北挺进约90公里;1901年,农垦区边际已扩张至松花江南岸的农安县和德惠县,中心大幅度向东北挺进约270公里,位于旧阜新县(鄂尔土板)一带;1912年,城镇作反曲状扩散,向哲里木盟腹地洮儿河流域延伸,位于西辽河中游开鲁县附近。虽然中心依旧向东北向位移150公里,但已经较大偏离前期中心点的趋势延长线。综上,清代张家口以东地区城镇一直处于扩散状态。前三个时期一直沿蒙地边缘做线性运动,中心连线的斜率接近;第四个时期开始,由于限制性政策的全面解禁和国家推动,城镇在新放垦蒙地沿边缘和腹地两个方向扩张(图2-7)。

张家口以西地区城镇几何中心的变动幅度较小,且位移有往复。1747年,归绥地区城镇大多位于杀虎口外,中心大约在和林格尔厅东北处;随着杀虎口—新平堡段长城北侧的丰川卫、镇宁所、宁朔卫、怀远所相继撤卫置县为丰镇厅、宁远厅,1795年城镇中心向东小幅移动;第三时期归绥地区为空档期,未有新增城镇,中心位置不变;1911年,随着垦殖线拓展至大青山北麓和鄂尔多斯地区,中心向西位移约40公里。较之于东蒙,归绥地区城镇发展具有较强的稳定性,表现为空间扩张幅度有限和城镇级别稳定。不同于辽阔的东北平原,土默川平原受北侧大青山和南侧长城的挤压而成扁长形，承载空间有限，但相邻的鄂尔多斯和河套平原完全可以成为容纳溢出城镇的潜在目标。但事实上，上述地区直到光绪末期才得以开发，且治所城镇发育度较低。五原厅和东胜厅厅治寄治于包头镇，武川厅寄治于归化城。城镇级别的稳定表现为直至清亡，归绥地区城镇仍为"厅"城，未完成向州县制的转变。对比于

图2-7 城镇空间扩散方向

热河地区一府五县于乾隆四十三年（1778年）即完成改制，归绥地区城镇级别的稳定是异常的。在足够容纳空间的条件下扩张缓慢，在其他蒙地城镇已州县化的背景下维持厅制，可以推断归绥地区农耕聚落化进程受到较大的社会阻力。事实上，时任山西巡抚张之洞曾提出"七厅改制"方案，试图"提高厅官的地位来加强山西省对口外七厅的控制，将蒙古地区的七厅制度更加靠拢内地府县制度"[①]，但遭到来自土默特蒙古人的强烈抵制。归化城副都统奎英与绥远城将军丰绅联名上奏[②]：

"将山前蒙地安民、日积月广，占地愈多，多似有鸠夺鹊巢之势……若将流民编籍，自必侵占牧地，实与蒙古生计大有关碍，请各厅体制复旧，勿编民籍，仍尊成案。"[③]

可见，正是土默特蒙古人的坚决抵制导致城镇扩展迟缓和州县制无法推行，直至民国时期归绥诸厅才最终完成州县改制。综上所述，清代漠南地区城镇空间扩散特征是以口北三厅为起点，沿长城线分别向东、西延伸，光绪朝后期开始向腹地拓展；有清一代，口北三厅以东城镇一直处于东扩状态，而以西城镇的西进历程则较为滞后和缓慢。

第三节 现象：清代漠南地区城镇分布特征

城镇是承载于地球表面空间的人文景观，是人地关系最直观的体现。对其空

---

① 阿如汗. 内蒙古中西部诸厅之研究——以口外十二厅为中心[D]. 呼和浩特：内蒙古大学，2011.
② 张昊雁，张玉坤. 基于GIS的清代内蒙古地区城镇时空演变特征研究[J]. 干旱区资源与环境，2015，29（3）：13-19.
③ 光绪朝朱批奏折，第一一四辑"民族卷"，光绪十年二月初十日。

间分布的描述包括绝对位置和相对位置，其中经度、纬度、海拔构成的三维坐标体系可标识地球表面任意点的绝对位置，由此衍生出目标空间分布的形状、聚散和方向特征等，并在分析特征成因的过程中理解地区的特殊性，将历史以空间的形式形象化。

一、空间位置特征

地球表面人文和自然要素的空间位置包括绝对位置和相对位置，其中绝对位置由经度、纬度、海拔构成，是地理分布特征描述、相对位置和数量属性研究的基础和起点，直接决定对象的地域性。

纬度，是地球表面某点与地心之间连接线和赤道平面所形成的角度，取值范围为0°～90°。伴随数值由低到高，地球表面获得的太阳辐射能呈显著递减，并因此引起降水、温度等差异，进而通过影响土壤肥瘠、农作物生长、生活方式等左右聚落分布。由图2-8可知：清代漠南地区城镇散布于39°N～48°N区间，纬度最低者为东胜厅和清水河厅，最高者为大赉厅所属景星镇。纬向分布整体呈南多北少，主要集中于40°N～43°N和44°N～46°N两个区段，区段内差异较小，区间约有50%的衰减：前者分布48座城镇，约占总数的62%；后者分布23座城镇，约占总数29%。两者比例为2.09∶1。

究其原因，从气候分布上看，39°N～48°N位于半湿润—半干旱—干旱过渡带。低纬度地区的降水、热量分布较适宜于农业开发，而高纬度地区地表接受热量较少、气候干冷，不利于农作物生长。在古代农业社会，地区农作物生产能力直接决定了定居规模；从空间位置上看，辽东、直隶、山西段长城最北端开原镇北关纬度约42.76°N，最南端山西河曲营城约为39.38°N，两端间长城大致呈东西走向。而漠南地区城镇主要聚集于40°N～43°N，两者纬度分布具有较高的空间重叠。说明在资源由关内向关外的流动中，越靠近长城的蒙地越容易发生城镇要素的空间极化现象。

经度，对聚落分布的影响主要体现在同一纬度内水汽分布由沿海向内陆

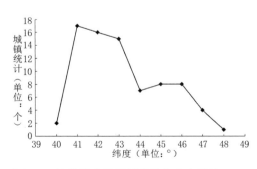 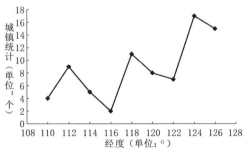

图2-8　清代漠南地区城镇纬向分布统计　　图2-9　清代漠南地区城镇经向分布统计

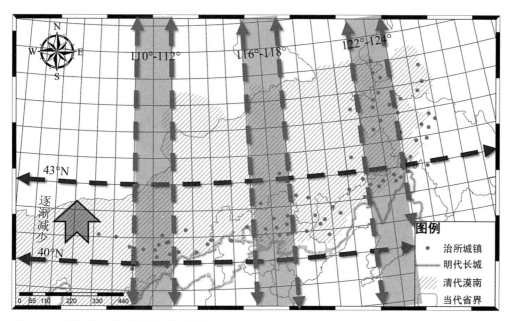

图2-10 清代漠南地区城镇经纬向分布示意

的递减，即在同一热量带内水汽的多少决定植被分布的差异。由图2-9可知：清代漠南地区城镇分散于108°E～126°E，最东端为吉林省德惠县（125°E），最西端为河套平原的五原厅（108°E）。城镇径向分布呈东多西少趋势，但波动较大。三个波峰出现在122°E～124°E、116°E～118°E、110°E～112°E，对应于东北平原、热河与归绥地区；最低波谷位于114°E～116°E，为口北三厅地（张家口厅、多伦厅、独石口厅）。结合前文所得"地区城镇以口北三厅为起点东西延伸"的结论，可进一步廓清长城北侧聚落扩散脉络：向西，在土默川平原（今呼和浩特）形成聚集核；向东，在热河（今承德市）形成首个聚集区，随即在热河通往锦州的孔道地区（朝阳府）逐渐回落，最后于东北平原再次到达聚集峰值（图2-10）。

海拔，是相对于经纬平面的高度坐标。垂直高度的变化导致地面吸收太阳热辐射的差异，使低海拔至高海拔气候出现类似赤道到两极的垂直变化，从而影响与人类农业生产、生活休戚相关的自然要素。高海拔地区气候干燥、土壤贫瘠、环境承载力较低，同时较大的地面起伏度亦降低交通可达性，增加通勤成本。漠南地区位于蒙古高原向华北、东北平原跌落的边缘区，海拔跨度较大且地形复杂，因此有必要以城镇海拔作为离散点间接描绘地表情况。运用ArcGIS9.3的地形分析工具"Extract Values to Points"提取研究区域DEM图（Digital Elevation Model）的栅格高程数据信息，将其作为属性字段"RASTERVALU"附加至"清代漠南地区城镇"图层，再生成以经度为横坐标自西向东标识目标点的高程柱状图（图2-11）。

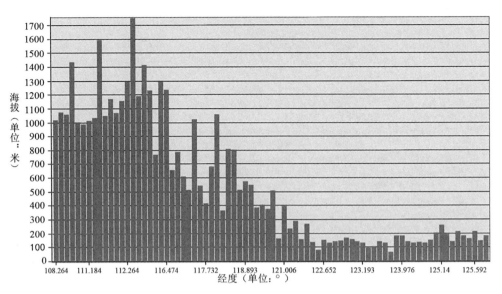

图2-11 漠南地区城镇高程分布统计

由图2-11和表2-16可知：漠南地区城镇海拔跨度较大，最低者为昌图府同江口镇（75米），最高者为归绥道陶林厅（1761米），极差近1700米。城镇高程分布为西高东低，散落于三个高程区段，区段内数值波动幅度较小：海拔1000米以上的高原地区分布有21座城镇，占总数的27%；海拔500～1000米的山地地区分布有14座城镇；海拔300米以下的平原地区分布有37座城镇，占总数的47%。三个集中分布的高程区段地理上对应蒙古高原向平原地带跌落的三级台阶：土默特高原地区——燕山山脉地区——东北平原地区。可知，漠南地区城镇多集中于东北平原，次高原地区，最次为山地孔道。由于三组数据的平均数和标准差不同（表2-17），以变异系数（Coefficient of Variation）进一步刻画各组离散情况：中部山地与东部平原城镇高程分异系数较为接近（28%），且高于西部高原地区（18%）。说明西部土默特地区城镇在垂直方向分布较为聚集，地势变化幅度较小；而燕山山脉向华北平原的跌落造成地表起伏较大。东部平原地区则由于空间辽阔，城镇分布较为疏散，且平均值较低。

清代漠南地区城镇高程区间累积　　　　　　表2-16

高程/米	城镇数目	高程/米	城镇数目
<100	2	800～900	2
100～150	14	900～1000	1
150～200	14	1000～1100	10
200～300	7	1100～1200	3
300～500	6	1200～1300	2
500～600	6	1300～1400	2

续表

高程/米	城镇数目	高程/米	城镇数目
600~700	3	1400~1500	2
700~800	2	>1500	2

清代漠南地区城镇高程变异统计　　　　表2-17

	总体标准差	平均值	变异系数
<300米城镇	48	169	28%
300~1000米城镇	174	617	28%
>1000米城镇	204	1212	16%

二、密度分布特征

密度，是城市地理学描述要素空间聚集特征的基本指标，直观反映区域聚集规模和开发强度。通过查阅文献舆图，可以获取治所城镇/次县级市镇的属性信息，如沿革、职官、人口等。但却难以整体、直观地了解蒙地农垦的开发强度。假设将清代蒙地开垦区中的村落视为连续表面，那么具有政治、经济、文化中心性的治所城镇，理应成为连续表面的高聚集核，故而可以运用ArcGIS9.3的内插值计算功能，利用已有离散点生成连续表面，从而间接标记聚落分布和地区开发状态。根据算法的差异，ArcGIS9.3内置有核密度分析、点密度分析、线密度分析三种算法。其中，核密度分析"Kernel"是对目标点搜索半径内点进行权重赋值，越邻近搜索点的赋值越高，反之越少，搜索半径处赋值为零；点、线密度分析则是点/线数和指定面积的比值。由于Kernel计算原理更能体现治所城镇的中心性，故而运用其生成清代漠南地区治所城镇的密度分布图（图2-12~图2-15）。

如图所示：（1）清代漠南地区城镇空间分布较不均匀，集中于东部和南部边缘（蒙地与满洲、直省的公共边界），呈东北—西南走向的月牙状，即从黑龙江西南部—吉林西部—奉天西北部—直隶北部—山西北部对蒙古地区形成包裹之势；东部城镇分布范围广于西部，但是西部密度显著较高，说明西部地区开发深度和自组织性较高，东蒙地区仍处于空间扩张的前期阶段；由公共边界指向蒙古腹地，密度值由高到低逐渐衰减；地区城镇聚集最高核心分别位于土默特归化城和热河承德府附近，形成"双峰对峙"格局，而双峰之间的波谷位于张家口外察哈尔地区。相较于长城沿线密度分布，察哈尔地区较低的数值是异常现象：该地是清代蒙地设治的起点，但开发程度却远低于平均水平。察哈尔以东地区城镇呈"多核串联"，以承德府为首个聚集中心向东北延伸，且越往东北方向聚集核之间间距越大，分布越稀疏；察哈尔以西地区城镇在归化城附近形成"单核心聚集"，以归化城为中心向周边作阶梯状衰减，并向鄂尔多斯和河套地区延伸，丰镇—兴

清代草原城镇：演化、结构与形态——以漠南地区为例

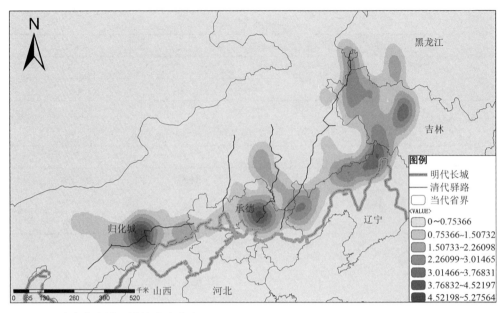

图2-12 清末漠南地区城镇密度分布
（参数设置：Population field:none，Output cell size:0.04，Search radius:1.0。）

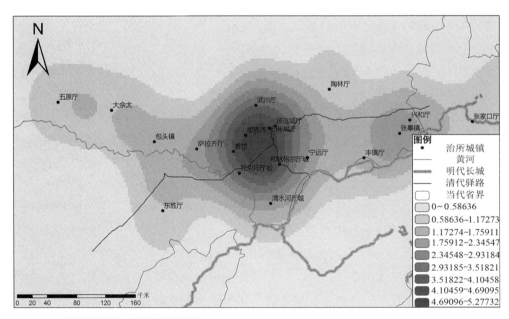

图2-13 清末归绥地区城镇密度分布

和地区有新聚集核产生的趋势。

（2）口北三厅以西城镇在归绥城—和林格尔—萨拉齐三角区形成高聚核心，约5.5个/平方公里，分布区受长城和大青山的南北挤压成扁长形（图2-13）。该地古云"丰州川"，土地肥沃、水草肥美、宜耕宜牧，明代俺答汗就曾于此招募汉民开垦种植，出现颇具规模的农耕定居点——板升。除农耕价值之外，土默特地区具有重要

的战略价值，头枕大青山，可北通漠北；东西连接察哈尔和西域。战时是京畿、山西的重要屏藩，平时则是货通南北的中转枢纽，成就了著名的走西口商路。

（3）口北三厅以东地区城镇分布于直隶、辽东边墙北侧、昭乌达盟和卓索图盟南部，形成由丰宁县、建昌县、彰武县三个热点地区连接而成的城镇聚集带（图2-14），三个热点地区的密度由高到低分别为丰宁地区（5.0个/平方公里）—建昌地区（3.2个/平方公里）—彰武地区（3.0个/平方公里），并在赤峰以北形成次级聚集区，直隶边外整体城镇密度为3.7个/平方公里。东北平原城镇在洮南府和长春府两地形成双聚集核（图2-15），密度分别为3.1个/平方公里和3.7个/平方

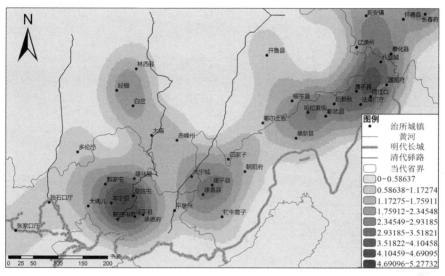

图2-14 清末热河地区城镇密度分布

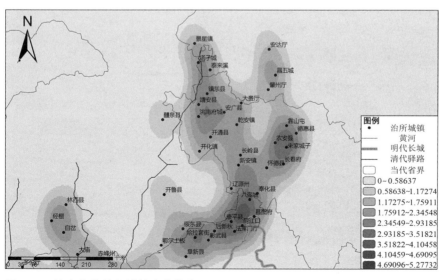

图2-15 清末东蒙地区城镇密度分布

公里。东蒙治所城镇分布呈现明显的点状集群和带状特征。究其原因是,哲里木盟蒙地拥有较大的承载空间;且不同于土默特地区,蒙古领主并不排斥开垦事宜,反而希望通过吃租解决日益严重的蒙旗财政问题。早在嘉庆五年(1800年),理藩院便准奏郭尔罗斯前旗王爷招民开垦的请求,正式拉开垦殖东蒙的序幕。随后在光绪朝晚期,面对沙俄和日本不断蚕食东北,清朝认为开垦蒙地不仅可以扩充国库帑银,也间接地起到移民实边的功效。因此,清政府与蒙古的积极态度、充裕的土地资源,是东蒙地区城镇迅速崛起的根本原因。

三、聚集倾向特征

在对地区城镇的空间位置享有一定认识的基础上,对聚散现象的趋势把握成为进一步分析外部约束与形成机制的前提。选用平均邻近距离工具(Average Nearest Neighbor)对城镇空间邻近度进行统计分析,通过对比计算值与预先随机分布值,说明要素之间的接近程度以及相互关系。首先,对城镇之间最短距离进行求和测算,得出平均数值:

$$D_o = \frac{\sum_{i=1}^{n} d_i}{n}$$

再求出假定随机分布状态下要素之间的理想平均数值,其中n为点要素数量,A为最邻近点要素生成的Voronoi图面积(图2-16):

$$D_e = \frac{0.5}{\sqrt{n/A}}$$

最后将实际值与理想值进行比对,统计得出相似度指数(图2-17)。指数值为负数,数值越小代表聚集程度越高,反之则较为离散:

$$ANN = \frac{D_o}{D_e}$$

 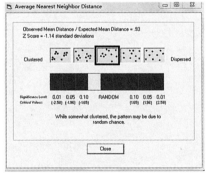

图2-16 基于ArcGIS生成的漠南城镇Voronoi图[①]　图2-17 城镇聚集度测定

---

① Voronoi图(泰森多边形),是多组相邻两点连接线的垂直平分线构成。多边形内任一点到控制点的距离小于到其他控制点,常被用于计算覆盖、辐射半径等。

选取"清代漠南地区城镇"作为输入图层,将距离模式定为欧式几何距离,计算求得ANN值为0.93、Zscore值为-1.14标准差。结果反映宣统三年(1911年)蒙地城镇体系处于发育初级阶段,虽然部分地区开始呈现聚集趋势,但整体仍以随机离散为主。就局部而言,热河、土默川等开发较早地区已由随机分布向核心聚集过渡;而兴起于光绪末年放垦过程中的东蒙地区城镇由于起步较晚,依旧处于随机扩张时期。对照点—轴扩散模型,可大致将清末蒙地城镇发展界定于第二阶段向第三阶段过渡中,即均质性被打破,聚集点和发展轴开始有组织形成。虽然清朝拉开了漠南地区开发和城镇建设的序幕,但结构优化与完善将一直延续至中华人民共和国时期。

第四节 成因:清代漠南地区城镇发展动力

城镇的兴起和发展是区域自然、社会、经济等因素综合影响的结果。春秋战国时期出现第一个筑城高潮;宋代,以"里坊制"的瓦解为标志,城市商品经济开始萌芽;而明清则是中国城镇大发展时期,长三角、珠三角等地涌现出专职商品交换和手工业生产的商业聚落,在丰富城镇层级的同时,优化市场网络结构。地域分布上,大部分集中于东南沿海地区,占据当时全国总数的1/3,且越往内地和边地,城镇体系发育程度越低[①]。

农业化、工业化和市场化是极聚现象的主要推手。对于古代中国的边地城镇,在大规模商品流通网络尚未形成之际,本地农业所提供的剩余农产品和劳动力是城镇兴起的前提,经济活力则提高了中心度。但这两种"力",较难以在漠南地区源发性产生,需要外界输入和拉动。而这种内外联系恰恰与清朝封禁政策相左,这意味着在城镇兴起中必然将较大程度地受到国家意志的干预。综上,本节将从"人力要素"和"资本要素"的视角,探讨清代长城地区生产要素的流动和整合过程及其背后的政策导向。

一、行政调控与移民流动

蒙古族的社会文化形态是建立在以畜牧业为主的游牧经济之上,是适应半干旱地区的必然选择。然而,游牧经济自身的脆弱性、单一性等缺陷决定其需要农业作为补充,为其提供农产品和生活用品。虽然中原也需要畜牧产品,但比较而言农耕经济的自给自足性更高。伴随双方力量的消长,交流方式在"贸易互市"和"战争掠夺"中来回选择。游牧与农耕的高度互补性以及可耕种土地为农业在漠南地区的发展提供了条件。此外,传统农业具有劳动密集、注重经验、精耕细

---

① 周一星. 城市地理学[M]. 北京:商务印刷馆,2003:102.

作等特点，意味着蒙古牧民无法胜任农民的工作，而必须从外部引进有经验的种植者。早在明嘉靖年间，俺答汗曾于丰州地区招收内地流民发展农业，出现颇具规模的农业聚落——板升。抛开政治企图不论，明代板升的出现论证了农业在草原边缘地区出现的可能性和必然性。

自清以降，长城内外被纳入统一的国家秩序之下，结束了自明以来三百多年的战争状态，缓和了游牧和农耕民族长期的对立局面，为大规模人口流动提供了安定的政治环境。概括清朝的治蒙方略，其中重要原则就是"分而治之"，包括对蒙汉分治、蒙古内部的分治，并付诸具有限制性的"封禁政策"。其中，对于民人出关的限制意味着政府对于发展蒙地农业持有否定态度，限制农民输出和限制农业发展在本质上是一致的。

在移民问题上，清政府一方面希望"借地养民"缓解内地紧张的人地压力；另一方面又担心蒙古王公借机坐大从而威胁自身统治。前后顾虑导致移民政策在"严禁"和"松弛"之间摇摆不定。但总体来说，蒙地开发是大势所趋，内地劳动力、技术、资本的流入有助于改变边地经济结构单一且落后的局面。

顺治时期，满洲初入中原，统治根基尚不稳固。为确保北疆稳定，采取极为严格的封禁政策。顺治十二年（1655年）规定，"令各边口内旷地，听兵治田，不得往垦口外牧地"①，将汉民和旗民统一纳入限制对象，自此拉开清代封禁律令的序幕，此后颁布一系列限制蒙汉贸易、文化交流和通婚的法令。

清初的"跑马圈地"和频发的水旱天灾致使内地流民激增，面对关外地广人稀的垦殖条件，禁令不断受到冲击。另一方面，蒙古王公出于食粮生计和地租利润的考虑，也请旨招募民人开荒种地。此外，康乾时期对西北反复用兵，也亟需在北疆就地解决军粮。综合上述考虑，康熙皇帝对封禁政策做出调整，对流民出关开垦采取明禁暗松的默许态度。应科尔沁呈请，命户部每年颁发八百余张票照，同时派遣官员赴蒙古教习耕种。康熙八年（1669年）规定："凡内地民人出口于蒙古地方贸易、耕种，不得娶蒙古妇女为妻……"②这等于变相承认汉民在蒙地"贸易耕种"的合法性，是对顺治十二年（1655年）封禁令的修正；另一方面，对移民迁徙仍附加诸多限制，例如规定春去秋归、不得定居蒙地、不得携带家眷、不得与蒙古妇女通婚等。

雍正时期，为进一步解决因饥荒而云集的流民问题，政府实行"借地养民"政策，以免租的方式鼓励内地流民出口谋食；同时晓谕蒙古王公收容汉民，承认吃租的合法性。在康雍两朝的推动下，长城北侧形成土默特、察哈尔、热河三个农业开垦区，出现颇具规模的农业定居聚落，繁荣景象俨然内地。"今巡行边外，

---

① 清史稿·卷一百二十·志九十五·食货志一.
② （清）会典馆. 钦定大清会典事例·理藩院［M］. 北京：中国藏学出版社，2006：219.

见各处皆山东人，或行或商，或力田，至数十万人之多。"① "山东民人往来口外垦地者多至十万余。"②

乾嘉时期是清朝国力由盛及衰的拐点。伴随国内形势趋于稳定，清政府在《盛京定例》《蒙古律书》等章程基础上，修订颁布《蒙古律令》《理藩院则例》，以立法的形式将对蒙政策制度化和规范化，标志着清朝治蒙方略趋于完善和成熟。康雍时期的移民活动虽有利于缓解内地人地矛盾，但也引发蒙汉争利的冲突。针对于此，乾隆十三年（1748年）再次收紧控制，先后颁布"回籍令""禁止出典令""限制汉民出关令"等，规定"民人所典蒙古地亩，应计所典年份，以次给换原主"③，又如"……口内居住旗民人等，不准出边在蒙古地方开垦地亩……"④。这些法令一方面限制新移民入蒙、驱逐已定居蒙地的汉民；另一方面禁止蒙古出让土地和收容汉民。双管齐下杜绝蒙汉联系，标志着历经康雍时期的宽松和默许之后，清朝治蒙方略再次回归到绝对封禁时期（表2-18）。

乾隆二十三年（1758年）口北三厅分汛人口统计表　　表2-18

厅	分汛	旗户	民户	铺户	总户数	村屯
张家口厅	乌苏里雅台	19	2354	263	2636	125
	太平庄	507	2824	105	3436	161
独石口厅	喜峰口寨	63	1012	—	1075	63
	东卯镇	32	644	—	676	31
	丁庄湾	9	319	—	328	86
	千家店	—	—	—	—	47
多伦厅	兴化镇	—	—	—	—	—

（资料来源：《口北三厅志·卷5村窑户口》）

嘉庆至光绪前期时期，国内动荡局势削弱了中央对于边地的控制。再加之蒙古王公的"请旨招垦"，封禁政策逐渐松弛，出关汉人甚至不经查验。大量晋、陕、直、鲁的灾民、破产农民涌向口外。19世纪初仅土默特、察哈尔、热河等地定居汉民已近42万余众⑤（表2-19）。

---

① 清圣祖实录·卷二百三十，康熙四十六年七月戊寅。
② 清圣祖实录·卷二百五十，康熙五十一年五月壬寅。
③ （清）会典馆. 钦定大清会典事例·理藩院［M］. 北京：中国藏学出版社，2006：229.
④ （清）会典馆. 钦定大清会典事例·理藩院［M］. 北京：中国藏学出版社，2006：231.
⑤ 宋乃工. 中国人口·内蒙古分册［M］. 北京：中国财政经济出版社，1987：49.

乾隆—道光时期承德府分县人口统计　　　　　　　表2-19

地区	乾隆四十七年（1782年）		道光七年（1827年）		变更
	户数	丁口	户数	丁口	
承德府	8979	41496	16339	110171	68675
滦平县	5230	106630	6914	45769	-60861
平泉州	29315	154308	20449	158055	3747
朝阳县	15356	61220	31751	77432	16212
丰宁县	20871	72079	22198	115973	43894
建昌县	23730	99293	31996	163875	64582
总计	103481	535026	129647	671275	136249

（资料来源：《承德府志·卷23田赋》）

光绪二十八年（1902年）以后清朝实行新政，在口外地区推行"移民实边"，全面解除针对蒙古的诸多限制。至此，长城口外千里蒙地，东起郭尔罗斯、杜尔伯特、扎鲁特旗，西至河套地区，迎来关内移民的激增时期。农垦聚落区在东蒙向扎赉特旗和郭尔罗斯后旗延伸，西部开垦区蔓延至鄂尔多斯和大青山北麓四子王旗地。

对于清朝政府而言，"汉民迁徙"和"放垦蒙地"是一个问题的两个方面：由于牧民不擅农耕，只有允许汉民入蒙才能获得娴熟耕作的操作者；只有允许放垦蒙地才能获得可耕作土地和粮食供给，才能容纳移民避免产生新的社会问题；也只有当劳动者和生产资料相结合才能进行农业生产。需要说明的是，这里的"蒙地"是指蒙旗所有的土地，而非官地；"蒙垦"是蒙古旗主私自招垦的行为，并非官垦。清代蒙地官垦主要有官庄招垦、军事屯田、公主地招垦和借地养民四种形式。按照清制，口外蒙旗没有向国家纳税的义务，蒙地开垦的租金均收纳入蒙旗财政。因此，口外大规模的蒙地开垦事实上对于国家财政没有贡献。迫于日益加剧的边患和财政危机，以张之洞、贻谷为代表的历任山西巡抚均呼吁以国家招垦的形式开发蒙旗土地，通过编户造册、报地升科将其纳入国家赋税系统。与禁止汉人入蒙一样，禁止蒙垦也是清朝对蒙限制性方针的重要内容。伴随着清政府对移民态度的摇摆，清代蒙垦开放经历了禁垦期（天聪八年～咸丰七年，1634～1857年）—限垦期（咸丰八年～光绪二十七年，1858～1901年）—放垦期（光绪二十八年～宣统三年，1902～1911年）[①]的阶段性变化。

清末"移民实边"新政也具体落实于"全面放垦蒙地"。政府任命贻谷为垦

---
① 刑亦尘. 关于蒙垦分期问题的思考[J]. 内蒙古社会科学（汉文版），1989，03：57-62.

务大臣赴归化城，以官办形式全面督办蒙地放垦事务，建立移民区，并先后在丰州设垦务局、在张家口和包头设垦务总局等机构。不过，清末"开垦蒙地"的主要目的在于补充国家财政，所征荒银大多用于庚子赔款和军费开支。至于"移民实边"，多为无计划性的被动招民，未见有组织性的移民活动。这种"先筑城、后招民"的做法造成东蒙部分新城人丁寥寥，例如开鲁县"商民百户，人口不足千"；醴泉县"街基系就已经丈放者，统计之实际考察，县城居民无多，已放街基未建筑房间而弃"。

纵观清代，中央在处理涉蒙方面事务是较为谨慎的，因此在"汉民入蒙"和"开发蒙垦"等事宜上历经反复，可以概括为顺治时期的"严禁"→康熙时期的"限制"→雍正时期的"借地养民"→乾隆时期的"回籍令"→嘉道同光时期的"松弛"→光绪二十八年（1902年）的"开禁"。即便如此，清代漠南地区的人口增长是显著的：直至宣统三年（1911年），蒙地汉族人口已经超过150多万，其中归绥道约118万（表2-20）、热河地区40余万、哲里木盟约12万[①]。

光绪末年归绥道分厅人口统计　　　　表2-20

地区	全域人口	城厢人口	乡村人口	村屯
归化/绥远	101377	24802	76575	312
托克托厅	81093	24393	56700	255
和林厅	55140	—	—	—
清水河厅	38787	2181	36606	211
萨拉齐厅	300000	21000	—	337
宁远厅	239391	—	—	475
丰镇厅	204659	46809	157850	298
兴和厅	71868	—	—	188
武川厅	47688	1200	—	358
五原厅	27749	—	—	259
陶林厅	14562	—	—	34
东胜厅	——	—	—	—
总计	1182314			

（资料来源：《归绥道志（上）·卷十一户口》）

城镇人口主要从事非农业生产，这意味需要从外部输入农副产品。而在交通运输不发达的古代社会，地区所产剩余农产品的能力几乎是城镇产生与否的前提。清代长城北侧蒙地农业的兴起和汉民的涌入极大地提高了地区粮食自给

[①] 宋乃工. 中国人口·内蒙古分册[M]. 北京：中国财政经济出版社，1987：53.

能力，为城镇的兴起提供了可能性。同时，激增的人口也为非农业性产业提供了充足的剩余劳动力，进一步推动劳动力产业结构的分化，并最终导致城市现象的出现。

二、口岸贸易与资本流入

"中国的居民点，无论其最初形式是作为首府所在地、军事驻地、宗教中心、采矿小镇还是制造中心，随着时间的推移，他们对周围腹地几乎总是会具有商业中心的总用。"[1]

1. 商业环境的打造和北路贸易的崛起

对于城镇划分，世界各国基于自身社会、经济发展水平制订了不同的标准；但无论何种划分，从事非农业/第二、第三产业人口规模均是基本指标。既然城市是非农业人口的聚集，那么如此巨大的人口聚集效应从何而来呢？在工业社会，制造业的社会化提高了对劳动力的依赖度，同时基于降低成本的考虑，开始出现生产聚集和空间极化现象，即工业化推动城镇化；在农业社会，城市经济色彩较弱，自上而下的行政干预是人口聚集的主导因素。政府出于特定目的可以在短时间内有计划性地聚集大量公职和军职人员，并围绕其巨大的需求引发服务人员的二次聚集——周边农村提供农产品、手工业者和商人提供其他生活必需品和服务。随着商品经济的萌芽和发展，在太湖和珠江流域出现专门化生产和贸易的市镇，聚集经济所带来的规模影响逐渐从城市走向乡村。可以说，在明清中国，城镇的产生仍然来自于自上而下的政府计划，但商业经济也逐渐自下而上地反作用于城市规模和结构。

清代商业政策是商贸城镇兴起的政治前提。中国古代素有关于国家经济结构的"本末之争"，即农业和工商业是本末关系。在传统社会中，农业是最重要的经济生产部门，农业税收（田赋）则是国家财政的支柱。此外，政府也希望将农民束缚于土地，避免人口流动带来的管理难题和社会问题。故而历代君王均采用"重农抑商"的基本国策，打击商人阶层置四民之末、设关卡限制流通等，而这与工商业发展所需要的开放、流通社会正好相悖。

然而，当历史的车轮行进至明清之际，一方面生产力的发展和战后国家重建需要"通商裕国"；另一方面随着地理大发现将中国纳入世界贸易体系，西方资本主义的影响不可避免地被投放到神州大地。无论清政府主观愿意与否，都需要对传统的商业政策做出回应，在肯定通商贸易对于国家有积极作用的同时，利诱商人加以控制。事实上对比明清两代，清政府颁布诸多"恤商令"：改进和稳定

---

[1] 施坚雅. 中华帝国晚期的城市 [M]. 中华书局，2000.

税则，明文刊刻木榜置于关口晓谕商贾；打击恶霸、惩毙吏胥、明确商路以整顿流通；对关乎民生商品予以免税等。这些措施极大地刺激了清代商品经济的发展，使关榷税收从顺治初年的不足百万两激增至乾隆时期的数百万两，商税遂"超越地丁银，成为国家财政支柱"[①]。

正是得益于清代积极的商业政策，全国商品经济在快速发展之余，逐渐呈现"区域经济"和"长距离、大规模商品流通"的时代特征。各地理单元基于自然环境和发展水平，形成显著的地域特色经济，例如以纺织品为特色的环太湖流域、以外贸出口为主的珠江流域、以粮食输出为主的长江上游地区等。虽然地区间发展程度不一，但长距离和大规模的商品流通加强了横向联系，将其整合至全国性的市场网络中，进而寻求在更大范围内的产业分工和结构优化。这种更大范围、更深层次的经济联系有赖于长达数千里的航运和穿越草原的陆路交通线，并塑造出沿河、沿边地区的经济地理格局。

北路贸易和旅蒙商人的崛起。相对于内地较成熟的市场分工和网络结构，边地贸易由于特殊的地理区位，发展轨迹也较为特殊。这里的"边"指长城线，国境线是近代国家概念，古代中国更多强调的是实际控制范围。虽然内外蒙古先后归顺于清朝，且满蒙联盟一直被奉为国策，蒙古被视为天然的盟友和属民。但是，作为中华文明的实际继承者，清朝仍在一定程度上延续了中原王朝的主体认识，将内省和满洲视为国家统治的主体和基石，视蒙古等为边外藩部。明代的边口贸易以"马市"和"茶马互市"最为著名，前者指明政府与北方游牧民族进行手工业、农产品和马匹的贸易；后者是与西南少数民族进行茶叶和马匹的交换。迫于游牧民族的"通市"压力，隆庆五年后明政府依托长城沿线关堡先后开放五十余处[②]互市边口：其中蓟、辽两镇边市负责与兀良哈、女真贸易；宣府、大同、山西、延绥、甘肃、宁夏镇边市负责与漠南和漠西蒙古贸易，如张家口、得胜堡、水泉营等。清代对明代边市进行调整，主要有长城沿线的喜峰口、独石口、张家口、杀虎口、定边、花马池以及口外的归化城、承德、八沟、塔子沟、三座塔、平泉、乌兰哈达等。总体数量虽然差异不大，但是在贸易性质、形式、内容等方面极具清代特色：相对于明代边市以官办为主、种类局限、严格管控、时开时闭的限制，清代边市更为开放，以民间贸易为主，种类更为齐全，商品经济色彩更为浓重。

清代著名的"旅蒙商"正是以边口市镇作为商品中转和集散地，发展出对蒙对俄的陆路贸易。"旅蒙商"是清代以晋商为主体，专门从事北路贸易的商人群体。兴起于康熙年间的征准战争，最初为提供军需和随军贸易；战争结束后坐而为贾，以边地城镇为根据，将内地的农产品、茶叶、手工业品、棉纺织品以及日

---

① 何本方. 清代商税制度刍议 [J]. 社会科学研究，1987（01）：53-62.
② 对于明代沿边马市个数，学界看法并不一致。本文采用余同元《明代马市市场考》的观点。

用百货等源源不断地贩运至蒙地。通过"以货易货"和"赊销"等手段，换取牲畜、皮革、药材等再转而内销。随着贸易扩大和资本累积，出现具有垄断地位的大商号，例如归化城的大盛魁、天义德、元盛德，不仅雇佣数以千计的伙计，在全国甚至俄罗斯设有分号。大盛魁年贸易额约为900万~1000万两，元盛德年贸易额约为800万两，天义德年贸易额为700万两[①]。

2．旅蒙商贸对草原城镇的影响

蒙古人逐水草而架毛毡，居无定所，蓝天白云之下点缀的蒙古包是最真实的草原人文景观。即便是王公贵族也是架设行宫大帐，并无城郭宫殿的概念。伴随清代移民和贸易的兴起，围绕军府驻地、交通枢纽、蒙旗寺庙等节点，开始出现具有永久定居和商贸性质的草原城镇。虽然传统的行政主导地位不容忽视，但旅蒙商贸也对草原城镇起着不可估量的塑造作用。具体表现如下：

（1）旅蒙贸易促进城市规模的扩大

明清江南有"无徽不成镇"的谚语，既道出了徽商是江南城镇贸易主体的客观事实，也肯定了徽商对于城镇建设的推动作用。套用于漠南地区，则"无晋不成镇"的说法也是成立的。一方面，商人选择将行政中心、军府驻地、寺庙等作为商品交易地和中转集散地，为纯消费性的政治城镇注入经济生产活动；另一方面，旅蒙商贸的深化必然刺激产业细分和新服务性行业的崛起。在推动城市经济多元化的同时，进一步引发人员、资本在城镇范围内的空间聚集，从而提高非农产业在城市经济中的比重。对于治所城镇而言，旅蒙商贸引发的连锁聚集效应有利于增强其在本地或更大区域内的经济辐射能力，强化中心首位度。对此，民间也有"先有复盛公，后有包头城"[②]"先有祥泰隆，后有定远营"之类的说法，"复盛公"与"祥泰隆"皆为从事对蒙贸易的晋商商号，折射出旅蒙晋商在新兴商贸城镇崛起中的巨大影响。

多伦，"地质砂碛、五谷不生，此地处不过一小镇"[③]。随着汇宗、善因寺的修建和章嘉活佛的移驻，遂成为漠南地区的宗教中心。朝拜人员的激增带动庙会经济的发展，嘉道时期多伦拥有商铺三千余家。至咸丰时期商铺数量已增至四千余家，并建有新旧两个买卖城。光绪九年（1883年），多伦厅人口有71189口；至宣统三年（1911年），人口增至十三万余口[④]。虽然缺乏城厢人口的精确统计，但对比《口北三厅志》所记载村屯数，多伦厅城镇人口无疑占据较大比重。

归化城，是漠南地区最重要的商品集散和中转地，自康熙二十二年（1683

[①] 袁森坡．论清代前期的北疆贸易［J］．中国经济史研究，1990（02）：41-70．
[②] 王艺丹．旅蒙商与蒙古城市的形成［D］．呼和浩特：内蒙古师范大学，2009：17．
[③] 杨守敬．杨守敬集：第二册：支那地志摘译·蒙古之部［M］．武汉：湖北人民出版社，1997：78．
[④] 乌云格日勒．清代边城多伦诺尔的地位及其兴衰［J］．中国边疆史地研究，2000，36（02）：79-86．

年)被清政府指定为对新疆和蒙古贸易的边口互市,"外藩贸易蜂集蚁屯"①。输出主要为茶叶、布匹和日用百货,输入以牲畜、毛皮、粮食等为大宗。城内从事旅蒙贸易的商号有几十家,尤以大盛魁、元盛德、天义德、义和敦、永德魁、大庆昌、天裕德、元升永等十几家商号实力最为雄厚。这些大商号拥有自己的运输驼队,驼峰在几百至上千峰不等,并在蒙古各地开设分号或小号,雇佣的伙计、杂工等通常在上千人左右。在对蒙贸易的推动下,归化城衍生出金融业、手工业、杂货业、贩运业、皮毛业、餐饮业等多种业态。直至清末,城内已有行会十五社,并尚有未加入其中的商人组织,如杂货行、山货行、煤炭行等。光绪二十二年(1896年)厅城内造册计口共3017户24802人,光绪三十三年(1907年)厅城内造册计27288口。归化城腹地领东西南北4乡312村,人民7678户76575丁。全厅辖境共有10695户101377口,城市人口占总人口24.5%。

包头,清初为萨拉齐厅西境的居民点。乾隆年间开业的复盛公、永和成、如月号是当地最早的商号。自此以后,包头镇陆续出现皮毛行、粮行、杂货、牲畜行等多种行业,从业人数已有"一万六千人左右",遂成为土默特西部商贸重镇。嘉庆十四年,移善岱镇巡检驻包头镇,是为地方机构之始。

承德,是清帝靖绥蒙古与消暑理政之处,扈从臣工、兵牟及蒙古王公的巨大消费刺激地区商贸的发展。城市干道西大街的二、三道牌楼之间为买卖街,"左右市廛连亘十里"②。不过,承德城市商贸具有明显的内向性,兴旺伴随秋狝人流的来去而波动。除承德之外,热河其他城镇经济也得到较好地发展。塔子沟"本无城郭村堡,自乾隆六年设立通判……四方商贾始云集而成巨镇……"③朝阳府清初人烟稀少,至清末城内已有信诚、三泰号、三盛永烧锅三处;制帽、制鞋、首饰等作坊二十二处;有兰桂斋、三泰餜局等饮食业三处。朝阳府是地区重要的粮食产地,主要供应锦州,民间有"拉不尽的三座塔,填不满的锦州城"的说法。

(2)旅蒙商贸推动城市形态的嬗变

19世纪芝加哥学派建筑师沙利文提出"Form Follows Function"(功能决定形式),成为现代建筑功能主义的标志性口号。"内在功能"和"外在形式"是客观事物对立统一的两个方面。就蒙地城市而言,既然人类活动和承载空间分别对应于"功能"和"形式",那么传统城市形态必然需要做出调整以适应旅蒙贸易的地域性。

中国传统城镇形态无外乎"规整"和"自由"两种,对应于自上而下行政主导和自下而上自然生长两种模式。在漠南地区,"规整型"城镇平面为矩形,中央贯穿十字大街,环筑城墙,与内地相差无几,如绥远城、洮南府城、开鲁

---

① 许檀. 清代山西归化城的商业[J]. 中国经济史研究,2010(01):119-128.
② 朴趾源,燕岩集。
③ 塔子沟纪略·市镇。

县城等;"自由型"城镇多以一条大街为主轴两侧布置商肆,规模大者平行数条辅街,多不筑城墙,代表有多伦、承德、赤峰、清水河等,是清代大部分草原城镇的基本形式。但是由于旅蒙商贸的特殊存在,致使城市出现迥异于内地的集中商业区——买卖城。买卖城是独立于城镇之外的商贸区,通常置于距离主城几里的地方,内部几乎没有公共建筑,完全以商业为主,居民皆为经营旅蒙贸易的商人、伙计和手工业者,业务以牲畜产品类交易为主,涉及金融、运输、日用杂货、粮食等。虽然城镇内部也有商铺,但大部分的交易还是在买卖城进行。

归化城的买卖区位于城南,围绕大召、小召、席力图召等喇嘛庙发展形成。商业区由南北走向的大召街、席力图召街、大南街构成,其中大南街向北延伸至归化城南门。买卖城内设有税务总署等行政机构,养济院、关帝庙、官学等公共设施均设置在召庙的外围地区。沿街店铺为"窄面宽、大进深"的四合院建筑,所有权归召庙,商人向寺庙租赁后改建为"前店后坊"式商铺。

多伦,是典型的"因寺而兴"、"因商成镇"的草原城镇。因庙会经济的带动,在额尔腾河(今小河子河)左岸形成商贸区——兴化镇,俗称旧买卖营。"南北长四里、东西宽二里,周计十二里,内有大街十三条,编十三甲"①;乾隆六年(1741年),为安置哲布尊丹巴返喀尔喀所遗留库伦商民,于兴化镇东北一里地修建新胜营,即新营。"周计三里,分编五甲,南北长一里,东西旷半里,大街五条"②。至乾隆末年,新旧买卖营逐渐发展连为一体,与喇嘛庙区隔河相望。

将商贸集中规划的思想自古有之。中国古代的"里坊制"就是将居住区、手工业、商业区纳入棋盘状的"里"中,"里/坊"周围设高墙封闭,四周设门,官吏定时开闭。直到宋代,"里坊制"才逐渐瓦解,商业冲出坊墙的束缚,形成沿街商铺的开放性街区。清代蒙地"买卖城"的出现一方面是出于管理的需要,另一方面也是考虑到交易商品的特殊性。对蒙贸易中牲畜产品是大宗,涉及牲畜的宰杀、剥皮、制革等,为了不影响城内卫生和便于运输,需要将其移至城外另辟场所。此外,旅蒙商人中的"旅"字,也表明此类人群的移民属性。对于外地商贩而言,租赁远比自建商铺性价比更高。蒙地喇嘛庙拥有周边土地所有权,也乐于将土地、房屋租赁给商人吃租获利,且牧区寺庙集市十分兴旺,两者结合造成了买卖城往往围绕召寺发展。由于寺庙更愿意在土地上建造房屋而非开辟街道,也致使买卖城内街道拥挤不堪。

"买卖城"虽然在空间上独立于城镇,但在经济和管理上仍然依附于主城。因此,正是对蒙贸易的特殊性,致使蒙地城镇逐渐发展出政务区、宗教区、商业区

---

① (清)金志节,黄可润. 口北三厅志:卷五:村窨户口[M]. 刊本. 1758(乾隆二十三年).
② (清)金志节,黄可润. 口北三厅志:卷五:村窨户口[M]. 刊本. 1758(乾隆二十三年).

三个基本构成，而后两者成为区别于内地城镇的地域标识。随着清末北路商贸的衰落，旅蒙商号大量歇业，曾经喧嚣一时的"买卖城"也不可避免地成为历史。

（3）旅蒙商贸促进城市体系的完善

城镇体系（Urban System），指"在一个相对完整的区域或国家中，以中心城市为核心，由不同职能分工，不同等级规模，联系密切，互相依存的城镇组成的集合"[①]。成熟的城镇体系应该具有系统性、层次性和动态性。在自然经济下，"男耕女织"使得经济个体可以兼顾生产者和消费者双重身份，因而古代城镇大多彼此孤立和封闭。除了行政和军事联系外，城镇之间横向关联度和依存度处于较低水平。

明清时期商品经济的发展以及长距离货物流通的实现，在各区域间封闭的围墙上凿出了孔洞，区域逐渐过渡至半封闭半开放状态。同一地理单元内的城镇开始趋于一体，地域经济特色与核心—边缘结构显现。从市场联系的角度，施坚雅将晚清中国划分9大区域，即满洲、华北、西北、云贵、东南沿海、岭南、长江上、中、下游地区。各大区中的城镇经济网络由区域性城市、地区性城市、中心性市镇、中介市镇和基层市镇等构成，大区之间通过26个城市构成全国范围的最高级网络。

长城北侧地区聚落化与城镇化晚于内地，作为关内经济的延伸，被施坚雅归纳于华北大区中。正是得益于旅蒙商贸的崛起，才将这一萌芽地区带入了全国市场的联系中：一方面是中俄恰克图贸易，另一方面是对蒙贸易以及由此中转的对新疆贸易，拉近了漠南地区与全国各区域的时空距离。

第五节　本章小结

本章运用ArcGIS地统计分析和专题地图展示，对清代漠南及其毗邻地区的城镇发展历程进行还原，同时对城镇空间分布的一般特征进行描述，并从劳动力和资本两方面揭示地区聚落化的动力机制。主要结论如下：

（1）清初，山西、直隶关内近边地区由军管型政区向州县政区转化，预示敌对状态的结束，拉开了长城地区开发的序幕。转化模式为：近边的实土卫所由于拥有土地和人口的物质基础，以及"军统民"的制度基础，被悉数改置为州县；腹地的无实土卫所多与地方机构同城，被直接裁并入州县；九边军镇所属军堡，因规模较小只有极少数改置为州县，部分被裁撤，部分以绿营驻防的形式继续沿用。

（2）由于政策的反复性和放垦的渐进性，漠南地区城镇发展并非是线性过程，而是具有明显的阶段性，大致可以划分六个时期：①1644～1722年（顺治

[①] 许学强，周一星，宁越敏. 城市地理学[M]. 2版. 北京：高等教育出版社，2009：241.

元年~康熙六十一年）为设治前的封禁期；②1723~1755年（雍正元年~乾隆二十年）为城镇增长初期；③1756~1795年（乾隆二十一年~六十年）为城镇增长停滞时期；④1796~1820年（嘉庆元年~二十五年）为城镇增长恢复时期；⑤1821~1874年（道光元年~同治十三年）再次为城镇增长停滞时期；⑥1875~1911年（光绪元年~宣统三年）为城镇增长高速期。

（3）城镇空间扩散包括横向和纵向。横向为沿长城（公共边界）延伸：以口北三厅地为起点，向东（热河→奉天→吉林→黑龙江）和向西（察哈尔→土默特→大青山北麓、鄂尔多斯、后套地区）扩散；纵向为垂直公共边界向蒙地腹部延伸，例如东蒙地区城镇由辽河下游→中上游→洮儿河，归绥道厅城由土默川→大青山北麓、后套地区。东蒙地区城镇在清代一直处于扩张状态，光绪朝前期沿蒙地边缘（长城-柳条边）作线性延伸，光绪朝后期向腹地扩张；归绥地区城镇在清中期出现停滞阶段，发展具有较强的稳定性，表现为空间扩张幅度较小和城镇级别稳定。

（4）城镇发展为渐进式扩散，设治模式为：先于开垦区设专司旗民交涉的府属临时机构——理事厅，随着汉民增多改为统理境内政务的抚民厅，再更为正式理民机构——州县，并于境内较大市镇分驻州县佐贰官；次县级市镇历经发展后升置为新的州县，脱离原州县成为独立区划，再于新的市镇分驻佐贰官，如此往复——即：设厅官（知府佐贰官）→抚民厅→"厅"改"州县"→较大市镇设官（知县佐贰官）→"次县级市镇"改"州县"→较大市镇设知县佐贰官。

（5）城镇空间分布一般特征：纬向分布为"南多北少"，随着纬度升高递减，在40°N~43°N和44°N~46°N形成聚集；经向分布为"东多西少"，波动较大；海拔分布为"东部平原＞中部山地＞西部高原"；密度分布不均匀，集中于东部和南部边缘，从公共边界向腹地密度值逐渐衰减。察哈尔以东地区密度呈"多核带状"，且越往东北方向聚集核间距越大。察哈尔以西地区城镇在归化城附近形成"单核心聚集"；至清末，城镇体系仍处于发育阶段，虽然局部开始呈现聚集趋向，但是整体仍以随机离散为主。

（6）蒙地巨大的承载潜力、畜牧与农耕的经济互补性是漠南城镇兴起的根本原因——农业和商业得以发展。和平稳定的政治环境是保障，蒙地开垦和移民涌入是城镇产生的物质基础，商贸带动的资源流动对城镇规模扩大、形态塑造、体系完善具有重要影响。

第三章 清代漠南地区城镇空间结构

地理要素的空间分布与配置，是众多空间位置布局形成的整体形态表征，包括空间位置布局和空间结构关系。[①] 在概括性描述清代漠南地区城镇发展历程和分布特征的基础上，运用分形几何、点轴理论、中心地理论等分析模型，定量分析城镇分布的分形性、行政结构以及与长城相关性等特征，并尝试以MATLAB为可视化平台对扩散运动进行初步模拟，以期为日后数学模型的建立奠定理论基础和技术准备。

第一节 空间格局分形特征

一、研究方法

城镇属性信息提取于史料文献和古代舆图。但史料中涉及城市占地面积、人口数量、道路里程等方面缺乏客观与准确的记录；记载值的残缺和表述的不统一也较大影响了现代空间分析技术的运用以及结论的准确性。针对于此，本书将锁定于"空间位置"和"建置年代"两个较为客观且易于获得和检验的数量信息："空间位置"为治所今址的经纬数据，提取于1∶400万居民定居点数据并辅以实地修正；"建置年代"为治所初设的公元纪年。城镇之间距离统一为ArcGIS基于表面成本在DEM模型上生成的最短路径。

分形，是大自然占据空间的最优方式，是一种非负整数维数的不规则几何形体，表现为整体与局部的递归相似性，如雪花、山脉、蕨类植物、水系、云团等图案。而分维则是刻画分形复杂程度的可公度量，常用参数有随机聚集维数、网格维数、空间关联维数三种[②]：聚集维数表征城镇体系要素围绕某中心城市的向心度；网格维数反映区域城镇体系空间分布的均衡性；关联维数测算要素之间的空间相关性。

需要说明的是，关联分维是通过分析实际距离/欧式距离反映目标之间的空间相关性。就历史城镇而言，空间位置及其欧氏距离是明确和易于验证的，但是历史交通网络在缺乏足够史料参照的情况下存在较大的恢复难度：一方面，运用GIS还原古代驿路被证明是具有一定的可行性和有效性[③]，但蒙地城镇间距里程超出了计算误差的容许范围。以昌图府所辖州县为例，昌图府距同江口镇35

[①] 谭娟，宗刚. 我国低碳发展空间格局研究［M］. 北京：知识产权出版社，2014：49.
[②] 刘继生，陈彦光. 城镇体系空间结构的分形维数及其测算方法［J］. 地理研究，1999（6）：171-178.
[③] 曹迎春，张玉坤，张昊雁. 基于GIS的明代长城边防图集地图道路复原——以大同镇为例［J］. 河北农业大学学报，2014，37（2）：138-144.

公里，距八面城镇55公里，距奉化县70公里，距康平县80公里、距怀德县180公里[①]，远大于驿站间距；另一方面，虽然现代道路与古代道路存在一定关联，但是贸然以现代道路的里程值作为衡量古代城镇之间距离的替代指标，所得结论的严谨性不足。综上，本书仅使用网格和聚集分维对清代漠南地区城镇空间格局的分形特征进行描述，不使用关联分维反映城镇的空间相关性。

（1）网格分维计算方法

网格分维计算思路是将对象表面网格化，通过有规律地变化网格尺寸r，观察覆盖目标的网格数目$N(r)$的对应变化情况（通常简化为网格边长等分数k）。若存在分形特征，则有：

$$N(r) \propto r^{-D} \qquad 公式（3-1）$$

两边取对数： $\ln N(r) = -D\ln r + A$ 或 $\ln N(k) = D\ln k + A$ 公式（3-2）

式中D为网格分维（容量维），A为常数。D刻画了点分布的整体均衡状态，但忽略了不同网格覆盖点数的差异。若观察网格中第i行、第j列网格含有点数为N_{ij}，总点数为N，则知该网格中覆盖点数概率为：$P_{ij}=N_{ij}/N$

可推导出： $I(r) = -\sum_{r=1}^{r}\sum_{j=1}^{r} P_{ij}\ln P_{ij}$ 公式（3-3）

若存在分形特征时，则有：

$$I(k) = -D_1 \ln k + I_0 \qquad 公式（3-4）$$

式中$I(k)$为信息量，D_1为网格分维（信息维），k为矩形各边分段数，I_0为常数。

由于不考虑高程，可认为聚落群为二维平面。因此，分维D取值范围在0~2：当$D=0$，说明城镇聚集于一点；当$D=1$，说明城镇均匀地线性排列；当$D=2$，说明城镇均匀散布。通常情况，$1<D<2$，分维越大说明分布越均匀，反之越集中。通常状况下，容量维D与信息维D_1不相等；当$D≈D_1$，表明聚落分布是简单分形结构。

（2）聚集分维计算方法：

聚集分维计算思路是以某指定城镇为中心作圆周覆盖点目标，通过有规律地变化半径r，观察半径r圆周所覆盖点目标数量的对应变化情况。如果点群围绕指定城镇具有某种无标度的分布规律，则有：

$$N(r) \propto r^{Df} \qquad 公式（3-5）$$

再将半径转换成平均半径，减小对计算值的影响，定义平均半径为：

$$Rs = [\frac{1}{s}\sum_{i=1}^{s} r(i)^2]^{1/2} \qquad 公式（3-6）$$

[①]（清）洪汝冲. 昌图府志：第一章疆土志：道路距离[M]. 奉天图书印刷所, 1910（宣统二年）: 2.

则有分维关系： $$Rs \propto S^{1/D}$$ 公式（3-7）

式中：Rs为平均半径；S为宣统三年漠南地区城镇个数；D为随机聚集分维，地理意义为城镇体系各要素围绕某中心点分布的聚集形态：当$D<2$时，说明城镇密度从中心向四周衰减趋势；当$D=2$，说明城镇密度在半径方向上均匀分布；当$D>2$时，城镇密度从中心向四周呈递增状，即在一定程度上呈离心扩散趋势，是一种非常规现象。为了较真实反映城镇之间时空临近度，以基于成本计算的最短路径取代公式（3-6）真实中的欧式距离。

二、分形实证

1．网格维数的测算和评价

清末漠南地区共有治所城镇78座，即$N=78$。运用ArcGIS9.3"Data Management Tools"模块下的"Create Fishnet"生成网格覆盖108°E～128°E、39.5°N～48°N区域内的点群。视矩形区域边长为单位1（长宽可取不同单位），分别将各边k等分，则矩形区域被划分为k^2网格，且$r=1/k$（图3-1）。首先统计点群所占网格数$N(k)$，再统计各网格所含点数进而计算出$P_{ij}(k)$，利用公式（3-3）计算信息量$I(k)$（表3-1）。改变k得到对应的$N(k)$和$I(k)$，最后作双对数坐标图$\ln N(k)$-$\ln k$和$I(k)$-$\ln k$，并对其进行线性拟合（图3-2）。获取全域分维后，再进行局部"窗口"分析：共时性方面，分别计算宣统三年（1911年）归绥、直隶、奉天三地城镇分维（表3-2）；历时性方面，分别计算1774年、1875年、1895年三个时间断面的全域城镇分维（表3-3）。

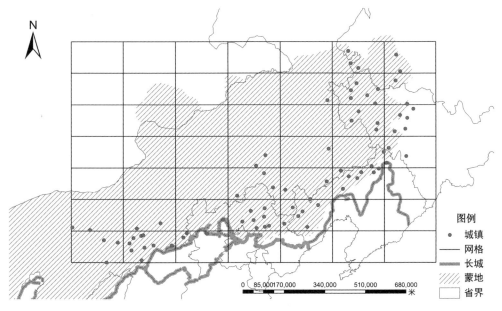

图3-1　基于GIS的聚落网格化处理示意

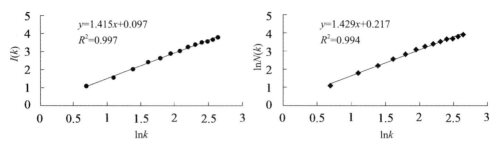

图3-2 全域信息分维（左）和容量分维（右）

宣统三年城镇网格化处理所得空间数据统计　　　　表3-1

K	2	3	4	5	6	7	8	9	10	11	12	13	14	15	16
N	3	6	9	13	17	22	26	30	34	39	40	45	50	46	50
I	1.097	1.566	2.032	2.424	2.642	2.905	3.041	3.26	3.393	3.518	3.568	3.668	3.797	3.708	3.808

如表3-1所示，宣统三年（1911年）长城北侧治所城镇体系全域容量维数为1.429，测定系数R^2=0.9942；信息维数为1.415，测定系数R^2=0.997。点序列线性回归拟合良好，具有明显的无标度区域。由此可知，清代长城北侧治所城镇体系在空间分布上具有分形特征。将清代长城北侧蒙地视为未开发区域，各类城镇要素从指定关口出发沿驿路推进，势必沿发展轴在区域中心（归化城）或交通节点（和林格尔）产生聚集。透过史料，可以窥见清代长城北侧地区治所析置的基本路径——阶段一：择中心度较高、区位较好的既有汉民聚集点设立府属临时机构"厅"；阶段二：随着更多蒙地放垦和人口迁入，"厅"改为正式理民机构"州县"或继而升为"府"，并在辖境内新增聚集中心分驻巡检、照磨、县丞等州县辅佐官，负责粮税和巡捕；阶段三：次县级市镇升格为州县，独立于原有行政区划，并派驻所属佐贰官于新兴经济中心。该时序过程的空间投影即为点轴发展图式，其中隐含的"线性推进"和"梯度转移"等特征不仅与分形几何不期而遇，也指示出等级分布的某种非线性规律。

宣统三年局部城镇网格分形的拟合方程、R^2以及分维　　　　表3-2

	全域	山西关外（归绥）	直隶关外（热河）	东蒙地区
回归方程	$\ln N(k)=1.429\ln k+0.217$	$\ln N(k)=1.25\ln k+0.589$	$\ln N(k)=1.268\ln k+0.625$	$\ln N(k)=1.016\ln k+0.763$
R^2	$R^2=0.994$	$R^2=0.980$	$R^2=0.978$	$R^2=0.985$
容量维D	$D_0=1.429$	$D_0=1.251$	$D_0=1.268$	$D_0=1.016$
回归方程	$I(k)=1.415\ln k+0.097$	$I(k)=1.351\ln k+0.361$	$I(k)=1.32\ln k+0.434$	$I(k)=1.051\ln k+0.565$
R^2	$R^2=0.997$	$R^2=0.976$	$R^2=0.992$	$R^2=0.974$
信息维D	$D_1=1.415$	$D_1=1.351$	$D_1=1.320$	$D_1=1.051$

在共时性方面（表3-2），局部分形发育度并不一致，自西向东大致形成2个梯度：山西口外归绥地区和直隶口外热河地区的分维较高，说明两地已开始不同程度上由整数维向分数维过渡，聚落向远离发展轴的腹地进行致密化扩散；东蒙地区分维值较低，且$D≈1$，说明地区城镇仍沿发展轴线性扩散。分维数揭示的地理意义与基于史实的判断较为相符：得益于毗邻内地和关口，山西和直隶所属口外蒙地是最早移民和开发的地区，从1723年至1774年已陆续设立26座治所，并发展成连接内地与俄罗斯、漠北蒙古、中亚的贸易枢纽和中转，尤以中俄茶叶贸易（张库大道）为甚。反观东蒙地区，最早设立的昌图厅（后改昌图府）建置于1806年，直到光绪二十八年（1902年）以后封禁和移民限制的全面废弛才带来大规模的设治潮。可见，网格分维作为描述性参数，为我们定量衡量历史时期城镇发展或地区开发提供了一把客观且简便的标尺。

各时期全域城镇网格分形的拟合方程、R^2以及分维　　　　表3-3

	1774年	1875年	1895年	1911年
回归方程	$\ln N(k)=0.99\ln k+0.752$	$\ln N(k)=1.018\ln k+0.689$	$\ln N(k)=1.125\ln k+0.545$	$\ln N(k)=1.429\ln k+0.217$
R^2	$R^2=0.949$	$R^2=0.977$	$R^2=0.980$	$R^2=0.994$
容量维D_0	$D_0=0.99$	$D_0=1.018$	$D_0=1.125$	$D_0=1.429$
回归方程	$I(k)=1.099\ln k+0.421$	$I(k)=1.127\ln k+0.299$	$I(k)=1.11\ln k+0.395$	$I(k)=1.415\ln k+0.097$
R^2	$R^2=0.971$	$R^2=0.984$	$R^2=0.977$	$R^2=0.997$
信息维D_1	$D_1=1.099$	$D_1=1.127$	$D_1=1.110$	$D_1=1.415$

在历时性方面（表3-3），无论是容量维还是信息维，数值均在1～2范围内不断增长，表明漠南地区治所城镇体系空间分布由整数位向分数维演化，并伴随着拟合度的不断提高。可大致划分三个阶段：

（1）随机阶段：考虑到1774年容量维$D_0=0.990$、信息维$D_1=1.099$，且治所通常为境内聚落聚集中心，可以推断最初分维值为$0 \leqslant D < 1$。区域内聚落呈随机分布，等级差异并不明显，聚落之间联系度较少。

（2）孕育阶段：1774年容量维$D_0=0.990$，1875年容量维$D_0=1.018$，分维$D≈1$。表明地区随机均质状态被打破，拥有资源和区位优势的定居点率先发展成更大的城镇，并在分异点之间联络线得到强化，局部地区聚落结构出现有组织性。在长城北侧地区，承德和归化城/绥远城是设治最早的地区高级别中心，而其与相应长城关口的驿路线规定着外部资源流入的方向。例如杀虎口驿路（杀虎口—归化城）、张家口驿路（张家口—归化城）、古北口驿路（古北口—承德府）。随着资源向驿路线的聚集，发展轴沿线开始出现更多的城镇聚落，造成城镇格局分形属性接近整数1，即线状分布。该过程历时近百年，是清代长城北侧城镇格局演化中持续时间最长的阶段。有清一代，中央政府在处理涉蒙事务中始终持较为谨慎的态度，在中前期采取严厉的封禁政策，虽然迫于经济、社会压力时有松动，如内地旱灾年份采取"借地养民"政策，但严格管控是整体基调。正因为在严禁和默许中摇摆的政策，导致光绪朝之前城镇发展滞缓。

（3）发展阶段：1895年容量维D_0=1.125，1911年为1.429。该阶段网格分维在1~2区间内快速升高，且线性回归拟合度良好，表明城镇空间结构框架形成，且开始出现自相似的不规则性。光绪朝时期，清政府施行全面开禁政策，设立蒙垦大臣以官办形式推行蒙垦和移民，地区社会经济面貌在短时间内剧烈变化，空间结构浮动较大。仅在1900年以后，新增治所城镇33座，其中府城1座、直隶厅城9座、县城13座、次县级市镇10座，约占总数的42.31%。东蒙地区城镇拓展线大幅北移至黑龙江流域，西部土默特地区城镇延伸至鄂尔多斯和大青山北麓地区。需要注意到，对比1875与1895年，无论是拟合度还是分维D均迎来回落或停滞，表明期间城镇空间结构未朝着更优化的方向发展，似乎与光绪时期全面开禁的时代背景相左。然而事实上，伴随更多土地的投放，城镇垦殖线大幅度北移，由原本的奉天地区延伸至吉林和黑龙江西部，城镇可承载空间容量短时间内急剧扩张，使得本应该进行的"向内充实"让渡于"向外扩张"，整体格局有向线性分布回落的趋势。

2．聚集维数的测算和评价

运用ArcGIS表面成本和最短路径计算各城镇到归化城和承德府城的通勤距离R_i，再利用公式（3-6）将其转化成平均距离R_s（表3-4），将（R_s, S）绘成双对数分布图（图3-3），以最小二乘法求出城镇随机聚集维数值D。

以归化城和承德府为中心的城镇分布重心距和平均半径　　表3-4

城镇	以归化厅为中心			城镇	以承德府城为中心		
	S	R_i（公里）	R_s（公里）		S	R_i（公里）	R_s（公里）
归化城	1	0	0	承德府	1	0	0
毕克齐	2	35.3	24.961	滦平县	2	23.8	16.829
武川厅	3	42.2	31.764	黄姑屯镇	3	59	36.731
和林格尔	4	51.7	37.749	鞍匠屯营	4	65.5	45.655
善岱镇	5	72.6	46.841	平泉州	5	86.5	56.249
宁远厅	6	75.3	52.664	丰宁县	6	95.2	64.398
托克托厅	7	96.9	60.98	隆化县	7	96.6	69.913
萨拉齐镇	8	114.9	70.029	郭家屯镇	8	141.1	82.252
陶林厅	9	129.5	78.883	大阁儿镇	9	152.6	92.742
清水河厅	10	147.3	88.148	建昌县	10	162.3	101.859
包头镇	11	181.6	100.308	大宁城	11	177.6	110.903

续表

城镇	以归化厅城为中心			城镇	以承德府城为中心		
	S	R_i（公里）	R_s（公里）		S	R_i（公里）	R_s（公里）
兴和厅	12	215.1	109.876	赤峰州	12	190.9	119.630
丰镇厅	13	215.9	130.243	建平县	13	191.1	126.569
东胜厅	14	229	135.225	牤牛营镇	14	196.7	132.812
张皋镇	15	233.6	143.891	大庙镇	15	240.6	142.556
大佘太镇	16	272.8	155.119	多伦厅	16	243.9	150.898
五原厅	17	342.1	171.845	四家子镇	17	255.2	158.939
				朝阳府	18	263.4	166.471
				独石口厅	19	279.6	174.266
				张家口厅	20	349.7	186.989
				经棚镇	21	357.9	198.493
				鄂尔土板	22	385.1	210.593
				林西县	23	388.5	221.322
				阜新县	24	421.8	233.143
				绥东县	25	476.4	247.507
				开鲁县	26	483.7	260.581

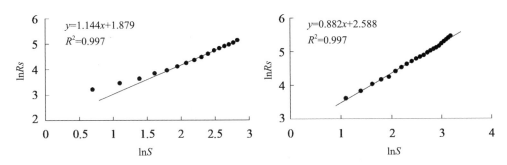

图3-3 以归化城和承德府为中心的聚集分维双对数图

由图3-3可知，以归化城为测算中心的分维$D=1/1.144=0.874$，拟合系数$R^2=0.997$；以承德府为测算中心的聚集分维$D=1/0.855=1.17$，拟合系数$R^2=0.997$。图中大部分点线性回归度良好，具有明显的无标度区域，说明清代长城北侧地区城镇存在分别以归化城和承德府为中心的随机聚集分形特征。归化城和承德府的地区吸引力较高，且遵循地理空间距离衰减规律，城镇密度以二者为中心向四周逐渐衰减；总体上，归化城城镇群的聚集性较优于承德府。以归化城为绝对核心的山西归绥道城镇群散布于大青山南麓的土默特平原，空间容量较小但通达性良好；与此相对，以承德府为中心的直隶热河道城镇散布于燕山谷地，范围虽广于前者，但城镇多沿沟通畿辅与东北平原的河谷孔道中分布，城镇发展受限，且聚落间可达性较差。

有清一代，归化—绥远城和承德府是口外政治地位最高的城市，凌驾于普通州府之上。归化城为归绥十二厅首治，康乾时期西北用兵重要的军需战备中转地，设八旗驻防城驻扎绥远将军（原山西右玉将军移驻）。绥远将军统辖八旗和长城沿线绿营，兼管地方行政事务，俨然集军政于一体的地方最高长官。承德府，自康熙定"木兰秋狝"制度之后，伴随大量行宫的修建，逐渐发展为清朝的第二政治中心，极大地推动地区社会、政治、经济、文化的发展。与归绥地区相似，热河都统一揽地方军政大权，与张家口都统、绥远将军共同构建清代长城沿线军事防御体系，外控蒙古内慑汉民。

借助分形理论分析历史时期城镇发展，可以得出以下结论：

（1）宣统三年（1911年），蒙地城镇空间格局在一定测算范围内存在分形几何特征，网格分维约为1.4，回归拟合度良好；局部地区，归绥和热河分形发育度最为良好，东蒙地区较次；清政府有意强化归化城和承德府两个区域核心，其聚集分维控制在0.9~1.1之间。

（2）清代，蒙地城镇发展历程可以分为三个阶段：随机阶段、孕育阶段、发展阶段，较符合点轴区域开发理论。受政府对于地区开发态度的左右，孕育阶段历时最长，发展阶段集中于清末且演化剧烈。

第二节　行政网络空间结构

一、中心地理论的一般性与漠南地区的特殊性

中心地理论（Central Place Theory），是德国经济地理学家克里斯泰勒（W.Christaller）于1933年在著作《德国南部的中心地》中提出的有关城市结构体系的理论模型。该理论可以概括为中心—边缘概念、六边形市场区、市场/交通/行政原则下的嵌套规律。在市场原则下，每级中心地位于三个上级中心所构成的等边三角形的中心，且包括自身以下各级中心地的全部功能，故而每级中心地的六边形是由自身和两个下一级中心六边形构成，称为K_3系统；在交通原则下，每级中心地位于两个上一级中心地连线的中点，故而每级中心地的六边形是由包括自身在内的4个次级六边形构成，称为K_4系统；在行政原则下，每级中心地范围完全覆盖周边所有次级中心的六边形，故而每级中心地范围是由包括自身在内的7个次级六边形构成，称为K_7系统。根据几何特征可进一步推导出以下规律：在市场原则下，上下级中心地间距遵循$\sqrt{3}$倍数关系；在交通原则下，上下级中心地间距遵循$\sqrt{4}$倍数关系；在行政原则下，上下级中心地间距遵循$\sqrt{7}$倍数关系。

中心地模型是构建在均质、静止的理想环境中，因而结论具有高度的抽象性

和概括性。作为一种分析模式，倘若苛求其能适用于所有环境是有失公允的。而事实上，现实中的城镇分布会存在不同程度上的变异，完全相同的自然和人文环境是不存在的。具体就研究区域而言，与中地论前提假设相似之处在于：①漠南地区虽然地形复杂多样，但就局部"道"域范围来看，未开发蒙地仍可以视为资源均质分布的平原；②较原始的运输工具使通勤差异不大，陆路以驮运为主，水路以船运为主，运费与距离成正比；③处于农业社会背景。不同之处在于：①清朝虽然实现了国家统一，且城镇经济愈发活跃，但由于漠南地区特殊的战略地位，意味着政治干预是不可忽视的重要因素，完全遵循"经济人"规律的自组织是难以实现的；②热河道地处燕山山脉中，流动方向受限，人口与资源无法均匀分布。

然而，即使清代漠南地区的环境条件与理论的前提假设有所偏差，但中地论对于本文仍具有方法论的意义，即以统计和演绎的方法揭示一定范围内城镇体系的空间结构规律。此外，不同等级中心分布遵循市场、交通、行政三原则及其数量关系也极具启发性。首先，清代漠南地区的战略地位决定政治和军事因素在城镇兴起中扮演重要角色，尤其在清中前期。例如，康雍时期的西北用兵拉开了土默特地区设治的序幕，"木兰秋狝"和避暑山庄则在短时间内拉动热河地区的发展。表现为节点城市的选址更多服务于战略要地控制，而非经济成本考量，多偏于辖境的几何中心。

其次，随着清代远距离运输的实现、城镇经济的兴起、国内局势的平稳，在清后期，市场逐渐成为推动城镇发展的主导。一批拥有资源和区位优势的商业城镇迅速崛起，甚至在规模和影响力等方面超越一般州县、甚至府城。例如，包头镇是萨拉齐厅巡检司的驻地，凭借黄河水旱码头成为西北贸易的节点。光绪时期已发展为辖境人口20余万、城镇居民1500余户、商会"九行十六社"、城周十四里的商业巨埠。同时，市镇开集日趋频繁，或每日成市或交错开市以保障境内日日有集，这既说明地方经济活跃，也与中地论市场原则下每级中心位于三个上级中心所围合的等边三角形中心的构图初衷是一致的，均是为了确保商品全面覆盖。例如，昌图府境内城关、同江口、紫鹭树、八面城、金家屯、大洼等镇为每日成市；建昌县境内五天为一集，各市开集日期不同，牤牛营子集（1、6），喇嘛洞集（2、7），汤神庙集（3、8），要路沟集（2、7），和尚房子集（3、8），大屯集（4、9），黑山科集（2、7），药王庙集（1、6），二道湾子集（5、10），玲珑塔集（4、9）。

二、行政网络空间结构的地域性与趋势性

通过统计清代漠南及其相邻关内地区上下级治所城镇之间的空间距离，观察中心辐射强度、体系地域差异及其发展趋势。清代，漠南地区作为待开发边

地，城镇设治是一个渐进式过程：随着蒙地放垦和移民涌入，在原有辖境内出现新的聚集点，当中心度达到设治阈值时，便会从原属政区中析出，成为拥有土地和人口的独立行政单元，如此反复。本文选择宣统三年（1911年）作为统计断面，因为历经上百年的演化，此时格局最能体现清代政治、经济、军事的综合影响。

考虑到史料中对里程记载的主观性和模糊性，将欧式距离代之以"时空邻近"概念，即认为实际路程耗费的时间远比欧式直线距离更能反映人们的空间领地感。故而，统一采用ArcGIS9.3基于地表成本（起伏度、河流长城障碍等）生成的城镇间最短路径，确保数据的客观性和一致性。

研究思路为：首先，以清代漠南地区最高地方建置——道，作为统计范围，分别计算一级、二级中心与所属次级中心之间的距离，即道—府、府—县；再统计平均距离、标准方差和变异系数（CV）。平均距离反映各级中心的控制力度，概括性标识城镇群范围；标准方差和变异系数则进一步描述城镇群的聚散程度。数值越低表明向心性越大，反之则离心性较大；最后，进行纵向与横向比较。横向比较，指漠南地区各道之间的比较，从自然环境约束的相似性观察地域性；纵向比较，指同省长城南北相邻各道的对比，从人文环境约束的相似性观察趋势性。

清代漠南地区对于关内而言虽统称为"内扎萨克蒙古"，但境内自然环境差异显著，分布有高原、山地、平原、戈壁等多种地貌，对于人类活动的影响不可统一而论。为便于管理，清政府根据就近原则、移民来源、文化趋同、战略部署等，将开垦蒙地划归于毗邻关内省份，即清代漠南地区并不存在统一的省级建置。因此，"道"作为"省"与"府/厅/直隶州"之间的一级建置，成为长城北侧最高的地方行政区划，并以此为单位将蒙地农垦区细分为若干次级区域。不同于整体的多元与复杂，这些次级区域内部具有较高的统一性和一致性。清朝在开垦蒙区自西向东设有归绥道、口北道、热河道、洮昌道、西南路道，分隶于山西、直隶、奉天以及吉林省。"道"域大小不一，除口北道骑跨长城之外，其余均南界长城：山西归绥道覆盖大青山南麓土默川平原；口北道是察哈尔东翼四旗游牧地；热河道覆盖燕山山脉地区；洮昌和西南路道则位于大兴安岭南麓平原。各道域城镇行政距离如下：

（1）山西省归绥道

归绥道设置于乾隆六年（1741年），道治于归化城，辖十一座厅城，各厅无领属州县，因此厅城至道治距离为道域一级距离。由表3-5可知，"道—厅"距离最大为329.3公里，最小距离为42.2公里，极差287.1公里。需要注意的是，清代五原厅起初定于萨拉齐厅西境的大佘太，后议于隆兴长镇（今五原县），但直至清末五原厅一直侨治于包头镇。与之相似者尚有东胜厅（寄治于包头镇）。因此，若从实际厅治距离来看，表中五原厅、东胜厅至归化城的距离应缩减为164.7

公里（归化城—包头镇），只有兴和厅位于归化城200公里以外，即约82%的厅城分布在距离道治40～160公里内。在方位方面，由于北面大青山的阻断，厅城大多分布于归化城东南—西南方向，即大青山南麓与长城之间的扁长地带。直到清末，垦殖线才拓展至大青山北麓和鄂尔多斯地区，即1903年于可可以立更镇设武川厅、科布尔镇设陶林厅。其中，武川厅与归化城仅距42公里，但设治时间却远晚于诸厅，由此可推测在传统农业社会，山脉的阻隔大大提高了两侧的时空距离。与此不谋而合，施坚雅也坚持以大川大山作为划分中国城镇群亚区的界线（图3-4）。

清末山西省归绥道"道—厅"距离、平均距离和变异系数　　　表3-5

道治城镇	次级治所	距离首治（公里）	方位	偏离均值（公里）
归化城/绥远城	武川厅	42.2	北	-94.4455
	和林格尔厅	51.7	南	-89.9455
	宁远厅	74.8	东南	-61.8455
	托克托厅	75.7	西南	-60.9455
	萨拉齐厅	105.4	西	-31.2455
	陶林厅	114.4	东北	-22.2455
	清水河厅	117	南	-19.6455
	丰镇厅	164	东南	27.3545
	兴和厅	207.5	东	70.8545
	东胜厅	221.1	西南	84.4545
	五原厅	329.3	西	192.6545
	算术平均值	136.6455	变异系数	63.61

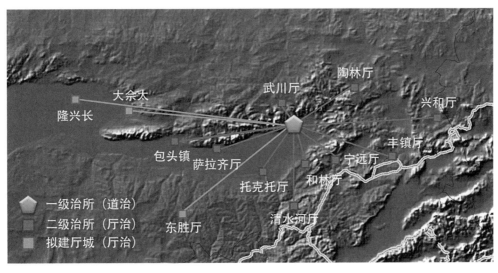

图3-4　清末山西省归绥道治所行政网络空间结构

归化城作为归绥道道治所在,节制11座厅城,"扁平化"的层级关系在清代并不多见。对标于同省"一墙之隔"的雁平道,其领府三:大同、宁武、朔平,直隶州三:保德州、代州、忻州。在不考虑附郭的前提下,大同府领县八:怀仁、浑源、应州、山阴、广灵、灵丘、阳高、天镇;宁武府领县三:偏关、神池、五寨;朔平府领县三:左云、平鲁、朔州;直隶州属县相对较少,保德直隶州领县一、代州领县三、忻州领县二。即便是省府太原,清末领县不过十座。

雁平道与归绥道同属山西省,以长城为界。清代"雁平道"沿袭明制"冀北道",初领大同府,后经"撤卫为县"带来治所数目的增加和统属关系的调整,至清末已领三府三直隶州,道治由大同府迁往代州直隶州。由图3-5及表3-6可知:同为一省仅隔一墙的两道,一级距离(道治-府/直隶州)相似,均为136公里;但归绥道CV值为63.61,雁平道CV值为39.42,在均值相等的前提下前者离散度约为后者的一倍,说明归绥道诸厅分布相对不均匀和分散。究其原因,一方面乃是归绥道统属过多,雁平道领府/州6座,仅为归绥道的一半;另一方面受限于大青山和长城的南北挤压,归化城与诸厅无法形成"众星拱月"式格局。再加上外部不断扩张,导致道治与最近、最远厅城间距相差数倍,且偏于一隅。

清末山西省雁平道"道—府—县"距离、平均距离和变异系数　　表3-6

道治城镇	次级治所	距离(公里)	道治城镇	次级治所	距离(公里)
代州	大同府	144.2	代州	保德州	206.1
	朔平府	164.5		忻州	82
	宁武府	83.2			
一级距离	算术平均值	136		变异系数	39.42
府治城镇	次级治所	距离(公里)	府治城镇	次级治所	距离(公里)
大同府	怀仁县	35.9	大同府	天镇县	89.1
	浑源县	63.5	宁武府	偏关县	111.5
	应州	69.3		神池县	21.8
	山阴县	85.2		五寨县	61.3
	广灵县	118.2	朔平府	左云县	44.3
	灵丘县	138.7		平陆县	66
	阳高县	57.2		朔州	117.3
忻州直隶州	静乐县	87.9	代州直隶州	五台县	94.3
	定襄县	24.2		繁峙县	31.6
保德直隶州	河曲县	54		崞县	28.2
二级距离	算术均值	69.98		变异系数	49.21

综上所述,可以总结:在平均距离相似的前提下,以雁平道为参照,归绥道治所体系的层级扁平化和分布离散化特征表明地区城镇体系发育尚未成熟,

一个合理的行政空间结构尚未形成。由此必然造成行政成本的上升，为民国时期绥远省的政区调整埋下了伏笔。

在"府—县"距离方面，由于归绥各厅无属县，只得通过观察雁平道大致了解晋北情况。雁平道所辖三府三州与其

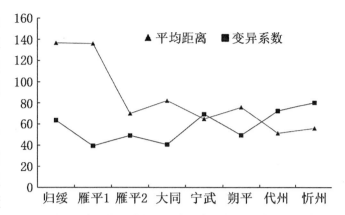

图3-5 归绥道与雁平道治所平均距离和变异系数对比曲线

属县平均距离在70公里左右，约为一级距离的0.5倍。具体为大同府与属县平均距离82.14公里、宁武府与属县平均距离64.87公里、朔平府与属县平均距离75.87公里，三个直隶州距离属县约为51～55公里。如果考虑计算误差以及人们对微差距离的感知不明显等因素，可以认为雁平道府城控制范围是稳定的：道治平均距离为135公里，府治平均距离为74公里，直隶州治平均距离为52.5公里，三者比例约为2∶1∶0.7，且这一规律可能贯彻于晋北军堡的州县化过程中。此外，无论是府域还是直隶州，属县分布的离散情况并不稳定，数值在40～80公里范围内，属于中等变异，说明府域范围内首治并未遵循几何中心的选择原则。

（2）直隶省口北道和热河道

直隶省在长城北侧地区置有口北道、热河道（表3-7）。其中口北道地跨长城，由明代九边之一的宣府镇演变而来，道治于宣府；热河道始于乾隆五年（1740年），初领承德一府，后析为2府1州，道治于承德府。在"道—府"距离中，口北道平均距离为147.77公里，变异系数为84.39；热河道为227.15公里，变异系数为22.57。两道中距离最远者为多伦厅和朝阳府，均距道治250公里以上；最近者为张家口厅，仅为30.4公里。

二级距离中（府—县），距离府城/直隶州最远者为开鲁县（赤峰州所属），约为293.4公里；距离最小者为滦平县（承德府所属），约为23.8公里。除去两极，大部分州县分布在距离府城80～200公里范围。府治的平均控制距离为承德府75.8公里（变异系数46.16），朝阳府139.25公里（变异系数46.25），赤峰直隶州246.2公里（变异系数27.11），相对关系为承德府＜朝阳府＜赤峰直隶州。口北道州县均位于关内，表现为宣府75.76公里（变异系数41.44），空间格局与承德府相近，分布较为紧凑和均匀。综上所述，可以推测：长城南侧京畿地区开发度最高，网络结构合理，道/府控制距离均小于相邻地区同级水平；长城南侧军转民地区及北侧近边地区，由于开发较早，府治控制的平均距离大约为75公里，变异系数为45，而上文雁北道也符合这一特征（图3-6，表3-8）。

清末直隶省口北道关外、热河道"道—府—县"距离、平均距离和变异系数　表3-7

道治城镇	次级治所	距离首治（公里）	方位	偏离均值（公里）
宣府	张家口厅	30.4	西北	-117.37
	独石口厅	134.2	东北	134.2
	多伦厅	278.7	东北	278.7
口北道（一级）	算术平均值	147.77	变异系数	84.39
承德府	赤峰州	190.9	北	-36.25
	朝阳府	263.4	东	36.25
热河道（一级）	算术平均值	227.15	变异系数	22.57
府治城镇	次级治所	距离首治（公里）	方位	偏离均值（公里）
热河道 赤峰直隶州	林西县	199	西北	-47.2
	开鲁县	293.4	东北	47.2
热河道 承德府	滦平县	23.8	西	-52
	平泉州	86.4	东	10.6
	丰宁县	96.4	西北	20.6
	隆化县	96.6	北	20.8
热河道 朝阳府	建平县	82.2	西南	-57.05
	建昌县	105.6	西南	-33.65
	阜新县	140.2	东北	0.95
	绥东县	229	东北	89.75
热河道（二级）	平均距离	135.26	变异系数	60.06
承德府	平均距离	75.8	变异系数	46.16
朝阳府	平均距离	139.25	变异系数	46.25
赤峰直隶州	平均距离	246.2	变异系数	27.11

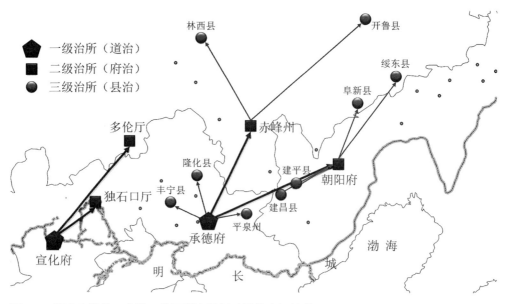

图3-6　清末直隶省口北道、热河道治所行政网络空间结构

清末直隶口北道关内、通永道"道—府—县"距离、平均距离和变异系数　　表3-8

道治城镇	次级治所	距离（公里）	道治城镇	次级治所	距离（公里）
通州	顺天府西路	40	通州	永平府	208.1
	顺天府南路	38.7		遵化直隶州	121.9
	顺天府北路	51.6			
通永道一级距离	平均距离	92.06		变异系数	79.73
府治城镇	次级治所	距离（公里）	府治城镇	次级治所	距离（公里）
顺天府东路（通州）	蓟州	69.5	南路厅（大兴线）	大城县	132.4
	三河县	38.9		保定县	84.6
	宝坻县	66.5	北路厅（昌平沙河）	昌平州	12.6
	武清县	74.7		顺义县	42.6
	香河县	39.4		怀柔县	40.7
	宁河县	138		密云县	60.6
西路厅（宛平城）	大兴县	20.9		平谷县	81.8
	良乡县	23.2	永平府（卢龙县）	迁安县	27.1
	房山县	15.6		抚宁县	33.7
	涿州	53.2		昌黎县	34.6
南路厅（大兴县）	霸州	69.9		滦州	32
	东安县	58.3		乐亭县	67.5
	固安县	34.3		临榆县	80.6
	永清县	54.5	遵化直隶州	玉田县	43
	文安县	104.4		丰润县	50
通永道二级距离	平均距离	56.17		变异系数	55.16
宣府（宣化县）	延庆县	97.3	宣府（宣化县）	蔚州	125
	保安州	35.4		怀来县	60
	万全县	42.2		龙门县	50.8
	怀安县	74.8		赤城县	84.6
	西宁县	111.7			
口北道二级距离	平均距离	75.76		变异系数	41.44

（3）奉天洮昌道

奉天省在长城北侧地区置有洮昌道（表3-9），设于宣统元年（1909年），领昌图和洮南两府，道治于辽源州（昌图府所属）。对比于归绥道治归化城、热河道治承德府，洮昌道未将道治定于所领府城，而是代之于之间的辽源州，从而使得洮昌道一级平均距离约为170公里，确保道治控制范围维持在一个合理的水平（130~150公里）。由此可推断：在清末治所的选择中，备选城镇的政治地位固然重要，但行政控制范围（行政成本）是有相应的额定标准，且这也是设治选址的基本原则。从图3-7上看，辽源州并非位于两府连线的中点，但是考虑到几何中心为科尔沁左翼中旗地，且清末辽源州及昌图地区的城市规模和完善程度远高于开通县（1904年设治）及洮南地区，道治定于辽源州无疑是最优方案。

清末奉天省洮昌道"道—府—州县"距离、平均距离和变异系数　　表3-9

道治城镇	次级治所	距离（公里）	道治城镇	次级治所	距离（公里）
辽源州	昌图府	224.7	辽源州	洮南府	117
洮昌道一级距离		平均距离	170.85	变异系数	44.57
府治城镇	次级治所	距离（公里）	府治城镇	次级治所	距离（公里）
昌图府	辽源州	116.1	洮南府	靖安县	35
	奉化县	74.7		开通县	65.4
	怀德县	157.3		醴泉县	104.9
	康平县	66		安广县	100.9
				镇东县	79.5
洮昌道二级距离		平均距离	88.87	标准方差	35.51
昌图府		平均距离	103.53	标准方差	41.99
洮南府	平均距离	77.14	标准方差		28.52

清朝在科尔沁左右两翼旗地设置的州县中，距府城最近者为靖安县（今白城，洮南府所属），约为35公里；最远者为怀德县（今怀德镇，昌图府所属），约为157公里。除去两极，大部分州县分布在距离府城50~100公里范围，整个洮昌道地区的平均距离为88.87公里，分异度为35.51。具体分府而言，洮南府至属县平均距离为77公里，分异度为28.52；昌图府至属县平均距离为103.53公里，分异度为41.99。

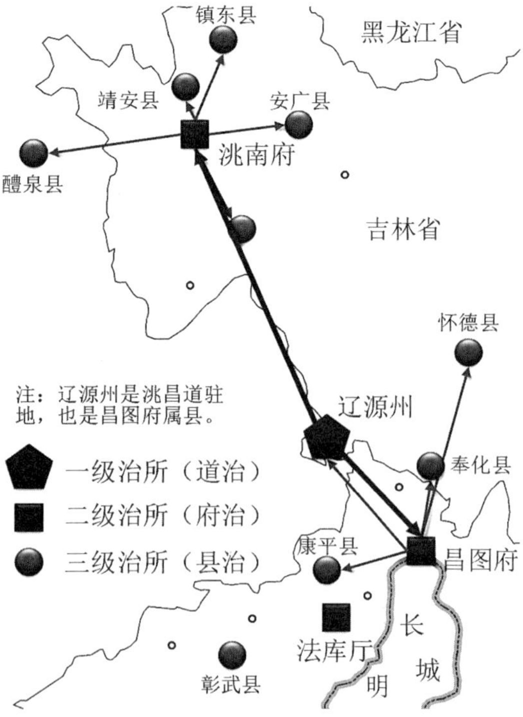

清代奉天省长城南侧近边地区置有锦新营口道和奉天府。锦新营口道原为奉锦山海关道，宣统元年改置，道治于营口直隶厅，领二府一州；奉天府名为一府，实际政治地位和辖境范围远超一般府城。其建置于顺治十四年（1657年），执掌盛京地方汉民事务，并将以后增设的州县陆续往属于奉天府，最盛时下辖5府4厅6州26县。盛京是清朝的陪都，奉天府政治地位和机构设置接近于顺天府，置陪都五部，"八门八关"的府城也是东北地区最壮观的城池。

图3-7　清末奉天省洮昌道治所行政网络空间结构

对比奉天省长城两侧治所距离，可以发现：洮昌道和锦新营口道的道—府距离相近，平均约为160～170公里。但是后者的变异系数（17.93）远小于前者（44.57），说明锦新营口道道治相比于洮昌道更接近道域中心。奉天府与属县平均距离为141.09公里，变异系数为75.8，数值远高于同级水平，接近一级距离结构，如通永道一级距离变异系数为79。这从侧面说明更应该从"道"的体量去理解奉天府，而不能按字面意思将其与普通府城等同（表3-10）。

清末奉天省锦新营道"道—府—县"距离、平均距离和变异系数　　表3-10

道治城镇	次级治所	距离（公里）	道治城镇	次级治所	距离（公里）
营口直隶厅	锦州府	141.9	营口直隶厅	新民府	183.1
锦新营口道一级距离		平均距离	162.5	变异系数	17.93
府治城镇	次级治所	距离（公里）	府治城镇	次级治所	距离（公里）
锦州府	广宁县	94.9	奉天府	盖平县	194.3
	宁远州	69.7		铁岭县	60.6
	义县	54.5		开原县	113
	锦西厅	49.4		复州	286.7
	盘山厅	85		金州厅	361.8
	绥中县	116.6		辽中县	69.9
新民府	镇安县	74.2		抚顺县	50
	彰武县	53.6		本溪县	73.5
奉天府	辽阳州	71.4		海城县	129.7
锦新营口道二级距离		平均距离	74.74	变异系数	31.13
奉天府	平均距离	141.09	变异系数	75.8	

锦新营口道二府与属县的平均距离约为74.74公里，变异系数为31.13。其中，距府城最远者为绥中县，约为116.6公里；最近者为锦西厅和彰武县，约在50公里，其余州县分布在距离府城50～100公里范围内。综合考虑，"洮昌道"和"锦新营口道"城镇群在一、二级平均距离、变异系数等方面较为接近，说明长城的存在对于奉天地区治所空间结构的影响并不显著（图3-8）。

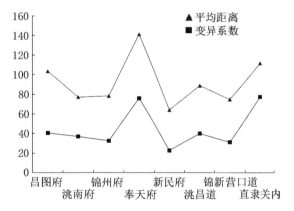

图3-8　清末奉天省北部治所平均距离和变异程度

（4）吉林西南路道

清末，满洲主要划归吉林将军和黑龙江将军管辖（后改为吉林省和黑龙江省）。由于距关内较远、气候干冷以及政府封禁等原因，城镇发展一直较为滞缓，表现为：设治时间较晚，除长春厅和农安县，其余厅县均设置于20世纪初；城镇数量较少，位于郭尔罗斯旗、扎赉特旗、杜尔伯特旗地的治所只有吉林省的1府3县和黑龙江省的大赉、安达、肇州3厅，且均无属县。即便是设于满洲的府和直隶州，属县数

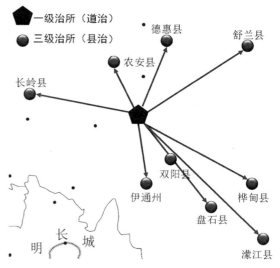

图3-9 清末吉林省西南路道治所行政网络空间结构

也远逊于内地。纵观吉林与黑龙江两省，仅有呼兰府领一州二县、绥化府领一县、海伦府领二县，其余均无领属。地区行政层级较少，网络分支不发达（图3-9）。

西南路道置于光绪三十三年（1907年），道治于长春府，领2府2州7县。其中农安县、长岭县、德惠县、长春府设于郭尔罗斯前旗地。道属10座治所中距长春府最近者为农安县和双阳县，约为60公里；最远者为濛江州，约为250公里；全道平均距离为127.1公里，变异系数为47.27。设置于蒙地的三座县城距离长春府均在平均值以内，向心度大于离心度（表3-11）。

清末吉林省西南路道"道—县"距离、平均距离和变异系数　　表3-11

道治城镇	次级治所	距离（公里）	道治城镇	次级治所	距离（公里）
长春府	农安县（蒙地）	65.8	长春府	盘石县	149.7
	长岭县（蒙地）	128.7		舒兰县	148.8
	德惠县（蒙地）	96.3		桦甸县	185.9
	伊通州	71.6		双阳县	60.5
	濛江州	252		吉林府	111.7
一级		平均距离	127.1	变异系数	47.28

（5）区域整体分异特征

地理学第一定律认为地球表面事物处于相互作用中，相关性随着空间距离的增加而减弱。也可以理解为，孤立的存在是无意义的，只有在关联中获取价值。因此，将清代漠南及其毗邻关内地区的治所结构距离置于一处，在比较中发现清代边地治所布局的规律性：

①清代，漠南及其相邻关内近边地区共设九"道"，除热河道和通永道为大

小极值之外，各道"道—府"和"府—县"两级距离（平均距离和变异系数）在数量级上较为接近：道治的平均控制距离约为140公里；府治的控制范围根据其与长城相对位置的不同而分异，越远离长城线，府治的控制距离越大，可以划分三个聚类：第一类，长城南侧京畿地区一二级平均距离（92/55）均小于相邻地区同级水平；第二类，长城南侧军转民地区及北侧近边地区，府治平均距离约为75公里，变异系数45；第三类，蒙垦腹地府治的控制距离可接近道治（图3-10）。距离的聚类变化反映出由边缘向腹地治所结构发展的阶段性。随着近边开发的深入，长城南北侧近边地区治所空间格局逐渐趋同，并未因长城的存在而发生显著差异，说明长城作为异质区域之间硬边界作用逐渐淡化。更折射出在清朝战略版图中，长城北侧地区已由"边地"向"内地"转化。

②为减小管理幅度采取两种手段所引起的极值现象（表3-12）：九组数据中平均距离最大者为直隶热河道，"道—府"距离为227.15公里，"府—县"距离为135.26公里。数值均比其他同级高出约一倍，即热河道二级距离约等于相邻地区的一级距离，如归绥道"道—厅"距离136.64公里、洮昌道170.85公里，口北道147.77公里；与最远者相对，辐射范围最小者为直隶通永道，"道—府"平均距离为92.06公里，"府—县"距离为56.17公里。数值比同级水平约低一半，即通永道道—府距离近似于相邻地区府—县距离，如口北道府—县距离为75.75公里、洮昌道为88.87公里。极值两道恰好隔长城相对，且一、二级平均距离的比值也较为相近，分别为 $K_{热河道}=1.68 \approx K_{通永道}=1.64$，两地行政等级距离衰减规律近似。热河道与通永道是清代政治地位极高的地区：前者，自康熙定"木兰秋狝"制度后逐渐成为全国第二政治中心，历代清帝驻跸于此靖绥蒙古、消暑理政、稽检八

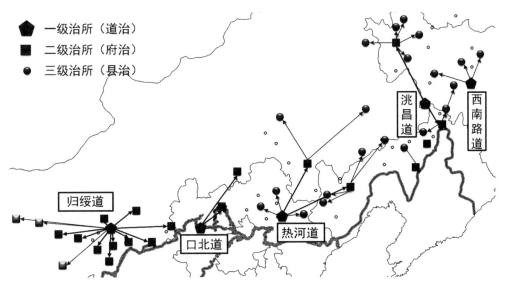

图3-10 清末漠南诸道治所行政网络空间结构

旗，同时也积极致力于地区开发，大力兴学、广拓驿路、开矿设厂、赈灾济民等；后者乃是国都所在，顺天府是清代最高的地方政府，府尹不隶于直隶总督，可直接面圣。通永道领32座州县（包括附郭），其中顺天府领5州19县、永平府领1州5县、遵化直隶州领2县，属县数位居长城沿线九道之首。为提高管理效率，顺天府置东、西、南、北四路厅统领诸县，统辖结构由"通永道——顺天府、永平府、遵化直隶州"转变为"通永道——东、西、南、北路厅、永平、遵化"，本质上是在保证层级不变的前提下减小管理的幅度，无形中对原有行政控制范围进行细分，使之不超过高等级聚落的管理极限。

清末长城南北两侧"道—府—县"平均距离、变异系数和衰减率　表3-12

地区	"道—府"平均距离A公里	变异系数	"府—县"平均距离B公里	变异系数	$K=A/B$
归绥道	136.64	63.61	—	—	—
雁平道	136	39.42	69.98	49.21	1.94
口北道	147.77	84.39	75.75	41.44	1.95
热河道	227.15	22.56	135.26	60.06	1.68
通永道	92.06	79.73	56.17	55.16	1.64
洮昌道	170.85	44.57	88.87	39.966	1.92
锦新营道	162.5	17.92	74.74	31.13	2.17
奉天府	141.09	75.8	—	—	—
西南路道	127.1	47.28	—	—	—

此外，通永道地处华北平原，完整的地表空间和较高的通达性也是其能实现管理幅度减少的条件。反观一墙之隔的热河道，地处蒙古高原向华北平原跌落区域，境内遍布山地、丘陵和盆地等，地表空间较为破碎，城镇多分布于河流孔道之中，聚落密度远低于京畿地区。热河道平均距离最大（227.15公里），但变异系数却较低（22.5）。造成这种现象的原因是，清末原隶于承德府的赤峰州和朝阳县升级为赤峰直隶州和朝阳府，造成统辖关系由道治6县（赤峰州、平泉州、朝阳县、丰宁县、建昌县、滦平县）调整为道治2府（赤峰州、朝阳府），由较扁平管理转变为垂直管理，目的也同样是为了确保高级聚落的管理幅度处于合理范围，但手段与通永道有所区别：通永道是平行增加条线，热河道是垂直增加层级。倘若回顾热河道区划调整前的1900年，即道治承德统辖6县时期，其结果为：平均距离126.26公里，变异系数为68。与周围对比发现，道治与属县平均距离相对合理，但变异系数则在同级别中高出一倍多。

③全域府/厅围绕道治分布方式具有差异，但平均距离接近。漠南及其比邻近边地区，"道—府"距离稳定在145公里左右，其中归绥道137公里、雁平道136公里、口北道147公里、洮昌道170公里、锦新营口道163公里，西南路

道127公里、奉天府141公里（图3-11）。该级别变异系数大约在40~60，"道—府"空间结构呈现中心和偏心两种：中心结构，道治接近次级治所连线的几何中心，如归绥道、洮昌道、西南路道等；偏心结构，道治偏离次级治所连线的几何中心，偏于地区一隅，形成

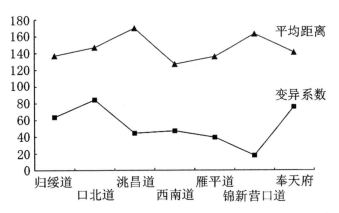

图3-11 清末长城沿线诸道"道—府"平均距离和变异系数对比曲线

具有方向性的"簇"状结构，如热河、口北、通永、锦新营口等道治处于三角连线一端，雁平道治位于多边形一端。这是由于地区发展的渐进性和不平衡性所致。开发较早地区的城镇往往发育度极高，成为地区政治中心；而随着新开发土地的并入，城镇几何中心逐渐外移。但可以预期的是，地区人口重心必然与道治城镇具有较高的重合度。

④全域属县围绕府城分布较为均衡（图3-12）：漠南及其比邻关内地区，府/直隶州与属县之间的距离（二级距离）维持在83公里左右（$CV=33$），其中雁平道69.98公里、口北道75.75公里、热河道135.26公里，通永道

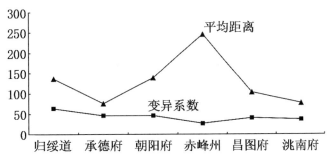

图3-12 清末漠南地区诸府"府—县"平均距离和变异系数对比曲线

56.17公里，洮昌道88.87公里、锦新营口道74.74公里。但倘若仅以漠南地区为对象，则二级平均距离大约为107.02公里（$CV=23$）。相同道域内，二级距离的变异值远小于一级距离，说明州县围绕上级治更接近"众星拱月"之势。结合一级距离特征，可以说"道—府"距离反映着广度上的扩散，"府—县"距离预示着深度上的充实。

⑤衰减率：一、二级距离的比值反映出道、府两级行政中心控制范围的衰减趋势，是塑造区域治所空间结构的重要法则。九道中，归绥道诸厅没有属县，奉天府的治所距离接近一级水平，二者没有完整的两级结构。除此之外，其余诸道衰减值K约为1.9，即"道—府"距离约为"府—县"距离的一倍：按升序排列为$K_{通永道}=1.64$、$K_{热河道}=1.68$、$K_{洮昌道}=1.92$、$K_{雁平道}=1.94$、$K_{口北道}=1.95$、$K_{锦新营口道}=2.17$。中心地理论中认为，城镇等级体系存在市场、交通、行政三种建构逻辑，分别

适用于平原地区、新开发区、自足性强且封闭地区，上下级间距变化遵循$\sqrt{3}$、$\sqrt{4}$、$\sqrt{7}$的比例关系。具体就清代漠南地区而言，作为待开发区域，驿路的架设早于治所的设立，对日后资源扩散起到引导和规定；而一、二级距离比值的平均数为1.89，接近K_2模式的$\sqrt{4}$，从另一方面证实了交通线在蒙地治所体系构建中的重要性。

⑥全域治所管理层级较为扁平，但减少管理幅度是发展趋势。蒙地治所统属结构较为扁平，横向幅度较宽，垂直层级较少。表现为归绥道治归化厅统属11座直隶厅无领县，口北道治宣府统属3座直隶厅无领县，热河道承德府在20世纪前统属6座州县，西南路道长春厅统属10座州县。出现这样的局面，主要归结于清中前期上述地区的战略地位和边地属性：归绥地区是征准用兵的重要据点，口北地区是为防范和监管察哈尔部，热河地区是清帝怀柔蒙古诸部和消暑理政的第二政治中心，且三者均有管理境内蒙古诸部的职能，设八旗驻防，军政地位远非内地可比。正是这种边地属性促使核心城市采取集中控制较多次级中心的方式提高对重大事件的反应和协调能力——扁平化管理可最大程度确保步调一致、政令畅通。

随着开发的深入和政局的变化，曾经的"藩地"转为"边地"、"边地"转为"内地"：在明代乃至清初，长城实为国家硬边界，内侧如大同、宣府、蓟州等地为京畿藩篱。随着清初"撤卫置县"，上述地区由地理意义上的"边内"转为经济意义上的"关内"，经济功能逐渐加强，而外侧近边蒙地遂晋升为新的屏障，扩大了北线防御纵深。政治地位的转变直接体现在行政区划的调整趋向于遵循交通和市场原则，通过减少管理幅度将行政运行成本回归至合理水平。以雁平道为例，雍正元年（1723年）之前领大同1府，大同府统辖4州、2厅、8县，共计14座治所城镇，即"1府—14城"，类似于归绥道的"1厅—11城"。但是历经数次调整，清末雁平道领3府3州20县，平均每府只领3县，接近全国平均水平。同时，随着国家安全威胁由传统的北面蒙古转移至东南沿海，漠南地区作为屏藩的战略地位逐渐弱化，经济价值随即增强。例如，热河道由"1府—6县"格局更改为"3府—10县"；洮昌道因建置时间较晚，道治甚至不设于府城，而是选址于通勤最优的辽源州。概括言之，随着自上而下政治干预力量的消退，在自下而上的市场力量推动下蒙地城镇结构趋于内地化，其本质是通过完善和优化网络结构控制合理的辐射范围。

第三节 长城与蒙地城镇的相关性

地理学第一定律（Tobler's First Law）认为地球表面任何事物均处于相互联系中，而关联的强弱取决于距离的远近。距离越近，影响越大；反之亦然。聚落分布是人地关系的空间投影，是自然与人文约束要素（如水源、气候、政策、交通等）叠加影响的产物。具体就历史聚落研究而言，基于距离衰退原则有助于在缺少背景知识的情况下遴选出聚落选址的主成因素。本节从城镇与驿路、城镇与关口空间关系的角度，间接刻画出长城在清代农牧过渡区人文景观变化的历史进程中扮演的重要角色。

一、长城在城镇扩散中的影响

漠南地区位于中国北方半湿润与半干旱过渡地带，400毫米等降水线从辖境穿过，经济形式为农耕与畜牧并存。因此，地理环境、经济形式、生活方式的过渡性，是漠南地区有别于关内最显著的地域特征，必将导致地区开发和城镇发展走上独特的轨迹。

从早期的燕北长城、赵武灵王长城，中期的秦始皇长城、汉长城、北魏六镇长城，直至明长城，虽然在空间分布上有所偏移，并不能完全重叠，但均充当着当时农垦区与畜牧区的地理分界线，是历史气候波动的产物。长城南北两侧文化和经济上的差异性和互补性，导致地区的交融与冲突不断。由于古代社会缺乏公平、平等的现代国际交往规则，使得战争和掠夺成为交流的主要形式。畜牧经济的单一性和不稳定性，意味着北方民族更多是掠夺方，而作为防守方的农耕政权只能通过修筑长城防御工事来对抗游牧骑兵的高机动性。加之传统的"华夷之辨"观念和农耕经济较强的自给自足性，导致中原王朝更愿意利用长城线实现政治、军事、文化、经济的封锁。虽然明代长城沿线设有马市等，但贸易并非是当时主流，而是力量博弈之下的权宜。可以说，在明代，长城沿线大规模地区开发和城镇兴起是难以实现的，即使丰州地区曾经出现过农业定居点，但终归是小范围、短时期的昙花一现。

清朝是北方民族建立的大一统政权，为长城地区的再开发提供了契机：首先，构建了和平稳定的政治环境，消除了由战争所引起的不稳定性和破坏性等不利因素，在人身和财产安全得以保障的前提下，确保贸易成为交流的主要形式；其次，清朝作为非汉族建立的全国性政权，没有"华夷之辨"的观念负担，对于长城两侧的汉蒙人民采取了较为缓和的民族政策。作为长城南侧政权，清政府通过联姻、宗教、军事等手段极力强化满蒙同盟；作为入主中原的异族，通过修正民族政策和接受汉文化，降低汉族士绅的抵触情绪。纵观历史，清朝第一次为长城地区的全面开发创造了较为积极的条件，为城镇的再次崛起夯实了基础。

然而，作为古代专制王朝，历史和阶级的局限性是不可避免的，其政策制定必然是围绕如何确保满洲贵族统治的长治久安，所谓地区开发和民族交融只是某些政策的副产品，而非初衷。换句话说，虽然清朝客观上扫清了长城地区的开发障碍，但这并不意味其主观上愿意推动蒙地的发展。与此相反，《理藩院则例·禁令》又从制度层面人为制造出新的鸿沟，而控制和隔离的实现很大程度上有赖于长城实体。康熙皇帝在游历长城时曾明言："形胜固难凭、在德不在险"，以示天下大同的德政姿态。但是在现实中，长城防御工事一直在清代发挥着重要作用，只是被巧妙地伪装，不易觉察。因此，与之毗邻的蒙地城镇在发展历程中将不可避免地被打上长城影响的烙印。

首先，清朝继承和调整明朝长城军事防御体系，包括接受前明九边降卒以及沿用沿线军堡。以清代大同镇绿营为例，总兵下辖1协5路9营，统属关系和驻屯军堡基本建立在明代大同镇全部和山西镇局部的基础上（图3-13）。除了在长城沿线驻屯绿营军，清朝在长城北侧部署八旗驻防（绥远将军、热河都统、察哈尔都统），赋以其平时掌管民政、战时可调遣长城绿营的权利，以实现军事联动、加大战略纵深、增强应变能力等，而非简单的地面弹压。前文中已提及明代卫所在清代大多被裁撤或改置为县，但沿边堡寨却鲜有民化迹象。究其原因，正是其部分被作为绿营或分汛的驻地，继续发挥军事作用，与关外八旗驻防联手实现"内控汉民、外慑蒙古"的战略目的。

其次，清朝将长城视为执行"封禁政策"的天然工具。严禁汉民越边和蒙古贵族收容。顺治十二年（1655年），"令各边口内旷地，听兵治田，不得往垦口外牧地"[①]；在鄂尔多斯地区，以山西、陕西二省长城为界，以北划出"南北宽五十里，东西长二千余里的无人禁区"[②]，禁牧禁垦，史称"黑界地"；即使迫于内地日益严峻的人地矛盾而实行"借地养民"政策，但仍规定入蒙汉人"春往冬归"，不准"移家定籍"。

在绝对隔离的同时，清朝配合以"指定关口""票照制度"，以及"内蒙古驿路"等一系列政策，引导和控制关内外有限的资源往来。《理藩院则例》规定无论蒙古王公或商民只能从五口一关出入蒙地，即山海关、喜峰口、古北口、独石口、张家口以及杀虎口[③]。中科院李小文认为对于传统空间距离的认识，应该加入时间维度，根据各种"流"实际通过所耗损的时间，即时空邻近度，来取代传统的空间邻近度概念[④]。从这个角度来看，蒙地虽与内地共有延绵的边界（长城），但出入关口的限制致使两地时空距离被人为地成倍增加。例如一墙之隔的清水河县与平鲁县（今山西朔州市平鲁区凤凰城镇），人员和货物的往来必须绕道邻近关口（杀虎口），而无法取道最短，由此增加的通勤成本可见一斑（图3-14）。

与出关制度配合执行的是票照制度。"票照"，是古代中原王朝管理边关人员的出入通行证，古时谓之"过所""引""敕书"等。清朝作为古代中国最后一个

---

① 清史稿·卷一百二十·志九十五·食货志一.
② 王来刚. 清代内蒙古地区的汉人移民史研究：[D]，苏州：苏州大学，2004：17.
③ 吕文钊. 清代蒙古地区票照制度初探[J]. 中国边疆史地研究，2007，17（4）：18-28.
④ 李小文，曹春香，常超一. 地理学第一定律与时空邻近度的提出[J]. 自然杂志，2007，29（2）：69-71.

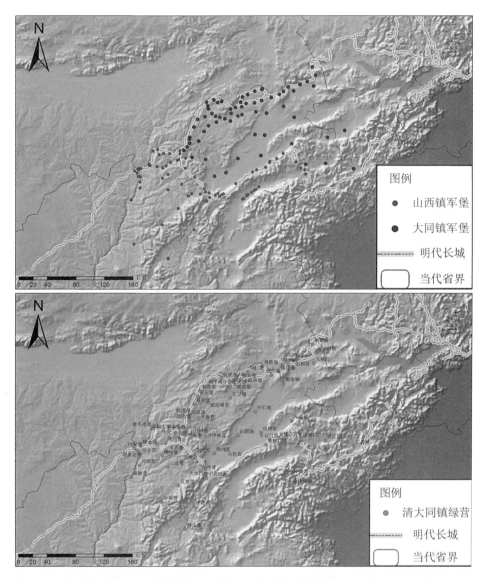

图3-13 明代大同镇、山西镇军堡（上图）与清代大同镇绿营（下图）分布对比

图3-14 长城对于清水河与平鲁地区时空邻近度的影响

中央集权的王朝，在制度和法律方面建设颇为完善，其中包括票照制度。清朝律令规定出入蒙地必须持有政府颁发的票照，严格按指定关口和线路行进。"票照"适用范围广泛，包括汉民入蒙开垦、旅蒙商人、蒙古王公和喇嘛入京面圣、太监出入关，以及蒙古诸部在关口置办马匹军械等，甚至蒙古诸部之间的往来也需要票照。可见，票照制度基本控制了蒙汉和蒙旗之间的一切往来，形成了"无人不领票、无事不领票"的全方位限制。以商民领取部票为例，凡出入关口者需就近向绥远城将军、察哈尔都统、多伦理事同知等领取部票，注明旅商个人信息、货物内容、出发时日、行进路线等，以备沿途官府查验[①]。对于无票出关或不按规定者，不仅个人将受到处罚，受贿私放的官员也会遭到查办。《绥远驻防志》在"商民贸易请领部票"篇中记载："……遵奉理藩院来文：归化城贸易商民，迁往乌拉雅苏台等处、各蒙古地区贸易商民，俱着执持部票勒限贸易。其部票，系派员赴部请领。侯商民贸易完竣，将票限内送部缴销……"[②] "票照制度"在一定程度上了抑制汉人向蒙地的涌入，阻碍了长城北侧地区经济多元化发展，强化了蒙古对内地的依赖性，导致牧民生活极端贫困，但客观上也保护了半干旱区脆弱的生态环境。

早在康熙三十一年～三十二年（1692~1693年），以长城"五口一关"为起点建设分别通往蒙古各盟的驿站，即杀虎口驿路、张家口驿路、独石口驿路、古北口驿路、喜峰口驿路。考虑到漠南地区最早的治所城市（归化城/承德府）建置于雍正元年（1723年），可以认为在之后的区域开发中这五条蒙古王公朝觐路线起到了引导资源扩散的作用。同时，前文发现治所等级之间距离衰减率接近于中地论$K_2=\sqrt{4}$，也验证了交通原则在蒙地设治过程中的重要性。

综上所述，长城对于清代蒙地城镇发展的影响主要体现在"隔离"和"控制"两个方面，只有绝对的隔离才能确保控制的实现，只有引导性的控制才能确保隔离的长久。"隔离"体现在长城的硬边界作用，将蒙汉分别圈限于长城南北两侧，严禁逾越。这与清初勘定蒙古诸部牧地的行为逻辑相一致，区别只是限制对象为两个民族、圈定空间更为辽阔，且用长城军堡取代了牧区边界上的卡伦。当然，完全真空般的隔绝是无法实现的，如何对有限和必需的交流加以管控和引导则是长城控制功效的体现。具体来说就是"票照制度+五口一关+内蒙古驿路"的综合影响——以"票照"控制数量、以"指定关口+驿路"控制方向，则蒙地开发的禁、放、缓、急被完全置于中央手中。因而，基于上述三方面可设计出标识长城影响的量化方案：票照记载的数量反映往来强度，城镇与驿路、关口的相对位置反映空间关联度。考虑到"票照"资料极其匮乏，故而本文只从空间邻近的角度定量探讨城镇与长城的相关性。

[①] 吕文钊. 清代蒙古地区票照制度初探[J]. 中国边疆史地研究，2007，17（4）：18-28.
[②] 佟靖仁. 绥远城驻防志[M]. 呼和浩特：内蒙古大学出版社，1991.

二、城镇与驿路的空间相关性

驿站位置信息来源于《元史及西北民族史研究》和《清代内蒙古五路驿站》，通过GIS生成基于成本原则的最短路径。运用ArcGIS9.3 "Analysis Tools–Proximity–Near"分析模块对城镇和驿路进行最邻距离测算。"Near"工具可以计算出两个图层所含各种空间形体（点、线、面）之间的最短距离和角度，并生成两者最短距离的数据阵列。由于需要获取"点—线"的邻近距离，因此勾选城镇图层为输入项"Input Features"，驿路为计算图层"Near Features"，并将线目标上距离城镇最邻近点的ID及其距离添加到城镇图层的属性表，进而生成城镇与驿路距离分布图（图3-15）。图中数值最大者为德惠县，邻近距离为32.7公里；最小者为归化城、和林格尔厅、独石口、张家口等，数值为0，即上述城镇本身就是驿站所在，或是驿路终点（如归化城），或是起点（张家口、独石口），有的则直接在驿站的基础上发展而来（和林格尔厅发展于杀虎口路的二十家子站）。运用ArcGIS9.3 "Proximity–Buffer"对驿路图层进行缓冲区分析，以40公里为搜索单元（以人每小时步行5公里，一天行进40公里为准），统计落入各区间城镇个数（图3-16）。

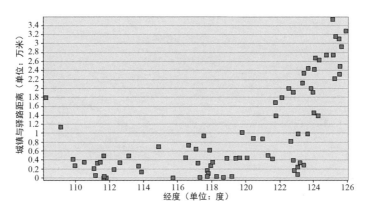

图3-15 城镇与驿路空间邻近度分布

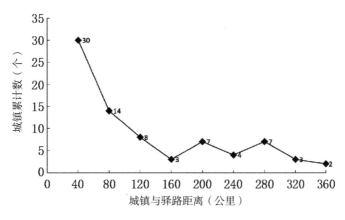

图3-16 城镇与驿路空间邻近

城镇与驿路邻近个数统计　　　　　　　　　　　　　　　表3-13

邻近距离/公里	城镇数目	邻近距离/公里	城镇数目
0~40	30	200~240	4
40~80	14	240~280	7
80~120	8	280~320	3
120~160	3	320~360	2
160~200	7		

由图可知：城镇主要集中于距离驿路40公里以内，随着距离的增加数量递减，但以160公里为临界点又呈小幅上扬。0~40公里区间内城镇数量最多，有30座（占总数的38.5%）。至第二区间城镇个数下降约一半（14座），第三、四区间城镇个数均按50%速率递减。说明在距离驿路约160公里范围内，内蒙古五路对城镇分布具有较强的影响力；在160公里以外区域，城镇数量先是小幅上扬，继而在280公里以外区段下降趋于零（表3-13）。可以推测，在160~360公里范围内，有另一种作用力影响逐渐凸显。结果在《乾隆皇舆全图》[①]中发现在喜峰口草地路东侧尚标有一条辅线，起点为齐齐哈尔，途径二十几个蒙古村屯

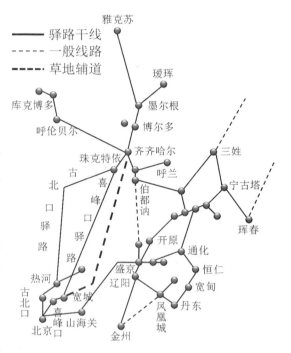

图3-17　清代东北驿路干线示意图
（资料来源：丛佩远.清代东北的驿路交通[J].北方文物，1985（01）：80-91.）

到达宽城站，与喜峰口驿路汇合再由喜峰口入关，该路全程均在喜峰口驿站东侧（图3-17）。由此推断：较之穿越哲里木盟腹地的喜峰口驿路，该草地辅路更接近蒙地与满洲交界处。而清末蒙地放垦是由边缘向腹地延伸，因此内地移民更可能倾向选择此路至放垦蒙区，从而表现出涌现的聚落与该辅路存在一定的空间关联。图上反映160~360公里区段城镇数目变化也约为50%，与0~160公里区间一致。

清代漠南地区城镇有"府/直隶厅—州/县—次县级市镇"三个等级，其中府/厅26座，州/县23座，次县级市镇29座，数量比例约为1.13∶1∶1.26。地区城镇遵循"市镇→州县→府"的发展模式：以交通线（驿路）为基础向腹地扩散，最邻

---

① 乾隆皇舆全图是在康熙《皇舆全览图》基础上进行修订和补充而来。改图以每五维度为单位，编成一排，总共分为十三排，因此别称《十三排图》。

近驿路的地区开发程度最高，易于发展为高级别城镇（府/直隶厅）；边缘地区开发时间较晚，通常分布有佐贰官驻地；中间地带开发程度介于两极之间，城镇处于由次县级市镇向州县过渡阶段。相应的，治所级别分布与驿路也应存在这种空间关系，即府级最近、州县居中、次县级市镇外围。反映在距离分布图上，应为代表不同级别城镇个数的曲线之间相互平行和平移，单根曲线的波峰—波谷趋势应为远离原点的方向。

然而如图3-18所示，三条曲线的走向基本重叠：波峰与波谷同区间出现，且曲率接近。在26座府/厅城镇中，13座分布在40公里以内，6座分布在40~80公里区间，2座分布在80~120公里区间，大致成50%的递减关系；在23座州/县城镇中，波峰同样位于第一区段（约

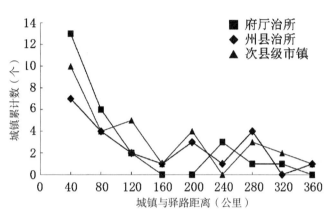

图3-18 分等级治所与驿路空间邻近

50%的城镇位于40公里以内），第二、三区段城镇个数分别为4、2，满足50%的递减速率；同样的规律也体现在次县级市镇，第一、二、三区间分布10、5、1座市镇。这说明清代蒙地城镇并非简单地垂直驿路作线性延伸，而是在不同尺度上以自相似结构作不断重复推进的复杂运动。

三、城镇与关口的空间聚集性

喜峰口、古北口、独石口、张家口、杀虎口既是清代五条入蒙驿路的起点，也是出入长城的唯一口岸。蒙地城镇距离"五口"的远近，体现着其与内地的邻近程度。相较于上文所述城镇与驿路的点—线关联，城镇与关口的聚散状态可以理解为点—点关联。针对这一特点，选用"随机聚集分维"作为指标，表征各关口与其辐射范围内城镇所形成的聚散状态，并结合史实对数值给予发生学解读。

城镇体系是具有层次性与自相似性的系统，因此在讨论某方面特征时，首先要明确研究范围的尺度，如省域、道域、府域、县域等。尤其对于具有分形几何特征的形态，不同尺度下的观察结果不具备比较意义；只有在统一的尺度下，数据解读才有相对意义。此外，清代漠南地区地域辽阔，东西相隔近千里，不能不加选择地讨论全域城镇与长城各五口的聚散状态。清代《蒙古律令》《理藩院则例》等规定出入关口需就近领取部票，这意味着如果商民从关内前往热河地区，从邻近的古北口出关沿古北口驿路前进比走其他关口更为便捷，即局部蒙地城镇

与唯一对应关口（通常为最邻近）的距离才有研究意义。而如果计算热河地区城镇与杀虎口/张家口的距离，所得结果只能反映其与上述关口的离散状态，而现实中二者关联相对较弱，这将对解释清代热河地区空间聚散现象缺乏解释力（表3-14）。因此，立足于史料记载，杀虎口驿路和张家口驿路均通往归化城地区，故而将上述两关对应于归绥道所属城镇；古北口驿路和喜峰口驿路途经热河地区，故而上述两关对应于热河道所属城镇；奉天/吉林地区城镇由于距离长城过远，且另有山海关一路，因此暂不作为考虑；独石口居于五口之中，相去热河和归绥距离较远，且独石口驿路北向直通锡林郭勒盟，因此也暂不谈论。

以杀虎口为中心的城镇平均距离统计表　　　　　　　　表3-14

城镇	S	ri	Rs	城镇	S	ri	Rs
杀虎口	1	0	0	陶林厅	11	140.3	103.0409
宁远厅	2	44.5	31.4663	武川厅	12	148.1	107.5195
和林厅	3	56.2	41.3872	张皋镇	13	175.7	114.2183
清水河厅	4	98.3	60.8309	兴和厅	14	181.3	120.2573
丰镇厅	5	98.4	69.9773	萨拉齐厅	15	184.8	125.5963
归化城厅	6	106.9	77.3647	包头镇	16	246.2	136.2972
绥远城厅	7	110.8	82.9702	东胜厅	17	251.3	145.5987
托克托厅	8	112	87.1295	大佘太镇	18	343	162.9641
毕克齐镇	9	133.1	93.3619	五原厅	19	410.8	184.5034
善岱镇	10	136.6	98.5432				

根据测算结果（表3-15，图3-19），对道域尺度内蒙古地城镇围绕对应关口随机聚集分维特征进行解读。

长城各关口随机聚集分维测算表　　　　　　　　表3-15

中心	方程式	R^2	1/D	D	Rs（公里）
杀虎口	$y=0.526x+3.388$	0.996	0.526	1.9011	<125.5963
	$y=1.596x+0.490$	0.975	1.596	0.6266	>125.5963
张家口	$y=0.909x+3.555$	0.996	0.909	1.1001	<201.98
	$y=0.496x+4.353$	0.997	0.496	2.0161	201.98～309.96
	$y=0.947x+3.105$	0.995	0.947	1.0560	<309.96
古北口	$y=0.572x+3.402$	0.997	0.572	1.748	<113.2447
	$y=0.958x+2.600$	0.993	0.958	1.043	>113.2447
喜峰口	$y=0.294x+4.407$	0.993	0.294	3.401	<165.61
	$y=0.469x+3.989$	0.996	0.469	2.132	165.61～197.46
	$y=0.953x+2.631$	0.998	0.953	1.049	197.46～309.54

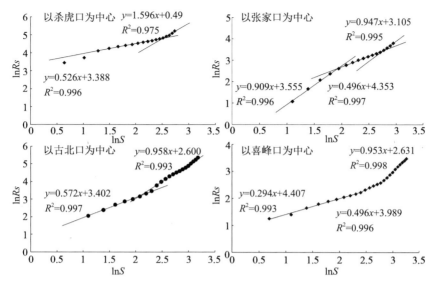

图3-19 以关口为中心的聚集分维双对数图

（1）城镇围绕相关长城关口分布存在随机聚集分形特征，双对数点阵呈线性排列，具有较明显的无标度区，线性方程拟合良好，R^2值约为0.990。

（2）以长城关口为中心的城镇聚集双对数图均流露出"双分形"甚至"三分形"的趋势。相邻无标度区分维数呈现2→1的衰减趋势，即城镇分布由扩散转为聚集。随机聚集分维值大于2意味着城镇围绕中心呈离散状态，在现实中是一种非常规现象。长城关口是清代关内资源流入蒙地的起点，理想上要素密度分布应该围绕关口呈递减趋势——距离越远密度越低。然而，该假设只存在于一定时空范围内，随着"流"向腹地的挺进，关口辐射力逐渐减弱，城镇要素随即出现"溢出"现象，在远离关口一定距离的地区补充出现新的聚集簇，以此循环往复，最终形成多个团簇延展的扩散形态。这些聚集节点逐渐演化为治所城镇，成为地区各级中心。图3-19第二无标度区域的聚集特征，说明各口外均出现了具有一定引力的聚集中心，例如杀虎口关外的归化城、古北口关外的承德府，且这些中心城市均为所在地区的首位城市。简而言之，"扩散→聚集"是清代蒙地城镇与对应关口的一种普遍的空间位置关系。

（3）面对相同的目标群（归绥道城镇群），以杀虎口为中心，点序列流露出双分形趋势，即末尾若干数值明显偏离趋势线，分维数为1.90→0.6266；以张家口为中心，点序列具有较明显的双分形特征，且流露出三分形迹象，分维数为1.1→2.0→1.0。说明在张家口扩散路径中，平均距离小于200公里范围内，城镇呈聚集向心分布，分布密度以关口为中心向四周衰减；在200~300公里内城镇呈离心分布，密度向四周增加；在大于300公里范围内，城镇重新回归于聚集分布。究其原因，张家口作为扩散起点促成了第一个无标度区间的向心性，而西距张家口200公里的归化/绥远城（归绥道首治/绥远将军驻地），其军政影响力使得张家口吸引力发生断裂，进而形成第二个无标度区的聚集核。在第三无标度区域内，聚集分维逐渐趋近于1，表明要素分布重新回归由中心向四周衰减，但此时的聚集核是归绥城，而非张家口。只不过从张家口的方向上来看，城镇经历了"聚集—扩散—聚集"的变化。对比杀虎口和张家口两者双对数图，前者比后者空缺第一个聚集区，后两个无标度区走向基本一致。这是因为，张家口—归化城的距离约为杀虎口—归化城的3倍，归化城对张家口的屏蔽影响有限，使关口能对周围地区发挥一定的中心性；反观杀虎口，距离归化城只有80公里，受到首位城市的抑制影响较大。

（4）面对热河道城镇群，以古北口为中心，点序列呈现较为明显的双分形特征，分维数1.748→1.043；以喜峰口为测算中心，点序列呈现明显的双分形结构特征，并流露出三分形迹象，分维数为3.401→2.132→1.049。二者与杀虎口情况相似，关口自身聚集性较弱，城镇围绕口外中心城市分布。杀虎口外归化/绥远城，是山西归绥道首治、绥远城将军驻地；古北口外承德府，是直隶热河道的首治、热河都统驻地、清帝晋绥蒙古和消暑理政的场所。此外，喜峰口外多山地，燕山山脉中破碎的地表空间难以形成大规模资源聚集，只是在通往东北平原的孔道中零散分布。虽然承德府也位于山地中，但其形成与发展是建立在国家行政力基础上，这样的发展模式是唯一且不可复制的。

四、模拟：历史空间现象的新视角

1．模型界定

清代，农业以及定居型聚落在长城北侧蒙地再度兴起，且延续至今，深刻地改变了中国北方过渡地区的大地景观。由于起点明确、距今较近，使得蒙地城镇演化历程较为清晰，易于将扩散现象抽象为高度概括性的理论模型和数学模型。一方面，有利于本质上理解运动机制；另一方面，有利于推动传统史学研究向应用研究过渡，支持当代区域国土空间规划的合理编制。

清代漠南地区聚落扩散模型包括聚落扩散模型和城镇扩散模型：前者是以长城北侧蒙地农垦区的无差别居民定居点（村屯）为对象，是城镇存在的基础和环境；后者是以具有一定政治、经济、文化中心性的设官城镇为对象，包括府、厅、州、县治所和次县级市镇，是农业聚落的高聚集核。本质上，二者是清代入蒙资源空间扩散现象在不同尺度上的表现：城镇扩散模型为示意型理论模型，定性描述城镇宏观运动，例如点轴模型；聚落扩散模型为模拟模型，通过建立规则，自下而上地观察微观涌现的扩散轨迹和结构特征。

需要说明的是，文中对于聚落扩散模型的构建尚处于算法探讨阶段，存在一定的局限——缺少数学模型支持和人机交互等。但其真正意义在于，探索了对历史空间现象的一种全新的解释框架，为复杂系统科学与自动模拟技术的引入进行了可行性论证和理论准备。

2. 不平衡地区扩散模型

聚落扩散模拟需要对运动过程享有清晰的认知。清代蒙地城镇发展是农业社会下聚落由开发程度较高地区（关内）向待开发区域（关外）的扩散和优化。中心地理论和施坚雅模型提供了一个静态的等级分布图示，而基于生长极理论的点-轴模型却描绘出不平衡地区城镇机理形成的动态过程：在前扩散阶段，目标无序分布在均质平面，横向联系较少；随着资源的持续注入，原有的均质性被打破，优势区位处开始有组织聚集，形成地区增长极和极之间的联络线；随着各增长极中心强度地增加，交通联络线演化为发展轴，并进一步推动资源向轴线附着；随着区域极化达到饱和值，资源开始向周围扩散，补充出现新的聚集点和联络延伸线，最终以"点—轴"形式向不发达地区作梯度式转移。

参照点轴模型，可以将清代长城北侧蒙地视为均质的未开发平面，每一个移民个体假设为独立的经济人，一切行为的目标在于获得利益的最大化和付出成本的最小化。各种资源"流"（人流/物流/信息流）以长城指定关口为原点向第一、二象限区扩散，起初在临近起点且条件合适之处形成团簇（聚落），再以此为基础向腹地挺近，如同接力般循环推进。城镇设治也接近这一轨迹：设厅官→"厅"改"州县"→较大市镇设官（佐贰官）→市镇升格州县、脱离母境成为独立区划→较大市镇设官（佐贰官）。因而，清代蒙地城镇格局（"π"字形）与T字形国土战略规划相似：长城类似于沿海地区，实为开发与未开发区的公共边界；由长城关口延伸的驿路类似于长江水系，由公共边界指向待开发地区，引导资源流动。

3. 清代漠南地区聚落扩散可视化模拟

综合点—轴渐进式扩散和清代漠南地区设治模式，发现不平衡地区聚落扩散具有方向性、时序性、过渡性等特征，这要求模型设计不仅要解决如何聚集的问题，还需要提供方向引导和时序控制。此外，扩散模拟的前提假设为：①清代长城北侧蒙地为均质性空间，资源均匀分布，各向通勤条件相同，交通运输方式相同；②清代长城北侧蒙地为完全未开发区域，原有基础影响力为零；③经济人假设，客体行为逻辑为利益最大化和成本最小化；④客体无法独立生存，必须在与已有定居点的交换中获得生活和生产资料。

对此，在已知平衡性扩散模型的基础上进行调整。"扩散限制聚集"（Diffusion-limited Aggregation，简称DLA）是Witten和Sander在1981年提出的数学表达，以简单的算法对复杂混沌的形态进行了清晰的生成模拟和解释，并通过简单的运动即可获得具有自相似结构的分形结构，是平衡状态下非线性运动的解释范例，被广泛运用于生物科学、化学、材料学等领域。其基本思想为：在任意位置设置一个初始粒子，在远离处随机产生一个粒子并使其无规律行走，当与初始粒子接触即停留，再投放新的粒子，不断重复。

相比于DLA模型，清代漠南地区聚落扩散可以理解为一种非平衡性的扩散限制聚集行为，其特殊性在于粒子运动方向受限（长城北侧），而非全域运动，且发生源为五个（长城五口），至少发生源个数是参数。为解决非平衡性，一种新的受限扩散凝聚模型被提出[①]，在此基础上可衍生出长城北侧粒子扩散规则：确定一片范围可变的二维区域，在其底部设置种子，在顶部投放粒子使其在区域内做无规则运动，当其接触或邻近种子/已有粒子停止行走；如果粒子逃逸出区域，判定死亡，投放新的粒子，动作重复直至达到设定投放量。这样一方面通过"底部设种子、顶部投放"的方式实现扩散方向的限制：底部边界象征长城线，上部活动区域代表待开发蒙地，最终结果呈现由底部向上生长的非平衡性自然形态；另一方面通过粒子数的设定，实现扩散时序的控制。

参数设置包括：①横、纵坐标长度Lx、Ly，以此调整活动范围；②种子个数X，取整范围在[1, 5]，模拟长城五口。种子等距离排列于活动区底部，底部中点布置1个，左右两侧各2个；③粒子数N，取整范围在[1, ∞)。通过调节投放量，观察扩散形态变化；④计算步长R_0；⑤粘滞范围R，取整范围为[1, ∞)，用于表示新扩散粒子在邻近既有粒子多少范围内可以停留，反映新开发地区定居点之间的最大联系间距（图3-20）。

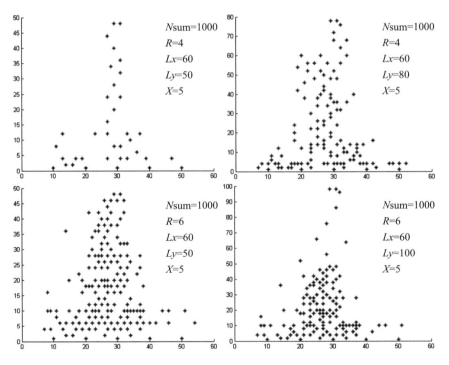

图3-20 不同参数下扩散轨迹

---

① 王焕文，张兵兵. 一种新的受限扩散凝聚模型——DLUA[J]. 科技资讯，2007（11）：4.

第四节 本章小结

本章以ArcGIS9.3为数据挖掘和分析平台，从分形维数的角度对清代漠南蒙地城镇格局的复杂性进行分时、分域地定量刻画，再结合中心地理论对长城南北两侧治所行政网络空间结构进行比较研究，最后从驿路和关口两个方面量化长城与城镇的空间相关性，并对扩散模型进行初步探讨。主要结论如下：

（1）清末，漠南地区城镇体系具有简单的分形特征。信息维D_1=1.415，线性回归拟合系数R^2=0.997，容量维D_0=1.429，拟合系数R^2=0.994，$1<D_0\approx D_1<2$，点序列线性回归拟合良好，具有明显的无标度区域。

（2）清末，漠南地区局部城镇格局发育度存在差异，自西向东形成2个梯度：归绥和热河地区分维值较高，位于1~2区间内，城镇以发展轴为基础向腹地扩散；奉天口外地区分维值最低，趋近于1，城镇仍沿发展轴作线性扩散。

（3）清代，漠南地区城镇格局分维历经阶段性：①随机阶段。分维值小于1，聚落呈随机分布，等级差异不明显，横向联系较少；②孕育阶段。分维值趋近于1，地区平衡状态被打破，有组织聚集和联络线开始形成；③发展阶段。分维由整数1向分数发展，城镇体系空间结构框架形成，开始出现自相似的不规则性。

（4）清末，长城地区治所行政网络空间结构特征：道—府距离约为140公里；府—县距离因与公共边界（长城）的相对位置不同而异，越远离长城，府治的控制距离越大。可以划分三个类别：长城南侧京畿地区、长城南侧军转民及北侧近边地区、蒙地腹部地区；长城南北侧近边地区治所空间结构逐渐趋同，方向为减少管理幅度和基于成本考虑，长城的界限作用淡化。一、二级距离衰减值约为1.9，接近中心地理论K_2体系$K=\sqrt{4}$，说明交通在城镇体系构建中的重要影响。

（5）清朝对明长城防御体系进行调整，依托其对蒙施行封禁，通过指定关口、驿路线、票照等引导和限制资源流动，从而间接影响城镇分布。①城镇与驿路的空间相关性显著。多集中于距离驿路线40公里内，随后每隔40公里以50%速率衰减；②城镇围绕对应关口存在分形几何特征，呈现"双分形"甚至"三分形"的趋势。归化城、承德府的聚集性显著，受其影响和地形限制，杀虎口、古北口、喜峰口对关外资源的辐射力较弱。

第四章 清代漠南地区城镇组织结构

"组织结构"是指系统要素为确保整体运行而相互协调、排序、凝聚、分工的一种模式。城镇也遵循着一定的结构关系而凝聚成整体,每一个城镇都定位于系统之中,通过与外界关联获得存在意义,而空间拓扑位置则是这种系统生态位的空间投影。同一城镇结构会发生历时性演化,而共时性的各地城镇体系也因地区差异而不尽相同。诚如前文所述,空间格局包括空间位置布局和空间结构关系,在无差别化研究蒙地城镇分布特征的基础上,本章将从军事驻防圈和商业市场圈两个维度,分析新兴蒙地城镇在不同系统中规模等级、职能分工、空间联系等差异,再将其与行政体系比较,进一步理解边地城镇体系演化过程的地域性、复杂性和趋势性。

第一节 补充视角——军事和经济

一、城镇军事属性

施坚雅认为中国明清时期的城镇体系存在行政和经济两个层面,即行政组织中的"政治城镇"和市场网络中的"经济城镇"。清代蒙地城镇在行政上有"道"、"府/直隶厅"、"县/散州"、"次县级市镇"四个等级,并反映为行政主官的品秩。同时,区域位于蒙古南下中原的要道,素有京畿屏藩之称,其"边地要冲"属性意味着城镇的军事属性要远超关内城镇,且不因王朝更迭而异,是在缺乏现代交往规则下游牧文明与农耕文明对峙的必然产物。

事实上,在边疆或民族地区等不宜设置州县的地区,通过设立兼有地方民事管理和军事弹压职能的基层机构,以武力为后盾约束属民,且能有效避免督抚之间互不统辖的弊端,明朝沿长城设立的实土卫所亦是此类典型。清初虽撤卫置县,但在偏远民族地区仍设置具有州县职能的卫所,例如在四川雷波、黄螂地区设置雷波卫和黄螂所,由守备和千总掌辖境内刑名钱粮等。

漠南地区兼有边疆和民族地区的双重身份,且中原王朝屡受北部侵扰的历史记忆尤为深刻,因此该地的军事战略价值自然不是西南边陲所能比拟,其举措也并非设置几个实土卫所那么简单。事实上,清政府出于防御蒙古和监控内地的双重考虑,依托原有长城军事防御体系,发展出一套既有多层次战略纵深、又极其隐蔽的漠南军事驻防体系,其中蒙地城镇大多充当前沿节点。

此外,蒙垦及移民使长城北侧地区出现了蒙、满、汉杂居的新局面,进而发展出分理蒙汉的八旗驻防和州县衙门,若遇旗汉纠纷则共同会审。随着内地化的扩大,州县的统辖权和纠纷审判权逐渐转移至驻防将军或都统的手中,使其职权扩大至民政领域，俨然成为集军政为一体的地方最高主官。也正因此，促成这些地方大员成为日后察哈尔、热河、绥远建省运动的直接筹建者和推动者。

由此可见，军事驻防是边地治所城镇产生和发展的重要动力，驻防结构不仅是军事防御体系在空间的投影，兼顾征战和守备的双重考虑；也是对边地行政制度的补充和完善，在维护社会治安之余，承担起在不便文官驻守的复杂地区的各项社会管理事务。同时，驻军及其军属也是城镇兴起和发展的直接动力——扩大人口规模和消费需求。实际上，绥远城是驻防八旗及其家属的一个聚集区，而多伦厅绿营则连兵营都没有，兵牟和妻女散居于城内的私宅中，"只有在执行军务时才穿号衣，在操练时则带上弓箭、大刀和藤牌等兵器"[①]。

需要强调的是，所论及的驻军是承担"国防、守备、内政"职能的、由中央统一指挥的经制武装力量，拥有独立和完整的统属体系，分布格局出于国家对于地区控制的整体谋划，即清中前期的八旗和绿营驻防。清末设置的专司地面弹压的治安部队不在考虑之内：一来是基本为各城镇设置，差异性和结构性不显著；二来是承担的社会事务较少，对行政的补充意义不大；三来是设置时间较晚，对于清代蒙地城镇体系的影响甚微。

对于漠南地区城镇而言，驻军的不可或缺性意味着将从行政体系分化出"军事"补充体系，从而使蒙地城镇存在于三种联系中——行政体系（治所圈）、军事体系（驻防圈）、经济体系（市场圈）。

二、城镇经济属性

中国古代城市首先是作为政治中心而存在，其次是作为地方经济文化中心，即治所既是政治中的城市，也是经济中的城市。施坚雅认为"行政治所只不过是经济中心地的一个子集合而已，因为所有治所都为腹地发挥着最重要的经济职能"[②]。首先，弹压地面虽然是主要职责，但是基层政府同样需要考虑有组织性地促进地区经济的发展，致力于提升地区商业的效率（增加税收），在维持地方稳定的同时避免经济控制权的旁落；其次，商业性城镇通常是地区人流聚集的节点，也是寺庙、行会、书院等诸多非政府机构的驻地，因此政府更愿意选择将"市廛连亘、人烟辐辏"之地作为官署衙门的驻地，以实现在宗教、军事、经济、文化等方面管控效益的最大化。

治所兼有行政和经济中心的属性。在经济发达地区，历经长期的调整和磨合，城镇行政格局与经济格局逐渐趋于吻合；但在发展滞后地区，二者在空间上存在偏离的可能。分异的原因在于二者底层建构逻辑的差异：行政体系是自上而

---

① （俄）阿·马·波兹德涅耶夫. 蒙古及蒙古人：第2卷 [M]. 刘汉明，等译. 呼和浩特：内蒙古人民出版社，1983：333.
② （美）施坚雅. 中华帝国晚期的城市 [M]. 叶光庭，等译. 北京：中华书局，2002：327.

下式，基于政治和军事控制；市场体系是自下而上式，报酬和运输成本是主要权衡因素。清代漠南蒙地"朔漠屏藩"的战略价值决定治所设立多从国家整体战略需求出发，由政府主导、自上而下地推动，以人为行政干预弥补成本代价。与此相对，商品流通网络中各级节点之间的距离、层级、规模的选择则遵循经济效益最大化原则，较之于治所构建，对于距离成本的变化更为敏感，且较少受人的意志左右。

两种逻辑的矛盾在清代蒙地设治中尤为显著，表现为政治地位与经济体量的不匹配。一种是发展达不到预期。宣统元年（1910年）择科尔沁右翼前旗放垦旗地醴泉镇设置醴泉县，并预设了规模——"南北街基长八百四十丈，东西街基广六百丈，城内南北大街七，小街六，东西大街一，小街四……"然而，现实发展却与之相左，"原册上列街基系就已经丈放者，统计之实际考察，县城居民无多，已放街基未建筑房间而弃置者占二分之一有奇"①。再如德惠县，宣统元年（1910年）于郭尔罗斯前旗放垦地大房身镇设置德惠县，析"怀惠乡全部、沐德乡的四、五、六、七、九甲来属"②，其原有条件比醴泉县要成熟得多。但是由于县城距离农安和长春过近，且后两者市集发育度较高，德惠县被明显地置于两者辐射范围之内，致使其"居民多赴二城交易，直至民国初年依旧人烟稀少"③，未能发展出与行政级别相符的县域经济。

另一种是经济体量远超政治身份。清末商品经济日益活跃、流通范围日益扩大，客观上要求办理资金存放和汇兑业务的出现，其中尤以山西票号为执牛耳者。根据田树茂的《清代山西票号分布图》，可以粗略描绘出清代蒙地的金融版图，"归绥9家、包头5家、丰镇4家、多伦2家、长春1家、凉城1家、赤峰1家、承德1家"④。由此可见，土默特地区的金融发达程度远远高于东蒙地区；而在行政级别上仅是萨拉齐厅下辖的包头镇，所拥有的票号数量竟然位列地区第二，风头盖过素有第二政治中心之称的承德府以及长春府、赤峰直隶州等高级治所。包头镇雄厚的经济实力来源于特殊的经济地理区位（邻近皮毛原产地和黄河水运），但这些却并非是地缘政治的考虑因素。

综上，欲了解清代蒙地城镇体系凝聚和演化的复杂运动，需要超越行政体系，增加对军事和经济两个空间结构的观察：分析蒙地城镇在大长城防御格局中的地位、职责、等级和从属等；以及在北路贸易格局中的商业职能、专业分工、层级、市镇距离等；最后综合分析行政、军事、经济格局的匹合情况发现规律性。

---

① 金毓黻. 奉天通志·城堡 [M]. 沈阳：辽海出版社，2003：2050.
② 凤凰出版社. 中国地方志集成·吉林府县志辑 [M]. 南京：凤凰出版社，2006：440.
③ 日本参谋本部. 蒙古地志·都会 [M]. 王宗炎，译. 呼和浩特：内蒙古社会科学图书馆，1985：988-989.
④ 田树茂. 清代山西票号分布图 [J]. 山西文史资料，1998（06）：178-182.

第二节　军事防御体系与驻防圈

一、驻防体系的建置过程

1. 明清之际漠南地区的时局背景

后金对漠南蒙古诸部采取渐进式的征服。明亡清兴之际，东北亚上演着明、蒙古、后金三个政权的力量博弈，交织着汉族、蒙古、满族三个民族的命运。当时的明王朝在气候异常、党争不绝、民变四起的冲击下，濒于崩溃的边缘；蒙古部族虽有宗主大汗——林丹汗，但其标榜的黄金家族身份和兼并政策，在漠南蒙古诸部中产生了巨大的离心力；反观建州女真，作为后起之秀异军突起，先后征服叶赫、辉发、乌拉等女真部，建立以女真人为主体的部族国家——金，并确立了对抗明朝的国策。概括言之，当时的时局写照是：明朝在沉沦、蒙古在分裂、满洲在勃兴。

在后金与明的角逐中，双方都意识到蒙古力量的介入将起到举足轻重的作用，因此均积极调整对蒙政策，力争将其拉至己方阵营，形成对对方的优势：明朝采取"以西虏制东夷"政策，以八万金的"市赏"换取察哈尔部对后金的钳制；后金利用蒙古内部的矛盾和内讧，通过联姻、结盟、封赏等极力争取东蒙地区部族的归降。与此相对，蒙古内部也逐渐分化为两大阵营：林丹汗视不断蚕食蒙古和力量壮大的后金为最大危险，选择"联明抗金"，在一定程度上保障长城地区的安全；科尔沁部和内喀尔喀部则逐渐依附满洲，采取"满蒙会盟、共同抗明"的政策。

经过几番较量，林丹汗病死于青海大草滩。次年，其子额哲率右翼三万户众归降并呈献传国玉玺。1636年蒙古大小49部领主于沈阳尊皇太极为大汗，称"**朝鲜已纳贡，察哈尔等部已归附……今为敌者，惟明国耳……**"①至此，东亚时局三足鼎立的格局转变为两极对抗：明朝"封贡制度"和"西虏制东夷"战略彻底瓦解，陷入孤立无援的境地；满蒙同盟增强了后金的军事实力，解除了后顾之忧；后金完成对明朝的战略包围，可取道蒙古进入长城，使关—宁—锦防线失去作用。

漠西准格尔部的威胁。康熙二十、二十一年（1681、1682年），三藩与台湾相继被平息，中国主体局势趋于稳定。于是，准格尔部逐渐成为清朝西北边疆之大患。清初，蒙古以大漠为界分为漠北喀尔喀蒙古、漠南蒙古和漠西厄鲁特蒙古。厄鲁特蒙古由准格尔部、和硕特部、杜尔伯特部、土尔扈特部组成，其中尤以准格尔部势力最盛。准部在掌控天山南北之后，击败土尔扈特部，逼迫喀尔喀

---

① 华文书局. 大清太宗文皇帝实录（一）：卷26天聪九年十二月丁酉[M]. 台北：华文书局：476.

三部遁走内蒙古,并染指漠南蒙古,直接威胁京畿安全。康熙二十九年(1690年),清圣祖康熙率军出关于乌兰布通击溃噶尔丹;康熙三十四年(1695年),再次于昭莫多击败准部。两次东侵的失败以及噶尔丹的自杀使其力量遭受削弱,但准部仍屡次与清朝对抗,犹如芒刺在背祛而不绝。直至乾隆年间,清朝乘准部内讧出师两路一举荡平之,并就此置伊犁将军在阿尔泰山地区推行盟旗制度。

清朝初年,西北蒙古边患历经康熙、雍正、乾隆三朝才得以平定,再加上漠南蒙古诸部的反复,其中尤以察哈尔部布尔尼的反叛影响最为深刻,这些促使清朝意识到加强漠南地区的控制关乎统治稳定,而一定的军事威慑则是治蒙经略的基础和保障。

2．清代漠南军事驻防体系的构建

有清一代,先后活跃于历史舞台的军事力量有八旗、绿营、乡勇团练、练军(新军)。其中,八旗军、绿营和练军(清末新军)是隶属于国家的经制军队;乡勇团练是清中前期遇事组建的临时性私人武装。在清朝大部分岁月里,由八旗节点控制、绿营地面弹压的军事体系是国家意志的具体执行者,虽然后期积重难返,然而"绿营之制,遂与有清相终始云"[1]。

(1)漠南八旗驻防体系的构建过程

八旗制度是清朝特有的一种兼顾生产和军事的社会组织模式,被历代清帝视为立国之本,改编自满洲原有的牛录制。清朝入关后,将八旗分为禁旅和驻防两部分:禁旅八旗驻扎北京;驻防八旗驻扎于全国都会和要冲之地,可细分为畿辅驻防、满洲驻防、直省驻防。从顺治初年至乾隆二十七年(1762年)伊犁将军的设立,从边地推及腹里,形成遍布全国由近百座八旗军事城堡所构成的驻防网络,其中畿辅地区6座、直省地区21座、东北地区44座、新疆地区6座[2]。

清代,漠南地区的八旗驻防主要分布于土默特、察哈尔、热河地区,隶属于绥远将军、察哈尔都统、热河都统,不仅对蒙地加以有效的控制,而且渗透至地方事务,对地区政治、经济的发展产生深远影响。下面简述其建置历程:

绥远将军为备战西北而置,沿革为"右卫/安北将军→绥远将军"。清初与准格尔部的多轮角逐,迫使清朝统治者意识到亟需在沿边合适之处设置战略据点:一来可备西北用兵的时下亟需;二来可长期形成对漠南诸部的震慑。起初,清朝中意于选址归化城,并派遣大臣"往勘归化城驻兵之地"[3],其地处山、陕、甘、蒙交接,头枕大青山,扼守草原和黄河,是联系大漠南北、长城内外的必经之地。然而,归化城规模较小,并曾焚毁于后金征服察哈尔的战火中,急迫的西北军情又无暇再筑新城。兵部尚书马齐认为可择归化城西南三十余里的浑津巴尔

---

[1] 清史稿·志一百六·兵制二。
[2] 朱永杰. 清代驻防城时空结构研究[M]. 北京:人民出版社,2010:28-31.
[3] 大清圣祖仁皇帝实录,卷一百五十七。

驻兵，但康熙帝以"该地无城，右卫有城，且近归化城"①为由否定该提议。最终，清朝采纳折中方案——在山西右卫城设右卫将军，同时于归化城设安北将军协助之，二者分处边墙内外，互为犄角和声援之势。虽然右卫和安北将军存在时间不长，但却初步实现了清朝驻防漠南的设想，为日后绥远将军的设立奠定了基础。乾隆时期，为配合"近疆固守"政策以及与准格尔部议和，清朝将征准大军撤回屯于土默特地区以备不时之需，因而筹备在归化城新筑一城。在处理新旧城关系方面，乾隆皇帝摒弃了新旧城合为一体的提议，认为新城宜专供八旗满军使用，旧城居民仍然居留原址，最终选择归化城东北五里地、大青山南麓新筑满城一座，曰"绥远城"。城毕后，移右卫将军于此，后更名为"绥远将军"。绥远将军的职务包括：统领驻防八旗、调遣宣大二镇绿营、兼管右卫驻防、管理杀虎口驿站和土默特地区卡伦、管理土默特部、监督喇嘛教、处理蒙旗纠纷、办理商民赴蒙部票、督办蒙垦等。

察哈尔都统为监控察哈尔而置，沿革为"张家口总管→独石口副都统→察哈尔都统"。察哈尔地区东接热河、西连土默特，明清更迭之际为林丹汗驻牧之所。天聪八年（1634年），林丹汗病死于青海大草滩。次年，其子额哲率众降清，被移驻于义州（今辽宁义县），分左右两翼归属都统和副都统节制。康熙十四年（1675年），时任察哈尔部首领布尔尼（林丹汗之孙、额哲从弟之子）趁三藩之乱清廷无暇北顾之际，率右翼四旗举兵反清并进逼宣化，驻守张家口之右翼四旗官兵"众哗毁边墙私遁"②与布尔尼汇合，其势一度甚大。由于京城八旗悉数南征，康熙皇帝急遣大学士图海率京城八旗家丁数万平叛。此役历时两月，布尔尼兵败身亡，其父阿布奈以叛逆罪处死于沈阳，参与起事的察哈尔首领一并处死，至此林丹汗子嗣绝。平息布尔尼之后，清政府加强对察哈尔余部的监控：一方面效仿内八旗在察哈尔各旗中设置正副总管、佐领、军校等直隶于中央的官职，并规定察部"在蒙古四十九旗外，官不得世袭，事不得自专，与各札萨克郡国子民不同"③；一方面将其移驻剳于大同、宣府边外，"东至克什克腾界，西至归化城土默特界，南至太仆寺牧场及山西边界，北至苏尼特及四子部落界"④；另一方面，通过"掺沙"的手法将随后厄鲁特、喀尔喀等内附部族编入察哈尔部，进一步瓦解部族凝聚力。

张家口、独石口是明长城宣府镇重要通边口岸。清顺治初年在张家口设八旗驻防专职边门看守和对蒙边贸，康熙年间置张家口总管，"总理张家口至阿尔泰新城地方二十九军台事务"⑤。乾隆朝贯彻"近边固守"方针，于长城沿线部署兵

---

① 大清圣祖仁皇帝实录，卷一百五十七。
② 齐木德道尔吉，黑龙，宝山，等. 清朝圣祖朝实录蒙古史史料抄（上）[M]. 呼和浩特：内蒙古大学出版社，2003：159.
③ 魏源. 圣武记·卷三外藩 [M]. 北京：中华书局，1984：97.
④ 王云五. 清朝通志·卷三十一地理略 [M]. 北京：商务印书馆，1935：6914.
⑤ 黄可润. 口北三厅志·卷四职官 [M]. 刻本. 1758（乾隆二十三年）.

力，乾隆五年（1740年）设独石口副都统，管辖独石口、张家口等地满洲八旗事务。乾隆二十六年（1761年），正式设立察哈尔正副都统驻劄于张家口，下辖张家口、千家店、独石口三处八旗驻防，专职"管辖满洲、蒙古官兵及张家口理事同知……至钱谷词讼，民间情况，俱属地方管理，不得干预。其宣化、大同二镇，附近张家口地方，亦听尔节制。"①

热河都统为行宫戍守而置，沿革为"热河总管→热河都统"。热河北临围场、南抵京畿、左右联系盛京和察哈尔地区，无论是外联蒙古满洲还是内保京师，都关乎清朝的统治根基，历来得到清帝的重视。随着木兰秋狝制度的确立和避暑行宫的兴建，热河的政治地位被进一步提高和巩固。为保障行宫和围场的安全，清朝每年派遣八旗和绿营军前往热河地区轮戍，为日后八旗驻防奠定基础。康熙四十二年（1703年），设置热河总管，隶于内务府，负责行宫日常维护、守卫以及征收地亩钱粮；雍正二年（1724年），赋予热河总管统辖八旗兵权，节制热河、喀喇河屯、化育沟三处八旗驻屯，实现驻防的长期化和固定化。乾隆年间，进一步调整和完善长城沿线驻防部署：一方面提高热河各驻防节点的兵力；另一方面将热河总管升为热河都统，扩充其管辖范围。在军事方面，除节制所属八旗，还管辖围场总管以及京畿河屯协副将所部绿营军；在民政方面，除办理旗民交涉外，还负责管理热河、承德等地方事务，包括督办垦务、办理税收以及发展工商业等。

（2）长城绿营驻防体系的构建过程

"首崇满洲"是清朝基本国策，但八旗人数不多，鼎盛时期不过二十余万人。有限的兵力面对庞大疆域有捉襟见肘之感，因此清朝实行"八旗为主、绿营为辅"的方针："*八旗劲旅，以强半翊卫京师，以少半驻防天下*"②；绿营则环其左右，负责地面弹压。在任务分配上，绿营是清朝"以汉制汉"战略的执行者，专职于地方边防、屯戍和差役等；而驻防八旗为缓解民族矛盾，一般不插手地方事务，只起监督和震慑作用，以形成"*隐然有虎豹在山之势*"③。

绿营为分省建置，长城地区多为前明九边降卒改编。清代漠南地区由于不存在省级建置，因此与境内州县一样，均隶属于比邻关内省份。除直接驻屯于蒙地的绿营之外，长城沿线绿营也参与了漠南军事驻防体系的构建：驻屯蒙地城镇的绿营多节制于长城沿线的高等级聚落，作为长城驻防体系在蒙地的延伸。例如，归化城营隶属于大同镇杀虎口协，建昌营、赤峰营隶属于河屯协，而河屯协隶属于古北口提督；绥远将军、察哈尔都统、热河都统都有权调遣和节制宣府、大同二镇绿营，是漠南军事防御系统的最高中枢，而长城驻防绿营则为其后援和补充。一言以蔽之，漠南治所的绿营驻军是长城驻防的分支，而长城驻防是整个漠

---

① 清高祖实录·卷六百六十九［M］. 北京：中华书局，1985：478.
② 清史稿·志一百六·兵制二。
③（清）恩泽，等. 荆州驻防八旗志·序［M］. 刻本. 1883（光绪九年）3.

南军事防御体系的后援。因此，在这种"你中有我、我中有你"的关系中，只有将漠南绿营放置于整体中考察，才能深入和全面地理解治所城镇在驻防网络中的价值；倘若仅仅是孤立地"就区域看区域"，则可能将其简单等同于城镇"保安队"，从而忽视其国防和守备的战略作用。

山西省设大同、太原两镇，直隶省设马兰镇、泰宁镇、天津镇、通永镇、正定镇、大名镇、宣化镇。其中与漠南军事防御体系最密切者，为大同镇、宣化镇、河屯协。宣、大二镇兼辖于绥远将军、察哈尔都统，河屯协兼辖于热河都统，且土默特地区绿营归属于大同镇杀虎口协和新平路，热河地区绿营归属于河屯协。

大同镇总兵官，设置于顺治十一年（1654年）驻劄大同，管辖镇标左、中、右、前四营，杀虎口一协，以及灵丘、新平、得胜、助马、山阴五路以及下属九营[①]。杀虎口协副将于归化城设置都司一员，节制归化城、萨拉齐、包头、多尔济、清河、沁昌六汛。靖远营设都司一员千总一员外委一员，驻劄和林格尔厅，下辖新安、五定、托克托以及清水河四汛。丰镇厅设把总一员，驻扎丰镇厅，隶属于得胜路守备，乾隆二十五年（1760年）改隶丰川营守备，光绪二十九年（1903年）裁汰。丰川营守备一员，设于乾隆三十五年（1770年），驻扎高庙子，光绪二十九年（1903年）裁汰，下辖四美庄把总和丰镇厅把总。

古北口提督，初为古北口镇总兵，雍正元年（1723年）改置为古北口提督，节制于直隶总督，管辖提标四营，兼辖古北口城守营、密云城守营、顺义营、石塘路营、河屯协营、八沟营、建昌营、赤峰营、朝阳营、三屯营、昌平营及直隶七镇。其中，河屯协初为康熙四十五年（1706年）所设河屯营守备，驻扎于喀喇河屯，康熙四十八年（1709年）移驻热河。雍正元年（1723年），添设河屯营参将，雍正十年（1732年）设八沟营守备、唐三营守备。乾隆二年（1737年）改河屯参将为副将，设左右二营，原中军守备改为中军都司。改八沟营守备为都司，与唐三营守备同隶于河屯协。河屯协副将以下各营及各州县捕盗营归热河都统兼辖。

宣化镇总兵官，设于顺治元年（1644年）驻劄宣化府城，管辖镇标左中右三营，独石口和多伦两协，以及宣化城守营、张家口营、蔚州路营、怀来路营、龙门路营、怀安路营及其下属军堡[②]。独石口协，清初置参将，雍正十年（1732年）改设副将，驻劄赤城县独石口，节制协标左右两营以及云州、赤城、镇安、龙门、滴水崖、靖安、马营、松树、君子、镇宁十堡。乾隆二十二年（1757年）直隶地方总督方观承奏请添设多伦诺尔官兵，"因其地孤悬独石口外，前因商贾聚集渐多，俨成市镇，蒙古民人交涉事件日繁，议设理事同知一员稽查弹压其

---

① 山西通志·卷四十八兵制。
② （清）李鸿章修，畿辅通志·卷一百二十经政略兵制。

地，为外藩四通之区，马驼严聚之所，又有产木产鱼产鳞之山场池泊，奸民易于匿聚，均须防范加严"①。多伦诺尔清初置都司辖一营隶属于独石口，光绪七年（1881年）改设多伦诺尔协置副将驻扎多伦诺尔，并析张家口左右两营来属为多伦协标左右两营，原多伦营为协标中营。多伦左营额设守备一员驻扎多伦诺尔，右营额设守备一员驻扎经棚，中营额设都司一员驻劄多伦诺尔。

二、驻防体系的层级控制

1. 八旗和绿营职官体系

八旗和绿营各自拥有相互独立的管理体系，一般情况下互不统属，但在特殊需求的地区，出现了"八旗统领兼辖绿营"的形式，起初仅节制都统直属的绿营军标，后期扩大至地方总督巡抚下辖的各镇协绿营②。例如：

"福州将军除统辖八旗驻防官兵外，兼辖福州城守营，节制福宁镇标、福州城守及同安等营……成都将军除统辖八旗驻防官兵外，统辖军标绿营二营，节制建昌、松潘二镇。"③

可以说在战略要地，以八旗统领兼辖为纽带，将八旗和绿营两套独立体系进行有机整合，弥合有事情形下军令传递的隔阂，形成应急状态下的新型模式，真正实现了"节点控制"与"网络覆盖"的效益最大化。

（1）驻防八旗管控层级

清代八旗系统由"禁旅"和"驻防"两部分构成：前者拱卫京师和皇宫；后者扼守龙兴满洲和直省要冲，分畿辅驻防、直省驻防、东三省驻防和藩部驻防四类，分归将军或都统管辖。清初，八旗驻防多为临时行为，由皇室亲王统帅，在各旗中抽调兵丁征战或屯戍某地，固定时间进行轮换，正所谓"有事征调、无事归旗"④。随着关内局势趋于稳定，出于对庞大疆域控制的考虑，原本临时驻防逐渐发展为长期化和制度化，且拥有与京旗都统衙门并存的独立管理体制。不同于八旗原有的"牛录—固山—甲喇"，驻防兵士直接听令于皇帝或将军、都统、城守尉等兵部直属官员。这意味着原有在旗人身依附关系的淡化，以及驻地新的从属关系的建立。

遍布全国的八旗驻防形制和分布并不统一，规模小者只有数十人，规模大者筑有专门的满城；在分布上，直省地区多集中于城市，边疆和畿辅地区多分散于关隘要地《钦定大清会典事例·卷四十五兵部》记载："驻防，则受治于将军、

---

① （清）李鸿章修．畿辅通志·卷一百二十经政略兵制．
② 定宜庄．清代八旗驻防将军兼统绿营的问题[J]．中国史研究，2003（04）：133-142.
③ 清史稿·志一百六·兵制二．
④ 定宜庄．清代八旗驻防研究[M]．沈阳：辽宁民族出版社，2003：118.

都统、副都统、城守尉、城防尉"①（图4-1）。主官品阶直接决定驻地的规模和地位，因此八旗驻防城的格局本质上是各级主官层级、职责、隶属等在空间上的投影。《盛京通志》记载："各驻防皆奉天将军统辖之地，自将军而下其最切要者则设副都统驻劄，次则城守尉驻防，次则佐领、骁骑校驻防。盖城守尉隶副都统，协领、佐领隶城守尉，骁骑校等员复隶协领、佐领，而皆统隶于将军。"②

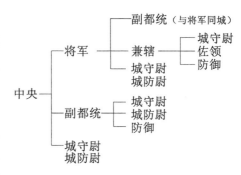

图4-1 八旗驻防层级体系
（图片来源：定宜庄.清代八旗驻防研究[M].沈阳：辽宁民族出版社，2003：118.）

将军：全称"镇守某处将军"，演化自清初"昂帮章京"，为八旗驻防最高长官，从一品满缺，下辖副都统、城守尉等。最早为顺治十八年（1661年）设"镇守江宁等处地方将军"，至清末全国共设14处将军驻防③。在漠南地区设置的将军级驻防为乾隆四年（1739年）绥远城将军，不仅执掌"整顿军务、戍守险要、管理卡伦驿路、节制各级驻防长官"等军务，更包括考核官员、兴办学校开启民智、赈灾救民、办理蒙旗刑律、管理商贸、办理蒙垦等地方民政。如商民出关所需的票照，需要至察哈尔都统、绥远将军处领取；而清末绥远将军贻谷更是全权督办蒙地放垦事务。

都统/副都统：在不设将军的地区置"都统"为最高一级军政主官，从一品，演化自清初"固山额真"，在掌管该旗军政事务的同时，兼管辖区地方民政事务。副都统多由总管升级而来，为正二品官衔，演化自清初"梅勒章京"。正/副都统"各守分地，以赞其治"④，在设有将军的地区节制于将军，但其人事调动仍由兵部决定，将军无权过多干涉⑤。在漠南蒙古地区设置的都统级驻防有热河都统、察哈尔都统。副都统级别驻防有归化城副都统、绥远城副都统（后裁入归化城副都统）、热河副都统（后更为热河都统）。

城守尉：正三品，在将军、都统辖区内的驻防城守尉由将军和都统兼管；未设将军或都统的地区或由巡抚/驻防大臣兼管。至清末，全国城守尉级别驻防城大约有十六个。

---

① 钦定大清会典事例。
② 盛京通志·卷五十一，四库全书，第五百零二册：233。
③ 朱永杰. 清代驻防城时空结构演变[M]. 北京：人民出版社，2010：46.
此处八旗驻防将军设置数量存有争议，这是由于部分地区由总管或都统管辖，但级别与将军同，故而有学者不同意将此类总管等划归驻防。本文采用朱永杰先生在《清代驻防城时空结构演变》一书中的观点。
④ 傅林祥，林涓，任玉雪，等. 中国行政区划通史：清代卷[M]. 上海：复旦大学出版社，2013：73.
⑤ 定宜庄. 清代八旗驻防研究[M]. 沈阳：辽宁民族出版社，2003：123.

总管：正三品，漠南地区部分驻防城起初设总管，后改为副都统或都统。例如热河总管和张家口总管。

此外，八旗驻防职官体系还包括防守尉、协领、佐领、防御、骁骑校、笔帖式等基层职务，其中防守尉为正四品，佐领从四品，防御从五品，有的驻屯本城，有的则分防要害之地，但并不单另筑城，"各视兵数多寡，定额有差，以掌巡防讥察之事"①。

（2）驻防绿营管控层级

绿营兵制脱胎于明代镇戍制。明朝实行都司卫所制度，"在交通枢纽、重要城镇设卫；要点如隘口等则设千户所；关口险隘但又不能容兵处则设百户所"②，形成"卫—千户所—百户所—总旗—小旗"的层级关系。后因对蒙战争的需求，在长城地区发展出"总兵镇守制"，即"总兵—副总兵—参将/游击—守备—把总"③的武职结构。清朝在接收前明九边降卒的同时，也对管理制度进行了调整和完善：首先，将非经制的明代镇戍制纳入国家经制，确保各镇官衔整齐划一，"将有品级、兵有定额"④；其次，将该制度由长城沿线地区推广至内地十八省。绿营驻防分为标、协、营、汛四级，对应"总兵—副将—参将—游击—都司—守备—千总—把总"的武职层级。其中标、协、营均以"营"为单位，即标营、协营，下设分营，分汛不设营（图4-2）。

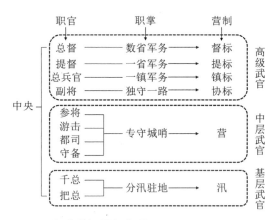

图4-2 绿营营汛层级体系

总督/提督/总兵官（标）：总督从一品，为一省或数省军政的最高长官，节制提督和巡抚，"掌厘治军民，综制文武，察举官吏，修饬封疆"⑤；提督为从一品武职外官，受督抚节制，总掌一省绿营兵权，下设若干军镇；总兵官为正二品武职外官，为镇守地方军镇的最高长官，地位次于提督。总督、提督、总兵为绿营指挥系统中的高级武官，其直属绿营称为"标营"，如总督直辖为"督标"、巡抚直辖为"抚标"、提督直辖为"提标"、总兵官直辖为"镇标"。"标营"专职于镇守和备战，一般集中驻屯于督抚城中，没有分汛事务。

副将（协）：从二品武职外官，直辖绿营称为"协"，通常从提督、总兵防区

---

① 傅林祥，林涓，任玉雪等. 中国行政区划通史：清代卷［M］. 上海：复旦大学出版社，2013：73.
② 中国军事史编写组. 中国军事史：第三卷［M］. 北京：解放军出版社，1987：409.
③ 李严. 明长城九边军事防御性聚落研究：［D］. 天津：天津大学，2007.
④ 罗尔纲. 绿营兵志［M］. 北京：商务印书馆，2011：25.
⑤ 清史稿·职官三。

内分离出来独守一处要冲之地。根据实际情况，协营下设若干分营或分汛。例如：河屯营协标二营驻防热河，下辖唐三营、八沟营、赤峰营、朝阳营。

参将/游击/都司/守备（营）：分别为正三品、从三品、正四品、正五品武职外官差遣，为绿营指挥系统的中层武官，分领一营绿营专守城哨，下设若干"汛"。其直辖绿营称为"营"，是绿营基本组成单位，兵力从数十人到千人不等。

把总/千总（汛）：分别为正六品、正七品，绿营基层武官，统领十数至百名不等兵力分驻汛地。"汛"是从"协"或"营"中分离出的基层组织，在绿营四级体系中，数量最庞大，分布最为细密，驻地零星分散而专司地面弹压、不参与作战训练。

2. 漠南地区驻防层级体系

相较于行政体系，驻防体系具有更为严格的等级关系和职责划分，以便在日常分散驻守，战时凝聚成战力。清朝在全国实行八旗驻防和绿营驻防两套相对独立的统驭体系，二者相互声援，但是基于"近疆固守"和"首崇满洲"的原则，漠南地区采取"八旗兼辖绿营"的方式，实现由均质化常规值守向非平衡性应急状态的转变。

（1）八旗驻防的层级体系

清代漠南地区的八旗驻防由绥远将军、察哈尔都统、热河都统构成（图4-3）。绥远将军是全国十三个驻防将军之一，地区唯一将军驻防城，下辖归化城副都统和绥远城副都统（后裁并归化城副都统），兼管山西右卫驻防城；察哈尔正副都统驻扎张家口，统辖独石口防守尉、千家店防御等；热河都统驻扎承德，统辖热河、喀喇河屯协领、桦榆沟协领三处驻防以及木兰围场总管。此外，绥远将军"如有需用绿旗官兵之处，于大同、宣化二镇绿旗官兵内，听其酌量调

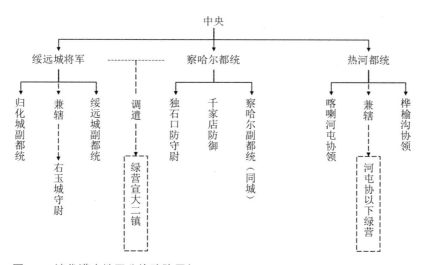

图4-3 清代漠南地区八旗驻防层级

遗"①；热河都统兼辖"河屯协副将以下绿营兵牟及各州县所设捕盗各汛"②。

（2）绿营驻防的层级体系

清代漠南地区主要由山西大同镇杀虎口协、直隶宣化镇和河屯协负责派兵弹压（图4-4）。大同镇总兵驻扎大同府，统辖杀虎口一协，灵丘、新平、得胜、助马、山阳五路，北楼、东路、偏关、平鲁、朔平、宁武、老营、河堡、水泉九营。五路九营及其分汛大多驻屯于大同、山西镇长城沿线军堡。杀虎口协额设副将一员，驻屯杀虎堡，统领马战兵740员、步战兵712员、守战兵148员，于土默特地区分驻归化、靖远二营：归化营额设都司一员，驻屯归化城厅，统领马步守兵81员，下辖归化城、萨拉齐、包头、多尔济、清河、沁昌六处城汛；靖远营额设都司一员驻屯和林格尔厅，下辖新安、五定、托克托、清水河四处分汛。丰川营额设守备一员，驻屯高庙子，隶于得胜路，下辖丰镇、四美庄两处分汛。

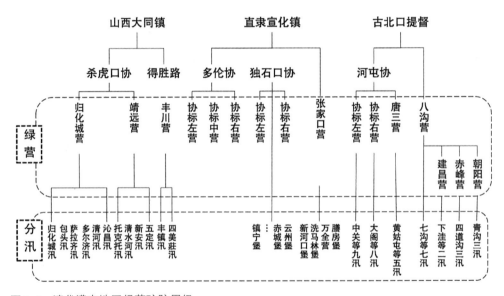

图4-4 清代漠南地区绿营驻防层级

直隶总督驻劄保定府，统辖古北口提督、七镇总兵、兼辖热河、奉天、吉林等处捕盗营。古北口提督驻屯古北口，统辖提标三营兼辖河屯协、三屯营、昌平营等；河屯协额设副将一员驻屯热河，统辖协标两营、唐三营。协标左营额设都司，分防喀喇河屯、马围子、中关、下板城、六沟、茅沟、二沟拨、二道梁、新嶂子九汛；协标右营额设守备一员驻劄土城子，分防森吉图、郭家屯、上黄旗、大阁、林家营、邓家栅子、土城子、虎什哈八汛；协标唐三营额设守备一员，统

---

① 佟靖仁. 绥远城驻防志：七十二 [M]. 呼和浩特：内蒙古大学出版社，1991：74.
② 《续修四库全书》编纂委员会. 续修四库全书 730 史部·地理类：热河志略·统制 [M]. 上海：上海古籍出版社，1996：772.

驭马步守员155员，驻屯承德府唐三营，分防黄姑屯、喇嘛洞、白虎沟、大店子、红旗拨五汛。

八沟营额设参将一员，统驭马步守兵284员，驻屯平泉州，兼辖建昌营、赤峰营、朝阳营以及分防波罗窊、樱桃沟、龙须门、丫头沟、七沟、波罗树、暖泉七汛；建昌营额设都司一员，驻扎建昌敖汉旗贝子府，统领马步守兵161员，分防波罗素他拉（今敖汉下洼镇）、敖汉胡吉尔图两汛；赤峰营额设都司一员，统驭马步守兵212员驻扎翁牛特旗杜梨子沟，分防哈喇木头、四道沟、音只嘎梁三汛；朝阳营额设守备一员，统驭马步守兵174员驻扎朝阳县土默特六家子，分防波罗赤、三道梁、青沟梁三汛。

独石口协，额设副将一员，下辖协标左右两营驻扎赤城县独石口，兼辖云州堡、赤城堡、镇安堡、龙门所、滴水崖堡、靖安堡、马营堡、松树堡、君子堡、镇宁堡十堡；多伦诺尔协，额设副将一员驻扎多伦诺尔，下辖协标左中右三营：协标中营额设都司一员，分防闪电河、二道河两汛；左营额设守备一员，驻扎多伦诺尔；右营额设守备一员，驻刻经棚。

（3）捕盗营驻防的层级体系

除上述绿营之外，部分治所尚设有捕盗营，统制与绿营相同，但节制于府、厅、州、县等地方行政官员，光绪二十九年起逐渐改为巡警队。因此，捕盗营的分布与州县治所格局是较为契合的，其把总、外委等分驻之处往往也是州县之下规模较大的镇。

清新政前，漠南地区设置的捕盗营包括：口外七厅捕盗营（归化城、萨拉齐、丰镇、宁远、清水河、托克托、和林格尔）；热河地区，热河捕盗营驻承德府；哈尔沁捕盗营分驻平泉州、黄土梁、卧佛寺；塔子沟捕盗营驻建昌县；三座塔捕盗营分驻朝阳县和鄂尔土板；乌兰哈达捕盗营驻赤峰县；察哈尔地区，张家口、独石口、多伦捕盗营隶属于各自厅员，但兵牟由对应绿营拨给。其中张家口捕盗营分驻太平庄、兴和城、乌里雅苏台三镇，独石口捕盗营分驻黑河川、丁庄湾、东卯镇三镇（图4-5）。

3. 漠南地区驻防城镇的层级划分

根据驻防主官级别、兵力规模、职权范围，可以将清代漠南地区驻防城镇划分为中心驻防、州县驻防和基层驻防三个层次，与行政系统中的"府—州县—市镇"存在一定的对应关系：

中心驻防：区域一级驻防，为八旗驻防，屯于地区首位治所或另筑满城，负责统制区域内满蒙八旗军务、操练、军械维护、日常生活等事宜。战时可以统筹调遣相关绿营，平时尚需总理蒙汉纠纷诉讼、管理驿站和喇嘛事务、征收赋税、督办蒙垦，甚至赈恤设学等民政领域。在区域军事和行政管控网络中均占据中枢地位，影响力覆盖一"道"区域，例如热河都统驻承德府、察哈尔都统驻张家

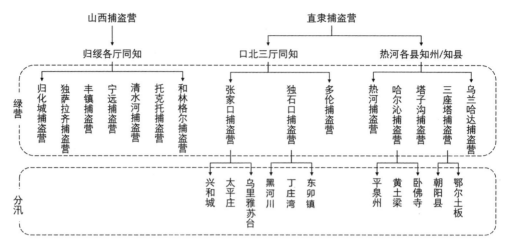

图4-5 清代漠南地区捕盗营层级

口、绥远将军驻绥远城。

州县驻防：区域二级驻防，为绿营驻防，屯于直隶厅、州、县等，独立镇守一州县地方，是绿营系统中承上启下的中间环节，上听令于副将或提督，下节制分驻于境内市镇、渡口、险要的分汛，一般不插手民政事务。例如，建昌营、唐三营、赤峰营、靖远营等。

基层驻防：区域三级驻防，多为绿营分汛驻防，只有桦榆沟和喀喇河屯为八旗佐领和协领驻扎，屯于州县之下规模较大的市镇，弹压范围是以市镇为中心的周边村屯。一方面缉拿匪盗，维护社会稳定；另一方面以武力为后盾参与征缴钱粮的社会管理实务。例如，乌里雅苏台汛、大阁儿汛、马围子汛、中关汛、下板城汛等。

三、驻防体系空间结构分析

1. 依托长城多中心簇状放射的空间结构

考虑到东蒙地区开发较晚，且后期设置多为巡警队等因素，清代漠南地区的军事驻屯主要分布在土默特、察哈尔和热河地区（图4-6），其中八旗分布基本均衡，集中驻屯各道域首治城镇：归绥道—绥远将军—绥远城、口北道—察哈尔都统—张家口、热河道—热河都统—承德。绿营分布的地区差异较大，热河地区网络化程度最高，归绥地区次之，察哈尔地区最低。从营汛的设置数量上来看，热河（51个）＞察哈尔（28个）＞土默特（21个）。从实际驻屯的分散程度上来看，热河＞土默特＞察哈尔。

直隶热河地区（图4-7），营汛建置共有51个，部分捕盗营和绿营同城，实际驻屯点有45个，分驻比率为88%。营级建置设有7个——河屯协左右两营、唐

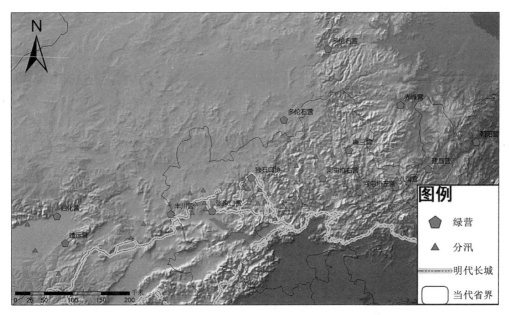

图4-6 清代漠南地区绿营驻防分布图

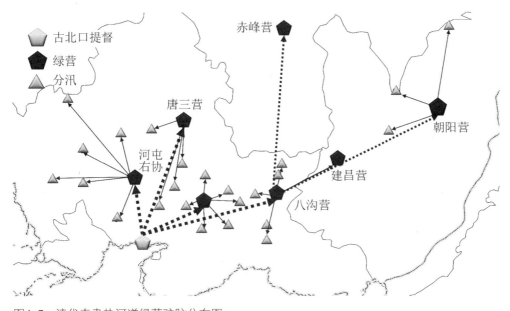

图4-7 清代直隶热河道绿营驻防分布图

三营、八沟营、建昌营、赤峰营、朝阳营，分驻于承德府、丰宁县、隆化县、平泉州、建昌县、赤峰、朝阳；营下分汛设有37个，但河屯右营之土城子汛为城防汛，因而实际分驻36处；承德、平泉、建昌、朝阳、赤峰五处治所均辖有捕盗营，但大部分驻扎本城，只有平泉州把总分驻卧佛寺和黄土梁二镇、朝阳县把总分驻鄂尔土板镇。

直隶口北道地区（图4-8），营汛建置设有28个，但多数绿营同城驻扎，且

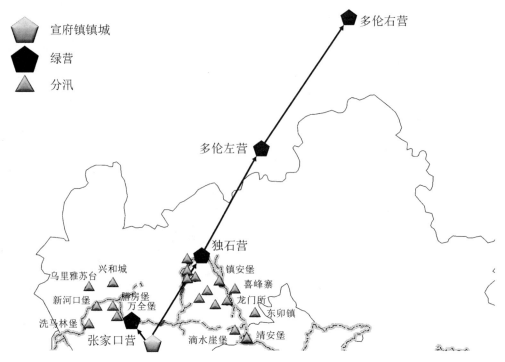

图4-8 清代直隶口北道绿营驻防分布图

分汛军堡多分布于长城线内侧，致使实际地处蒙地的驻屯点较少，仅有11处（包括张家口和独石口），分驻比率为39%。营级建置有6个，张家口营、独石口左右两营、独石口左中右三营，实际驻扎于张家口、独石口、多伦诺尔、经棚4座城镇；营下分汛有16处，张家口营下辖4堡、独石口营下辖10堡、多伦营下辖2汛，其中14堡均为明长城线堡寨，多伦城守汛驻扎本城，实际只有二道河一处蒙地分汛。各厅同知下辖捕盗营，除多伦厅下辖千总把总驻守本城外，其余分驻于兴和城、乌里雅苏台、太平庄、东卯镇、黑河川、丁庄6镇。

山西归绥地区（图4-9），绿营建置设有21个，除7厅捕盗营外，14个绿营营汛均各驻一处，分驻比率为66.7%。营级建置3个——归化城营、靖远营、丰川营，分别驻扎归化城厅、和林格尔厅、高庙子镇；分汛11处，分驻包头镇、萨拉齐厅、多尔济、沁昌、清河、托克托厅、清水河厅、新安、五定、丰镇厅、四美庄。

综上所述，不难发现在漠南地区驻防结构中，长城军堡是不可或缺的组成。一方面是由于部分绿营可节制长城沿线军堡，如张家口营节制膳房、万全、洗马林、新河口4堡、独石口营节制云州、赤城、松树等10堡；更主要的是，蒙地绿营均节制于长城沿线的上级驻防，如归化城、靖远营节制于杀虎口协（驻杀虎口）、丰川营节制于得胜路（驻得胜堡），多伦营、独石口营、张家口营节制于宣化镇（驻宣府），河屯协各营节制于古北口提督（驻古北口）。从这个角度看，漠南驻防体系实际上是作为长城军防体系的关外延伸，较之于自身的独立性和完整

第四章 清代漠南地区城镇组织结构

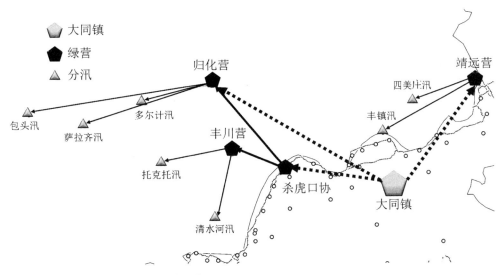

图4-9 清代山西归绥道绿营驻防分布图

性，更应将其理解为整个长城系统的子系统。

漠南地区驻防受到来自长城线的由内向外的推力，自然形成了依靠长城、面向蒙地的簇状放射的空间结构。该结构包含两个维度，就营级建置而言，是多个蒙地绿营围绕一个位于长城线的高级驻防形成的"多对一"格局；就汛级建置而言，是多个蒙地分汛和一个蒙地绿营形成的"多汛对一营"格局。扩展至全域，则若干个平行于长城线外侧的簇状放射结构奠定了漠南地区驻防的基本骨架。偏心放射是一种具有方向性的非均匀性结构，与蒙地渐进式的开发历程相契合（图4-10）。

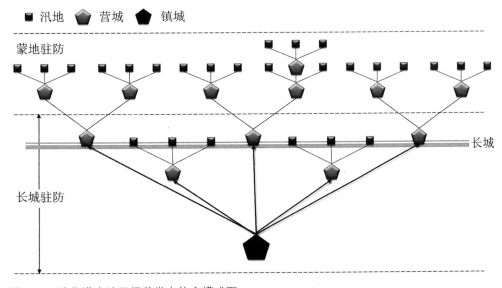

图4-10 清代漠南地区绿营常态值守模式图

141

2. 横向分段+纵向分层的常规值守结构

"营",是绿营系统最基本的单位,拥有独立的防区和营—汛结构,常态值守情况下相互独立,直接听令于上级军镇或协标。漠南地区的绿营大致沿长城线北侧横向并列分布,自西向东划分为14个"营"区(图4-11):归化城营、靖远营、丰川营、张家口营、独石口营(左右营同城)、多伦中营(左营同城)、多伦右营、河屯协右营、唐三营、河屯协左营、八沟营、赤峰营、建昌营、朝阳营。绿营相互不统属,拥有一定范围的辖区,在听令于上级提督、副将、总兵的同时,节制境内下属分汛,形成微观尺度下独立且完整的基本单元。

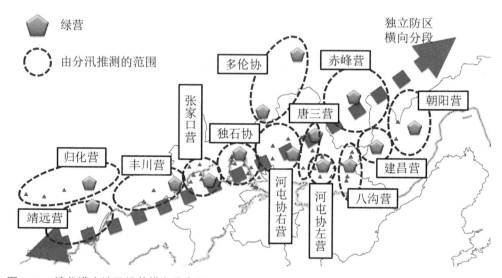

图4-11 清代漠南地区绿营横向分布图

虽然漠南地区部分设有高于营级建置的统领,如多伦协副将驻多伦诺尔、河屯协副将驻承德,但从宏观上来看,蒙地绿营仍受到来自后方长城军堡的节制,是隶属于长城沿线军镇的子系统,如多伦协节制于宣府总兵、河屯协节制于古北口提督,归绥地区则节制于杀虎口协。从大长城防御的角度来看,漠南地区的防御态势是以拱卫于蒙地的绿营为第一道防线、长城沿线军堡为第二道防线的南北纵深防御,前者为延伸,后者为支援(图4-12)。杀虎口副将领兵1600人,驻杀虎口堡,下辖归化城营和靖远营;得胜路参将领兵503人驻得胜堡,除统领驻于高庙子的丰川营之外,还兼辖长城沿线6座军堡497名士卒。

3. 高级别聚落前置的应激非均匀结构

清代漠南地区的驻防格局是"节点"和"网络"的并存结构:八旗驻屯核心城市;绿营依托长城防线以簇状布控。两套体系相互独立、各司其职,但由于漠南地区具有"朔漠屏藩"的战略属性,这种互不统属的并存关系不利于在紧急态势下局部兵力快速集结与投放。因此清朝设计了"八旗兼统绿营"的形式,使得

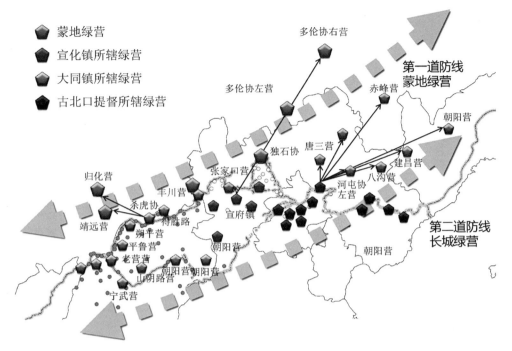

图4-12 清代长城纵向防御体系

重点地区八旗和绿营的整合成为可能。

具体"兼统"形式为：绥远将军和察哈尔都统可酌情调遣宣大二镇绿营，热河都统可调遣河屯协副将以下绿营及各州县捕盗营。有清一代，绿营虽有标、协、营之分，但以"营"为基本单位，所谓"标营、协营、营"只是因统领不同（提督、总兵、副将）。营制的独立性意味着，宣大两镇绿营（至少驻屯于蒙地的绿营），在有事情况下，将会与蒙地八旗驻屯直接搭建新的体系，使得原有"节点+网络"的并置格局被整合为"中心放射"的唯一结构（图4-13）。

归化城、和林格尔、高庙子是山西大同镇杀虎口协、得胜路的关外据点，兵力规模不过百人，关系为"杀虎口—归化城、和林格尔，得胜堡—高庙子"。但在兼统情况下，归化城成为地区唯一的中枢，规模也整合为2781名士卒，关系变更为"归化城—靖远营、丰川营以及大同镇长城沿线军堡"；口北地区的常态驻屯结构为"宣府—张家口、独石口、多伦"。在兼辖情况下，倒置为"张家口—独石口、多伦以及宣化府各营"；热河地区的常态驻屯结构为"热河—丰宁、隆化；平泉州—赤峰、建昌、朝阳"，且节制于古北口提督。在兼统情况下，变更为"热河—丰宁、隆化、平泉州、赤峰、建昌、朝阳及捕盗营"。

综上所述，可以发现在应激状态下，重构的最大特征在于高级别聚落的前置，以及由此带来的系统重心的偏移。在常态值守情况下，专职于镇守的绿营系统指挥枢纽均居于后方（长城线及其以南地区），前方是由蒙地城镇绿营构成的缓冲空间；在应激状态下，长城外侧的八旗驻防担当起整合系统的最高枢纽，将

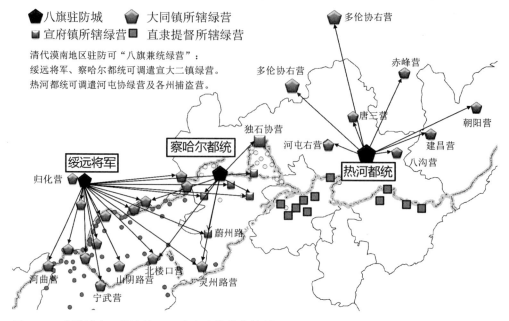

图4-13 应激状态下漠南地区可能出现的统辖格局

原有重心从后方置换至前线,在值守中占据主体地位的长城军防下降至后备和补充。与此相应地,驻防统驭关系向前推移,并且使得高级聚落前的缓冲空间较大幅度地压缩。这使得在驻防位置不发生变更的前提下,整体结构由"守势→攻势"的转变,表现出更为积极主动的姿态(图4-14)。

此外,重构系统具有较强的可变性和动态性。绥远将军和察哈尔都统可酌情调遣宣大二镇绿营,二镇在蒙地设有11营,在长城线及近边地区大约有30营。这意味着在有事情形下,八旗主官可以根据需求在局部地区迅速完成兵力集结和投

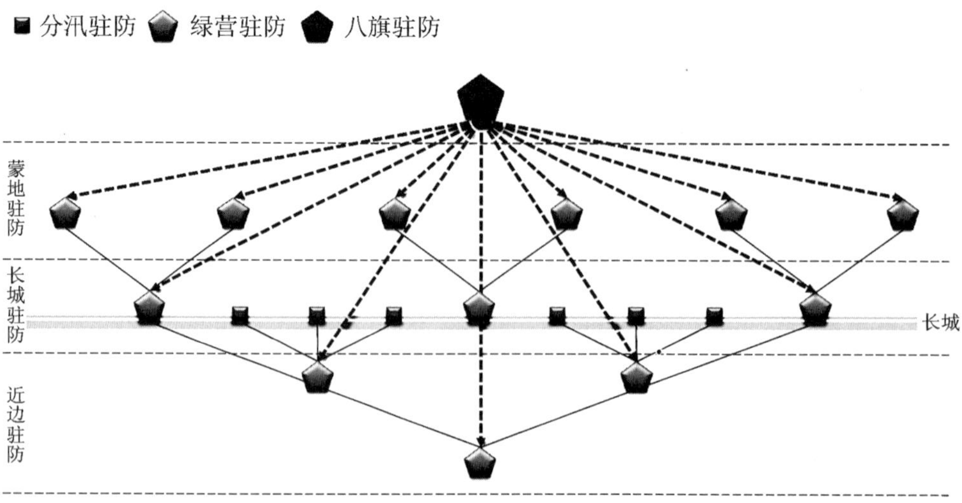

图4-14 清代漠南地区驻防圈应激状态模式图

放，激发微观尺度上多种不均匀模式的组合，确保局部对敌兵力优势。可见，清朝结合治所城镇和长城军堡设计的防御体系具有常态和战时两种状态，即可以避免在蒙古本土大量驻军引发的民族矛盾，又可以有效地利用外围兵力形成威慑，实际效果远比修筑长城更为合理、有效和隐蔽。

需要补充的是，上述"兼辖"关系不只见于漠南地区，广州将军、福州将军、成都将军、伊犁将军也可调遣绿营。这说明通过"八旗统辖绿营"的方式将均质化的值守模式变更为非均匀的应激模式，已然成为清朝在处理边地民族地区的一种常规手段。

四、驻防圈与行政格局的吻合关系

无论是行政体系，还是驻防体系，变化的只是城镇之间的关系或组合方式（表4-1），而非空间位置。对比上表，可以发现同一城镇在民政和军政体系下地位的异同，而探究二者的吻合程度及其成因将有助于深刻理解蒙地城镇的时代性和地域性。

行政层级-驻防层级对应表　　　　　表4-1

城镇	行政级别	八旗级别	绿营级别	城镇	行政级别	八旗级别	绿营级别
承德	府城	都统	河屯协	大阁儿	巡检	—	—
平泉州	县城	—	八沟营	黄姑屯	巡检	—	—
丰宁县	县城	—	协标右营	鞍匠屯	巡检	—	—
建昌县	县城	—	建昌营	鄂尔土板	巡检	—	—
滦平县	县城	协领	汛	大庙	县丞		
隆化县	县城	—	唐三营	大宁城	州判		
赤峰州	直隶州	—	赤峰营	四家子	县丞		
朝阳县	县城	—	朝阳营	蟒庄	巡检		
郭家屯	巡检	—		桦榆沟		佐领	
口北三厅地区							
张家口	直隶厅	都统	张家口营	乌里雅苏台	—	—	汛
独石口	直隶厅	防尉	独石口协	太平庄			汛
多伦	直隶厅		多伦协	黑川河			汛
白岔	巡检	—	—	丁庄湾			汛
经棚	巡检	—	—	东卯镇			汛
千家店	—	防御		兴和城			汛
归绥地区							
归化城	直隶厅	绥远将军	归化营	毕克齐	巡检		
和林格尔	直隶厅		靖远营	大佘太	巡检		
萨拉齐	直隶厅		汛	多尔济			汛
清水河	直隶厅		汛	沁昌			汛
托克托	直隶厅		汛	新安			汛

续表

城镇	行政级别	八旗级别	绿营级别	城镇	行政级别	八旗级别	绿营级别
丰镇	直隶厅		汛	五定			汛
宁远	直隶厅		汛	四美庄			汛
张皋镇	巡检			高庙子			丰川营
包头	巡检			清河			汛

1．驻防和行政层级的不完整性（图4-15）

（1）经制上，驻防和行政为4级体系

清朝，地方实行的是"省—府/直隶厅/直隶州—县/散州"的三级行政管理，但现实中为了更有效地控制广大乡村地区，对于自发形成的较大规模市镇，也通过派遣行政长官将其纳入行政体系之中，作为文官系统在州县以下地区的延伸。因此，地方设官城镇扩展至4级，即省城、府/厅城、州/县城、次县级市镇。

绿营驻防实行的是"标—协—营—汛"4级管理，对应于"总督/巡抚/总兵—副将—参将/游击/都司/守备—千总/把总"四级军事主官。以大同镇为例，"大同镇总兵—杀虎口副将—归化城营都司—汛把总"对应驻扎于"大同府—杀虎口堡—归化城—包头镇"；八旗驻防实行的是"将军/都统—副都统—城守尉—协领/防御"，其驻防城也相应地分为4个等级。

（2）实际上，驻防和行政施行3级管理

虽然行政和驻防体系在经制上为4个层级，但具体就漠南地区而言，无论是民政州县，还是绿营和八旗驻防，均存在层级缺失的现象，即体系不完整。行政方面：山西、直隶的省城均置于关内，在漠南地区实行的是"府/直隶厅/直隶州—州县—市镇"，缺失最高级"省"。绿营方面：宣大两镇军标均置于长城沿线或内侧，在漠南地区实行的是"协—营—汛"，缺失最高级"标"。通常情况下，执掌一省军务的总督、提督、巡抚驻扎于省城，如山西巡抚兼总督驻扎太原、直隶总督驻扎保定。由于漠南地区并非独立的省级建置，因而造成"督标""抚标""提标"的缺失。除此之外，统辖蒙地绿营的宣大镇总兵和古北口提督均驻扎于长城军堡，致使漠南地区绿营系统中也不存在"镇标"。

漠南地区八旗驻防层级为"将军—副都统—协领/防御"，缺失"城守尉"级别驻防城。虽然绥远将军"兼管"的右卫驻防城因其主官移驻绥远城而降级为城守尉，但右卫位于长城沿线（今山西省右玉县），并不能严格划归至蒙地的八旗驻防。

（3）层级的缺失体现各自侧重的偏差

在一个完整的地理单元内，为便于政令的有效传达和执行的协调统一，无论是行政体系还是军事体系，都力图构建完整的层级关系。各直省、军镇的辖区也均是以大江、大河、山脉等地理界限围隔出的相对独立的区域，例如以太行山相隔的山西和直隶，划黄河为界的山西陕西、四川盆地等。清代漠南地区的地理划分正如《清史稿·地理志》所记载：

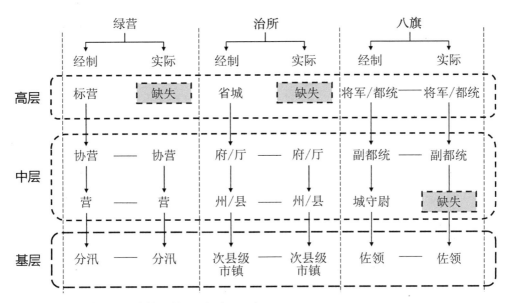

图4-15 清代漠南地区城镇经制层级与实际层级

"东界吉林、黑龙江，西界厄鲁特，南界盛京、直隶、山西、陕西、甘肃，五省并以长城为限。"①

可以看出，"长城"实际上充当了地理界限的角色，将所经地区分为南北两部分。长城虽为人造而非天堑，但历经农牧双方的反复博弈，最终维系着"半湿润与半干旱区域的划分"②，本质上是400毫米等降水线迤逦大地上的人为标识：农耕民族向北突破长城线，终因土壤环境不适合耕种而无法实行稳定统治；南下的游牧民族也难逃最终融入农耕经济的命运。

民国时期，长城北侧出现了塞北四省的行政区划，即宁夏省、绥远省、察哈尔省、热河省，后三者构成了今日内蒙古自治区的大部。民国时期的筹省举动说明历经清代的发展口外地区在经济、文化上已然具有一定的体量和结构，侧面验证了其地理和人文环境的独立性和完整性。然而，面对较为独立的空间单元，清朝设计的军政体系均存在一定的残缺，这一点是值得思考的。

行政和绿营系统缺失的是首位层级，以下三个层级依旧完整。这说明清代漠南地区在开发上虽然无法对标省级单位，但其空间的容量和完整度依旧可以支撑次省级单位——道，例如山西归绥道、直隶口北道和热河道，以及清末的奉天洮昌道。同时，行政和绿营系统的高等级聚落均在关内，表明口外地区作为内地政权延伸的基本属性。

反观驻防系统，虽然绿营缺失标营层级，八旗缺失城守尉层级，但是通过

---

① 清史稿·地理志二十四。
② 冯嘉苹，程连生，徐振甫. 万里长城的地理界线意义[J]. 人文地理，1995（3）：50-55.

"八旗兼辖绿营"的方式，仍可将蒙地八旗和绿营整合成完整系统：将军、都统控制长城外侧枢纽城市，蒙地和长城线绿营随时听其调遣，充当后备和补充。即使在常态值守情况下，总揽军政大权的八旗驻防高等级聚落仍然处于关外地区。可以推断，口外的行政重心在关内，是民治系统的对外延伸；驻防重心在关外，长城是其依托和后援。这说明在清政府的战略版图中，蒙地的军事意义远远大于地方行政意义，治所城镇的"边城"属性远大于"治城"属性。需要注意的是，正是因为驻防体系的首位完整性，才使得其在地区开发过程中能够不断地向地方事务渗透，并最终成为民国时期口外筹省运动的直接推动者和制度奠基。

2．驻防和行政层级的对应关系（图4-16）
（1）地区一级治所均为军事高级驻地

地区一级治所，为道治或府治，对应驻扎八旗系统的将军/都统或绿营系统的副将。城市在行政和驻防系统均占据中枢地位，首位身份高度契合。归化城是归绥道道治所在，建有归绥兵备道道署，同时也是归化城副都统驻地。绥远城虽为归化城东北五里许新筑，考虑到两城的关联性，可将二者视为整体；直隶口北道治于宣化府，下辖的张家口、独石口、多伦诺尔均为直隶厅，级别等同于府城。外加上口北地区只有村屯未设州县，故而三者为察哈尔地区行政级别最高者，分别是察哈尔都统、独石口协副将、多伦协副将驻地。承德府是热河道道治所在，修建有热河道署、承德府署等衙门机构和避暑山庄，同城驻扎有热河都统和河屯协副将，在城内和城郊建有都统署和河屯协副将署、河屯协中军都司署。

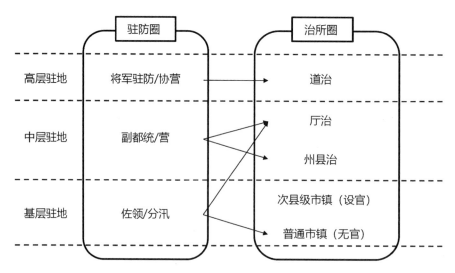

图4-16　清代漠南地区驻防与治所对应关系

（2）地区二级治所部分为绿营驻地

地区二级治所，包括州县和归绥道所属直隶厅，基本对应绿营营制，但地区间差异显著。归绥地区为"多厅一营"：归化城驻归化城营，辖区覆盖萨拉齐厅；和林格尔厅驻扎靖远营，辖区覆盖托克托厅和清水河厅；丰川营驻高庙子（非厅城），辖境包括丰镇厅；察哈尔地区为"一厅多营"：除张家口驻一营外，独石口厅和多伦厅均驻扎两营，此外多伦厅境内经棚镇尚驻扎一营，等于在多伦厅境内设有三营；热河地区基本实现"一县一营"：丰宁县驻河屯协右营、隆化县驻唐三营、平泉州驻八沟营、赤峰驻赤峰营、建昌县驻建昌营、朝阳县驻朝阳营。

可见，察哈尔地区的设营密度最高，在未新增聚集中心的情况下，凸显该地防御的重要性；热河地区次之，接近长江三角洲的设营水准[①]，间接反映地区开发程度；归绥地区最低，至少可以认为该地不存在较严重的防卫和治安压力。造成格局差异的原因，不仅是出于纯军事防御的考虑，守卫热河行宫、控制因开垦移民不断涌现的城镇，以及监控察哈尔部，也是绿营大量设置的理由。

（3）地区三级治所与分汛的对应出现偏差

地区三级治所，指州县以下佐贰官分驻的次县级市镇，与绿营分汛的对应关系出现较大分异，表现为：部分三级治所未驻扎分汛；大量分汛驻地没有文官分驻。土默特、察哈尔、热河共有三级治所16座，其中只有6处设有绿营分汛，即包头镇—萨拉齐巡检司—归化城营包头汛、郭家屯镇—丰宁巡检司—河屯右营郭家屯汛、大阁镇—丰宁巡检司—河屯右营大阁汛、黄姑屯镇—丰宁巡检司—唐三营黄姑屯汛、鄂尔土板镇—朝阳县巡检司—三座塔捕盗营鄂尔土板汛，还有经棚镇—多伦巡检司—多伦右营。

大部分分汛设置于未派文官治理的重要集镇。《清史稿·地理志》对州县境内的大镇作有记录，将其与分汛驻地进行比对，发现二者具有较高的契合度，说明控制规模较大的基层市镇是绿营设汛的重要原则之一。《清史稿·地理志·志二十九》记载："张家口厅……三镇：兴和城、太平庄、乌里雅苏台……独石口厅……四镇：丁庄湾、黑河川、东卯镇、千家店……"[②] 而此七镇均有分汛驻防，即张家口捕盗营千总驻兴和城、把总驻太平庄、外委把总驻乌里雅苏台、独石口捕盗营千总驻黑河川、把总驻丁庄湾、外委把总驻东卯镇、协领驻千家店。其余对应情况参见表4-2。

[①] （日本）太田出. 清代绿营的管辖区域与区域社会——以江南三角洲为中心[J]. 清史研究，1997（02）：36-44. 文中作者统计安徽、江苏设营情况，认为苏北和安徽的设营原则为"一府一营"、江南三角洲为"一县一营"。

[②] 清史稿·地理志·志二十九地理志一。

次县级市镇—分汛对应统计表　　　　　　表4-2

名称	隶属	设汛	属营	名称	隶属	设汛	属营
兴和城	张家口厅	汛	张家口营	上黄旗	丰宁县	汛	协右营
太平庄	张家口厅	汛	张家口营	林家营	丰宁县	汛	协右营
乌里雅苏台	张家口厅	汛	张家口营	森吉图	丰宁县	汛	协右营
丁庄湾	独石口厅	汛	独石口营	白虎沟	丰宁县	汛	唐三营
黑河川	独石口厅	汛	独石口营	七沟	平泉州	汛	八沟营
千家店	独石口厅	—	—	丫头沟	平泉州	汛	八沟营
东卯镇	独石口厅	汛	独石口营	暖泉	平泉州	汛	八沟营
唐三营	承德府	营	河屯协	樱桃沟	平泉州	汛	八沟营
中关	承德府	汛	协左营	龙须门	平泉州	汛	八沟营
下坂城	承德府	汛	协左营	波罗树	平泉州	汛	八沟营
新漳子	承德府	汛	协左营	塔拉波洛洼	平泉州	汛	八沟营
六沟	承德府	汛	协左营	卧佛寺	平泉州	汛	哈尔沁营
二沟	承德府	汛	协左营	六家子	朝阳府	—	—
三沟	承德府	—	—	波罗赤	朝阳府	汛	朝阳营
茅沟	承德府	汛	协右营	青沟	朝阳府	汛	朝阳营
虎什哈	滦平县	汛	协右营	三道梁	朝阳府	汛	朝阳营
大店子	滦平县	汛	唐三营	贝子口琴	建昌县	—	—
喇嘛洞	滦平县	汛	唐三营	波罗素他	建昌县	汛	建昌营
红旗	滦平县	汛	唐三营	胡吉尔图	建昌县	汛	建昌营
喀喇河屯	滦平县	汛	协左营	大城子	建昌县	—	—
马圈子	滦平县	汛	协左营	杜梨子沟	赤峰州	汛	赤峰营
三道梁	滦平县	—	—	哈拉木头	赤峰州	汛	赤峰营
荒地	丰宁县	—	—	四道梁	赤峰州	汛	赤峰营
邓家栅	丰宁县	汛	协右营	音只嘎梁	赤峰州	汛	赤峰营

（资料来源：市镇资料来源于《清史稿·地理志·志二十九》，分汛资料来源于《畿辅通志·第120卷》。）

州县以下的基层社会是以具有商品交换功能的集镇为中心、周围村屯围绕而成的社会共同体——农民和商贩在此交换生产/生活必需品，而人员的往来和货物的流动都必须以安全的社会环境作为前提，猖獗的匪盗将严重堵塞基层的资源流通渠道，因此构建以中心市镇为节点的分汛网络是十分必要的，有利于基层社会的稳定和商品流通。

清代漠南地区的绿营分汛除了维持治安、缉拿匪盗、保护行人之外，还在一定程度上参与地方管理，例如"催徵地亩钱粮之事"，而这些都本应属于文官负责。《口北三厅志》对此记载有：

"多伦诺尔巡检，乾隆三年设，管理查缉逃盗匪类及监狱之事……"

"张家口同知所属分汛千总，雍正二年设，驻劄张家口西乌里雅苏台，巡查张家口以西村庄逃盗奸匪及催徵旗民地畝钱粮之事……"

"独石口同知所属分汛千总，雍正十二年设，驻劄独石口东黑河川喜峰砦，查独石口东南一带村庄逃盗奸匪及催徵旗民地畝钱粮之事……"

州县之下的乡村地区，由于地域广袤、人民混居、行政力触及不到等原因造成社会环境极其复杂，漠南地区更是蒙汉旗民混杂，因此有必要在"**藏奸犯科、吏治察核刑名审传诸多不便**"的地区，以武力为后盾确保行政力的延伸，将绿营分汛转变为行政系统的终端补充。

综上，清朝通过文官和武官两个系统实现对边地的控制，两条线索在一级治所是高度重合的，在二级治所的对应中出现了地区差异，在州县以下的基层市镇中更是表现为并置关系。整体来看，明显的"越级"现象没有发生，即低级行政治所驻屯高级别武官，说明行政和军事体系的层级方向性是一致的。进一步推测，可能在设治过程中二者本身就是融为一体的综合考虑。此外，分汛的设置与基层市场圈具有一定的重叠。由此可以推断，在高级别治所的设置过程中行政和军事因素占主导地位，基层分汛的设置受经济因素左右较大。

第三节 经济商贸体系与市场圈

"……把中国疆域概念化为行政区划的特点，阻碍了我们对另一种空间层次的认识。这种空间层次的结构与前者相当不同，我们称之为经济中心地及其从属地区构成的社会经济层级。就一般情况而言，在明清时期，一个地方的社会经济现象更主要的是受制于它在本地以及所属区域经济层级中的位置，而不是政府的安排[①]。"

明清时期是中国城镇大发展时期，最显著特征是城镇经济的活跃和基层市镇的兴起。在全球贸易蓬勃的背景下，得益于以十大商帮为主体的长距离商品物流网络的形成和完善，原本封闭和孤立的地理单元被逐渐纳入统一的全国性市场，成为市场网络的各级节点。这种更大范围、更深层次的地域联系表现为：在广域上，覆盖所有地区，无论是繁华的太湖流域还是边外的塞北；在纵深上，随着不同等级经济中心的涌现，市场网络在不同尺度上进行分化。撇开城镇之间的军政联系，因商品贸易引起的职能分工和市场联系逐渐成为明清城镇群的又一聚集力。区别于自上而下地、行政力干预引发的聚集现象，经济活动在空间聚集过程中遵循的是另一套法则——规模报酬与运输成本的权衡，人为意志的影响则相对较弱。因此，在理解政治城市和军事城市格局特征的基础上，本节将探讨经济城镇的空间格局特征（层级划分、职能分工、空间分布）及其与政治城镇格局的吻合关系。

---

① （美）施坚雅. 中华帝国晚期的城市 [M]. 叶光庭，等译. 北京：中华书局，2000：1.

一、层级划分：规模与功能

清代商品经济发展的显著特征是全国性市场的建立和县下市镇的兴起：前者依托长距离货运，将分散、孤立的地理大区整合成统一市场，进而推动内部重构和外部整合；后者凭借庞大的数目扎根基层，完善了商品集散终端。二者分别从首尾两个方向推动市场网络的形成。

对于清代市场层级划分，当前并未形成统一的意见：施坚雅以长江上游地区为实证区域，推测清末全国存在八个等级的经济中心地，从低到高分别是标准市镇、中间市镇、中心市镇、地方城市、较大城市、地区城市、地区都会、中心都会；吴承明认为在鸦片战争前全国存在全国性市场、区域市场、城市市场、地方小市场四个层级，其中城市市场是最活跃的形式[1]；许檀将明清城乡市场网络划分为流通性枢纽、中等商业城镇、农村集市三个层级[2]，认为清末全球资本的入侵并非开创一个全新的体系，而是对已有基础进行改造。对比之下不难发现这些划分存在一定的共性：

（1）均采用"功能—结构"的分析方法，超越行政区划的局限，具体考证节点（城镇/市场）在市场体系中垂直方向的上下关系，以及在水平方向的横向联系。说明学者在这一点上达成了普遍共识：治所级别与市场规模不存在严格的对应关系，节点联系遵循不同的原则，不能套用历史时期的行政结构来研究市场体系。

（2）首尾两级是清晰和一致的。最高级市场，是拥有长距离贩运和大宗过境货物、直接参与全国性市场构建的区域节点城市，辐射范围至少在一省以上，大多设有中央级的税关（清代分为户部关和工部关）；最低级市场，是辐射周边村屯的基层市镇，以定期举行的集市贸易（村市/墟市/草市）为纽带形成自给自足的基层社会共同体，是国家行政力量的真空地带，更多地依靠民间组织进行自我管理以及调节与政府之间的关系。

（3）中间级分异明显。顶层和基层市场既是外部货物进入本地的起点和终点，也是本地物产流出的终点和起点，中间通过各级市场"承上启下"，确保"集"/"散"两个方向流通的通畅。分异主要表现为中间市场层级的划定。陆希刚将江南中间级市场分为四个等级，即标准市镇、中心市镇（巨镇和人口不满万的县）、地方城市（县+巨镇）、中心城市（州府）[3]；施坚雅更是在这一区段细分出6个层级，中间市镇、中心市镇、地方城市、较大城市、地区城市、地区都会。

造成这一现象的原因是，将"市场规模"作为"市场层级"的划分依据，

---

[1] 吴承明. 论清代前期我国国内市场[J]. 历史研究, 1983（01）: 96-106.
[2] 许檀. 明清时期城乡市场网络体系的形成及意义[J]. 中国社会科学, 2000（03）: 191-207.
[3] 陆希刚. 明清江南市镇[D]. 上海：同济大学, 2006: 95.

同时又将"市场规模"简单地等同于"城镇规模",从而落入无限划分的循环。假如从市场结构的角度出发,一个完整、独立的基本单元包括中心和边缘两部分。就参与全国体系构建的大区而言,这个结构相应地扩展至门户、中间、末端三部分:"门户"市场是外部进入地区的起点,与外部发生联系构成更大的体系;"末端"是货物集散的终端,数量庞大且分散;"中间"是首位之间承上启下者。

经济发达地区的城乡市场网络发育较为成熟,表现为较多级市场的嵌套——拥有更多的商业节点以及更细分的联络线。这使得首尾市场之间需要经过更多的中转市场,即中间层级的密致化;而在发展滞后地区,尤其是边地,较少的人口规模则无需过多转运。借用分形理论解释,越发达地区,市场分布的分维值越趋近于整数"2",即以一种"均衡密布"的形态填充"空域",但并非是均质填充,而是差异化质点在二维平面的叠加;反之,分维值趋近零,城镇群高度集中于一点。

划分规模等级的操作性并不高,尤其在大区域宏观分析中,难以将城镇准确定位于施坚雅的八个层级中。具体就漠南地区而言,幅员辽阔、地处边陲,地域人文和自然综合影响之下的城镇经济差异极大:同属口北三厅,张家口和独石口各拥有2镇286村和4镇227村,而多伦厅却"无新旧地粮,仅有兴化和新盛二买卖营";同为州县,辽源州坐拥"五百家店铺"[①]、平泉州光绪年户部额定税银为"11512.6两"[②],而安广县"零落不成市集、除业农外无讲究工艺者"[③],靖安县"极鲜数十家、税银7~800两"[④]等。

基于此,本文参考施坚雅、许檀、吴承明、陆希刚的等级体系,尝试将清代漠南地区市场体系的功能等级划分为:中转市场、批发市场、集散市场、集贸市场,其中前三者分别对应门户、中间、末端,后者是若干村屯形成的自然经济圈(图4-17)。

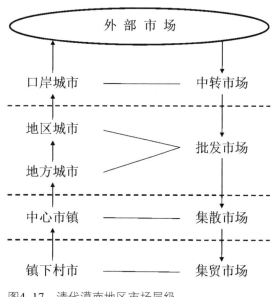

图4-17 清代漠南地区市场层级

---

① (清)佚名. 辽源州志书[M]. 宣统抄本.
② (清)会典馆. 钦定大清会典事例·理藩院:卷九百八十赋税[M]. 北京:中国藏学出版社,2006:240.
③ (清)佚名. 安广县乡土志[M]. 宣统抄本.
④ (清)朱佩兰. 奉天省靖安县志书[M]. 宣统抄本.

需要说明的是，层级划分存在几点特征：①相对性。漠南地区间地域环境和开发水平差异较大，大致形成土默特、热河、东蒙三个较完整的市场圈。因而，层级划分的有效范围限定于各市场圈，而非税收、人口、城建规模等绝对数值的统一比较。例如，包头镇有山西票号5家，多伦厅有1家，并不意味着前者的地位高于后者。实际上，包头镇是归绥西部的重要节点，设有归化城榷关的分税局，但多伦厅设有中央级的多伦榷关。

②静止性：地区市场网络是一个动态体系，在清末的时代背景下，更是一个不断自我调整的过程。东清和南满铁路的修建，使得辽河水运让位于铁路运输，进而推动铁路沿线城镇的崛起；海运的兴起以及外国资本的侵入，加剧归化城、张家口等传统民族贸易中心的衰落。在资料匮乏的情况下，对整个地区市场体系的长时程变化进行准确追踪是存在较大难度的，因此本文只截选清末区域商贸的典型案例——西北民族贸易和东北商贸体系作为线索。虽然不具有严格意义上的共时性，前者在时间上要先于后者，但作为成熟和完整的商贸体系，二者在相当长时间内对蒙地城镇经济格局产生了深远的影响。

③经济人假设：漠南地区的交通系统是统一的，运输成本与城镇距离成正比；消费者就近购买商品；高等级中心具有低等级的全部职能；所有区域均被辐射，不存在空白区域。

二、市场层级和代表性城镇

1. 中转市场——口岸城市

中转市场是地区高级市场，是外部大宗商品输入、过境，以及本地物产输出的门户，依靠长距离陆路运输与天津、北京、苏州、哈密、恰克图、库伦等发生跨区联系，参与全国性市场的构建，至少以一个道域为腹地。此类市场所在城市通常为道治，城内设有中央级的税收榷关，是政府规定的商路中转地；商业行会和业态形式齐全，初级产品可以在此进行增值加工，再外销或分销内部；设有大商行的总号，对地区贸易享有主导和支配权。

清代，中原、蒙古、满洲被置于统一的中央政权之下，但是"关内"与"关外"的差异依旧存在，不仅体现在以长城为界的传统地理观念，更是体现在文化和经济方面的异质性——决定其各自成为独立子系统的基础。如果将内地市场和关外市场视为两个巨大的扇面，长城即为两者的公共界面，沿线节点必然如沿海港口般，发展为沟通长城两侧的陆上口岸。

清代漠南地区的口岸城市以归化城、多伦、张家口、长春等为代表。归化城、多伦、长春及其辖地均在长城北侧蒙地；张家口厅虽治在长城沿线张家口堡，但辖地包括察哈尔东翼镶黄和西翼镶黄等旗地，且张家口捕盗营驻扎地乌里雅苏台镇和太平庄镇也位于口外，故将其划归涉蒙城镇。归化城和张家口是清朝指定的民族边贸市场和出关口岸,多伦是当时漠南地区的宗教中心。长春府位于东清铁路和南满铁路交汇点,是东北中部地区商品集散中心,与奉天、哈尔滨共同构建东北铁路商贸网,吉林西部及黑龙江西南部农产品多集中于此转运至营口、奉天、大连、山海关。下面以归化城和多伦为例,阐述口岸城市的具体特征:

(1) 庞大的市场规模:归化城,是明末俺答汗为发展边市贸易所建立的草原定居城市;多伦,清初"不过一小市镇耳"。随着清朝对蒙限制政策的影响以及对俄、对蒙民族贸易的拉动,归化城和多伦的口岸枢纽地位得以确立,由此带动的城市经济规模增量直接反应在中央级关税收入的变化。清代,全国水陆交通枢纽共设有户部榷关34处,通过中央级榷关对长途商品物流进行管理和征税,其中地处中国北方的10座榷关中包括归化城关、多伦关、张家口关。通过史料记载的税银数,可以对榷关所在城市的贸易规模有一个大致的概念。归化城关原为杀虎口关兼管,乾隆年间独立一关,规定"凡由德胜口、东口、后山、西北古城驮运货物以及本城贩运一切粗细货物一律应税收"[1],税银以牛羊牲畜、烟酒杂货为主;多伦关开征于乾隆十五年(1750年),规定"出自古北口及库伦、恰克图、盛京运至货物"[2]一律应税,由户部多伦关和工部潘桃口关组成[3],税银主要来源于四项牲畜税和陆路木税;张家口明代已为对蒙互市口岸,康熙年间成为中俄贸易口岸。张家口关,康熙年间额定税银为15000两,同治朝定正银20000两,光绪十八年(1892年)曾一度增至41098两;归化城关税在康熙五十四年(1715年)仅有844两,到乾隆二十六年(1761年)和嘉庆四年(1799年)已经增至15000~16600两,道光年间的税收继续增长且稳定在23000~24000两范围。光绪十三年(1887年)起伴随新政的实施,税银激增三倍,约65000两;多伦关,乾隆二十八年(1763年)额定税则为16858两,嘉庆年间增至21536两。而同时期热河地区的塔子沟(建昌)税收为5982两,乌兰哈达(赤峰)税收为1837.9两,三座塔(朝阳府)税收为1447两[4],清末新开发的靖安县税收仅为800两。可见,归化城和多伦的税银收入在漠南城镇中位居首位(表4-3)。

归化和多伦的城市繁荣也见于诸多游记或记载中。清末姚明辉所著《蒙古志·都会》中记载:"多伦诺尔商务渐盛、居民亦众,今则人家鳞比,衡宇相望,居然汉漠之间一都会矣"[5];归化城"屹然雄镇,人口三万余、喇嘛亦二万,物产以家畜为大宗,若毛网毡毯制皮大理石细工及油等亦均著名,毛网运至天津输往

---

[1] 高赓恩,贻谷. 归绥道志:中册:杂税[M]. 呼和浩特:远方出版社,2007:574.
[2] 许檀. 清代多伦诺尔的商业[J]. 天津师范大学学报(社会科学版),2007(06):37-42.
[3] 工部潘桃口关对出古北口、潘家、桃林口砍伐木材的民人征收木税,乾隆三十一年(1766年)归多伦诺尔同知管理。
[4] (清)会典馆. 钦定大清会典事例·理藩院:卷九百八十[M]. 北京:中国藏学出版社,2007:242.
[5] (清)姚明辉. 蒙古志[M]. 台北:成文出版社,刊本. 1907(光绪三十三年).

清代历年归化城、多伦关税定额表　　　　表4-3

年份	归化城关税	来源	年份	多伦关税	来源
康熙五十四年	844两	钦定大清会典事例,卷980	乾隆二十八年	16858.8	许檀.清代多伦诺尔的商业[J].天津师范大学学报
乾隆二十六年	15000		乾隆三十一年	23303.8	
嘉庆四年	16600		嘉庆朝	28222	
道光二十一年	23565	姚明辉著《蒙古志》,卷三贸易,302页	道光二年	28729	
道光二十二年	24036		光绪十九年	14263（木税）	姚明辉著《蒙古志》,卷三贸易,303页
道光二十五年	23418				
道光二十九年	22749				
光绪十三年	65279				
光绪十四年	60181				

（资料来源：钦定大清会典事例，蒙古志，清代榷关制度研究，清代多伦诺尔的商业）

欧洲，运驼多至二十万头，茶布亦盛"①。

（2）多方向商路辐射：在施坚雅模式中，经济中心地的辐射现象被描述为"中心—边缘"：每一层级的区域市场由"中心"和"边缘"两个部分构成，"中心"与"边缘"之间进行人员、技术、资本等市场要素的双向流动；中心在市场发育、聚集效应等方面具有显著优势，且拥有边缘市场的全部商业职能；边缘次级市场以六边形的形式环绕中心排列呈蜂窝状。补充区范围的广袤体现经济中心的影响力，地区性中心城市的影响力一般覆盖行政辖区。对于口岸城市而言，市场辐射则超越所在政区，甚至达到跨省范围，具体表现在以口岸城市为中心的对外长距离贸易路线的聚集。

归化城，位于山西杀虎口外、北靠大青山、东临察哈尔、西抵河套平原，位于关内沟通漠西、漠北以及俄罗斯的必经之地，因此商路根据外联方向可以归纳为南、北、中、西四路："北路"为翻越大青山分别通往漠北库伦和科布尔的前后营贸易，即归化城—武川—百灵庙—库伦—恰克图、归化城—武川—百灵庙—乌里雅苏台—科布多；"西路"为通往新疆陆路枢纽古城子的西北营贸易，即归化城—武川—乌里雅苏台—科布多—古城子、归化城—武川—百灵庙—阿拉善—额济纳—古城子、归化城—包头—兰州—凉州—古城子；"南路"为跨越边墙进入中原的商路，即归化城—杀虎口、归化城—平地泉—张家口—京师—天津；"中路"为直接在本地分级内销，以归化城为中心辐射额济纳、伊克昭、阿拉善、乌

---

① （清）姚明辉. 蒙古志[M]. 台北：成文出版社,刊本. 1907（光绪三十三年）.

兰察布盟。

光绪朝《归绥道志·风俗物产》记载有关归化城关货物的出入境详情（表4-4），可从中一窥其与外部市场的联系。由表可知，入境货物主要来源四个方向：由长城东西口转运南省之茶布；由黄河转运山陕的粮食百货；由漠北运至牲畜；由新疆甘肃输入枸杞干果等特产。出口货物亦同样遵循这四个方向：往南省、往京津、往新疆甘肃、往山陕。

光绪朝归绥道出入境货物统计表　　　　　表4-4

出境货物	目的地	入境货物	来源地
甘草	南省	土布	张家口、杀虎口
胡油	山西蒲州府、平阳府	洋布、茶	江南湖广直东
盐碱	太原、汾州	砖茶	湖南
煤	山西、陕西	木植	甘肃
烟茶	新疆	枸杞	甘州、凉州、宁夏府
绒毛皮张	天津	四项牲畜	外蒙
烟酒	外蒙	干果	新疆哈密
米面	察哈尔	黑白葡萄	伊犁、青海
羊	北京	滩羊皮	西宁
马牛	杀虎口转内运	棉烟稻米麦豆	陕西、甘肃

（资料来源：贻谷，等. 归绥道志（中册）·习俗物产[M].呼和浩特：远方出版社，2007：673-675.）

多伦诺尔地处锡林郭勒草原南缘，东西连接热河与土默特，是京师通外东蒙三盟、外蒙车臣汗、东北齐齐哈尔以及归化城的重要中转。经济腹地包括锡林郭勒草原、直隶口北道、库伦以东的喀尔喀蒙古地区。主要商路有：京师—独石口—沽源—多伦—阿巴嘎旗—库伦—恰克图；多伦—经棚—赤峰—通辽—辽源州—齐齐哈尔；多伦—乌珠穆沁旗—车臣汗部；多伦—张家口—归化城。

张家口是关内对俄、对蒙民族贸易的集中点，东北经经棚镇可至东蒙地区；向北至库伦和恰克图；向西至归化城。其中尤以"张库大道"最为著名，通过茶叶贩运，将南方武夷山茶叶产地和俄国边贸城市恰克图连接起来，经济腹地包括察哈尔、锡林郭勒草原、外蒙地区的三音诺颜和土谢图南部。

可见，多方向辐射的商路确立了归化城、张家口、多伦等在对蒙、对俄贸易中的枢纽地位，促进相关产业的聚集和城市经济的兴起。伴随驼队的前行，江南的织品、武夷山的茶叶、华北的粮食、西北的特产被源源不断地输入蒙地，并将牲畜皮革等带回内地，历史上首次拉近了漠南与上述区域的时空距离。

（3）繁多的商业种类。中心地理论认为高等级市场必然具备低等级市场的全部职能，因此作为口岸城市的归化、多伦和张家口，不仅是以牲畜产品、粮食、茶布为大宗的中转和集散市场，更应是一个涵盖上下游产业链的综合性市场。就归化城而言，至光绪末年，全城拥有行会45社，主营牲畜、皮毛、粮食、杂货等的大型商业行会15社，其中金融业2社、杂货业3社、粮食加工业2社、牲畜加工业2社、牲口买卖1社、皮毛交易3社、餐饮娱乐2社；此外，尚有与居民日用生活休戚相关的小型行业30社，包括教书业、运输、剃头、铜铁银匠、衣帽靴匠、药行等。归化城"市廛森列，梵宇如林，商贾踵事增华，有名之社至一百二十。岁三百六旬六日赛社之期十逾七八，四乡尚难指数"。①

多伦诺尔在当时素有"十三行"之称，既有粮行、牲畜屠宰交易、铜器制造、银号、当铺等主营业务，也包括烧锅、剃头、茶馆、饭店、妓院、赌场、大烟馆等日常项目。在市场上出售的货物包括牧区的牲畜、皮张、土碱等特产，关内的米、面、粮、油、针线、烟、酒、布等日用百货，以及俄国的呢布、皮革、水晶制品等。

张家口自明代就是重要的边市口岸，在清代更是在中俄茶叶转运和旅蒙贸易的推动下为数不多的北方榷关之一。城市经济格局逐渐发展成上堡、下堡、元宝山三个商贸区。其中，上堡主营对俄贸易，集中了中转茶叶和俄国呢绒毛产品的商行及其货栈；下堡是传统商贸区，包括皮革制作工坊、盐碱铺等零售商铺和货栈；元宝山多为晋商和京商开设的杂货铺，出售米面茶油肉布等日用百货。

2．批发市场——地方城市

批发市场为地区中级市场，是联系上级口岸市场和下级集散市场的纽带，以批发贸易为主，交易多发生在组织严密、专门经营的商号之间，商业联系多发生在地区内部上下级城市之间。诚如前文所言，该级市场也是规模跨度最大的区段。就漠南地区而言，根据辐射范围可以分为地区级和地方级。

（1）地区批发市场—地区城市—府城、大县、巨镇

地区级市场通常辐射数个州县，所在城市多为地区中心城市，分布于高级中心地之间商路沿线，是跨区货运的次级中转，城内设有中央级榷关的分税局，清末时期则有中外约开或自开的商埠。商业业态逊于口岸城市，但明显多于州县，也会进驻票号、钱庄、银号等早期金融机构。商品虽多来自上级中心地，但也会直接与外部市场发生联系，过境商品较多。此类代表城市有：归绥地区的丰镇、包头、热河地区的赤峰直隶州等。

丰镇厅和包头镇是归绥地区仅次于归化城的商业城镇。前者是归化城与张家口之间最大的粮食、牲畜、甘草、盐碱等集散地，拥有4家票号9种商业类型，设

---

① （清）刘鸿逵. 归化城厅志：卷19：风俗［M］. 北京：中国民族大学出版社，2010：3.

有归化城榷关分局;后者是归绥地区西通甘、宁、青地区以及利用黄河水道转运山陕内省的中转站。城内商业种类繁多,商铺有1000多家,素有"九行十六社"之称,包括陆陈行、钱当行、货店行、皮毛行、牲畜行、药材行、杂货行、蒙古行、粮行以及鲁班社、六合社、集义社、绒机社等工匠作坊。此外,尚进驻有蔚丰厚、大德通、存义公、长盛川和大盛川5家票号和归化城榷关分局。

赤峰直隶州地处热河北部,是北京、天津、奉天等通往锡林郭勒盟的中转枢纽,腹地包括林西县、开鲁县以及克什克腾、巴林、翁牛特等旗,是对蒙贸易边口之一,设有乌兰哈达分税局,乾隆二十一年(1756年)额定税银为1837两。赤峰素有"九街三市"之称,"三市"即粮市、马市、菜市,城内店铺近1300余家,以"钱行、当烧行、杂货行、皮毛行、货运镖行、店栈行、粮行、杂行"[①]等八大行为主。清末,外国资本大批进入开设洋行或买办,至宣统二年(1910年)城内已有洋行22家。

(2)地方批发市场—地方城市—普通州县

地方级市场通常以县域为腹地,所在城镇多为普通州县或小府,分布上偏离主要商路,因而过境货物较少,商品大都在本境销售。批发贸易较少,日用杂货零售为主,业态形式比地区级市场较少。以农安县为例,粮产品以谷物为大宗,县城有米店30余家、面铺50余家,皆本境销行;制品以烧酒和豆油为大宗,有烧锅铺11家,油坊17家,本境足销50余万斤,运奉天行销11万斤;其他还有毯铺10余家、骨角铺2家,布铺20余家,染坊10余家、靴鞋铺10余家、点心铺7家等,境内销行者十之八[②]。

3.集散市场—中心市镇

集散市场是地方基层市场,以集散贸易为主,是外部商品进入地区的终端以及本地物产进入流通渠道的起点,因而交易行为发生在商人和消费者、生产者之间。所在城镇一般为州县之下的集镇或发展滞后的县城,通常驻扎有巡检、照磨、经历、县丞等佐贰官或千总、把总等绿营分汛。市场辐射周边数十上百个村屯,自身以及周边定期开市,基本没有过境商品,除出境之外大部分物产在本地内销。城镇内设有坐商店铺,数量在十几至数十个不等,也有行商和摊贩,业态只有杂货、烧锅、当铺等几种形式。

相比于内地县域内动辄密布十数个集镇,漠南地区开发较晚,经济发展水平滞后,州县境内分布的集镇数普遍在个位。归绥地区,据《归绥道志·卷五十二厅治考》记载各厅乡镇情况为:归化厅4镇、萨拉齐5镇、丰镇厅4镇、清水河厅2镇、托克托厅1镇、宁远1镇、和林格尔厅2镇、武川厅3镇、兴和厅2镇、陶

---

① 赤峰市地方志编纂委员会.赤峰市志(全三册)[M].呼和浩特:内蒙古人民出版社,1996:1219-1220.
② (清)王炳文.农安县乡土志[M].刊本.1907(光绪三十三年):246.

林厅5镇、五原厅4镇；热河和察哈尔地区，据《清史稿·地理志》记载：清末时期张家口厅境内有3镇、独石口厅4镇、承德府8镇、滦平县7镇、平泉州8镇、丰宁县6镇、朝阳府4镇、建昌县4镇、赤峰直隶州5镇；至于东蒙地区，昌图府因接近奉天和营口，且拥有水运优势，府城有同江口（商埠）、金家屯、大洼、八面城、紫鹭树、四平街6大集镇、奉化县4镇、怀德县7镇、辽源州和康平县各有三江口、后新秋一镇。集镇的规模普遍为数百余户和数十铺，如《归绥道志》记载萨拉齐厅和五原厅境内大乡镇（表4-5）。

在清末放垦运动中新置的县城，部分因地处偏僻、人口稀少且分散，市面始终发展不起来，规模和功能与上述集镇无异。洮南地区的安广县"零落不成市集"、靖安县"极鲜数十家"，醴泉县"居民无多"；赤峰州之开鲁县，城内居民百余户，市面只有几家杂货和手工作坊，有民谣唱"三座衙门（县衙、监狱、营房）、一大殿（城隍庙）、城隍老爷陪知县"[1]；朝阳府之建平县，因交通不便，行旅稀少，至民国时期仍给人留下"虽系一县、实无异于一镇市"[2]的印象。

光绪年间萨拉齐厅大乡镇统计表　　　　　　　　　　　　表4-5

乡镇名称	距离厅治	方位	户数	铺数
善岱镇	110里	东	500余	30
昌带镇	—	南	400余	20
苏勒哲塞镇	12里	北	800余	20
苏波罗盖镇	40里	东	400余	10
托斯河镇	30里	东	500余	10
梦达召镇	80里	东	300余	10
哈素村镇	80里	东	200余	40
老藏营镇	30里	东	500余	10
南海镇	100里	西南	200余	10
额尔哈逊镇	45里	西	500余	10
公吉板申镇	30里	西	500余	10
黑麻板申镇	25里	西	400余	10
土合气镇	50里	西	200余	60

（资料来源：贻谷，等. 归绥道志（中册）·习俗物产［M］. 呼和浩特：远方出版社，2007：673-675.）

4．集贸市场—镇下村市

集贸市场是基层初级市场，以定期举行的集市贸易（村市/墟市/草市）为主，通常以较大村市为中心服务周边村屯。市场参与者兼顾生产者和消费者双重身份，

---

[1] 开鲁县地方志编纂委员会. 开鲁县志［M］. 呼和浩特：内蒙古文化出版社，2001：781.
[2] 乌云格日勒. 十八至二十世纪初内蒙古城镇研究［M］. 呼和浩特：内蒙古人民出版社，2005：38.

商品多为生活和生产日用品，不进入流通渠道，通过货郎/行脚与集散市场保持联系，可发展为新的集散市场。集贸市场发挥自然经济内部调剂的作用，农民在此交换生活和生产日用品，周边村屯以此为纽带形成最基层的社会共同体。

集市的兴起是清代商品经济发展的显著特征，其分布密度和开市频率是地区繁荣的重要指标。在分布方面，以建昌县（今凌源市）下属牤牛营子镇为例，清代设有巡检司，其周边20～30公里范围内分布有10处集市：牤牛营子集、喇嘛洞集、汤神庙集、要路沟集、和尚房子集、大屯集、黑山科集、药王庙集、二道湾子集、玲珑塔集[①]；在开市频率方面，牤牛营地区10处集市逢五为集；建平县有万寿、朱碌科、哈拉道口集，开集日分别为农历一、四、七，二、五、八，三、六、九；奉化县县城内"每逢一、三、五、七、九日在东十字街，二、四、六、八、十在西十字街"，周边地区"喇嘛甸市逢二、四、六、八、十开市；南郭家店市每逢一、四、七日；榆树台镇、小城子镇每日成市"。可见，蒙地集市的分布密度逊于内地，但部分集市已然日日成市，有集期者也通过交错开集，确保境内每日的交易活动。

三、市场体系空间结构分析

1. 研究思路

城镇的行政和军事等级，与驻城主官的品秩存在明确的对应关系，从而可以清晰地辨别上下关系。然而，城镇在市场网络中的地位却不存在统一且明晰的标识，只能从人口规模、行政级别、业态种类、榷关税银、货物进出口地等方面综合判断。再加上记录散落于地方志和游记等片段之中，缺乏统一口径，更增加了城镇市场等级划分的难度。

对于清代中国的经济区划，学者观点并不一致，但无论是施坚雅的九大区[②]、还是陈桦的八大区[③]，有几点是相同的：①名山大川是分割区域的地理界限；②满洲和蒙古均具有相对完整的市场结构，区别是适合观察的维度不同——是作为全国大区存在，还是大区之下的子系统。参考于此，可以将漠南地区视为三个部分——归绥、热河、东蒙：归绥地区，是长城、大青山、黄河围合的扁长区域，兴起于西北用兵的随军贸易，随后一直是西北贸易或对蒙贸易的重要组成；东蒙地区，西侧与蒙古高原以大兴安岭山脉为界，东侧与松辽平原融为一体，兴起于清末放垦和日俄商埠贸易，是东北贸易体系的部分；热河地区，位于

---

① 建昌县志编纂委员会. 建昌县志［M］. 沈阳：辽宁大学出版社，1992：337.
② 施坚雅所著《中华帝国晚期的城市》将明清中国划分为：长江上、中、下三个区域、东南沿海、岭南、华北、西北、满洲、云贵。
③ 陈桦所著《论18世纪中国社会经济的区域特点》将届时中国划分八大自然经济区：东北、蒙古、华北、西北、青藏、华中、华南、西南。

华北、蒙古、东北三地衔接之处，道治承德府距离北京约200公里，距最近的长城关口约90公里，故将其定位为华北体系的延伸。

研究城镇经济层级的划分和关联，尚需综合考虑几点：①城镇向腹地提供商品和服务的种类和数量；②城镇在商品供销渠道中的位置；③城镇的人口规模和腹地范围；④城镇所处的运输体系；⑤城镇之间的空间距离。其中，前三点是易于理解的，等级越高的经济中心可以提供更高级的商品和更专门化的服务，具有较高的人口聚集，位居商品分配渠道的顶端。

运输网络是构建地区城镇一体化的基础，将所有孤立的中心地连接成整体。在古代社会，高效率的水运系统——载重大且代价小，是长距离运输的主体。因此，水系径流为判断城镇关联方向提供了参考，即在适于航行的流域，上游城镇更容易与下游城市发生贸易往来。

空间距离也是影响城镇经济的重要因素，至少在城镇体系发展初期——定位不明确、急剧调整的阶段，作用力主要体现在"遮蔽效应"和"溢出效应"。"遮蔽效应"，指大城市对周围资源具有"优先"吸纳性，从而抑制周边城镇的发展；"溢出效应"，指在大城市无法满足全部需求或某种业态与自身定位不符的时候，会在其周围适当处出现补充点。例如，粮产品是牧民需求的大宗，当归化城市场的粮食交易量无法满足山北地区需求时，便会在周边的毕齐克齐、察素齐等崛起新的交易市场。二者如同一对"引力"和"斥力"，将城镇市场的空间距离维持在平衡状态，确保每一级市场拥有合理的腹地范围。

经济活动的空间聚/散属性，成为在缺乏背景史料下推测城镇市场关联的补充手段。本文认为：历经清代的发展，在相同的运输条件下，同一级市场的辐射范围应该具有稳定性和可识辨性，且地区市场空间结构应处于较平衡状态。那么，通过对空间距离的归类则可以大致识别出各级范围以及由此查找潜在的中心。研究方法为（图4-18）：①传统治所均具有一定的经济中心

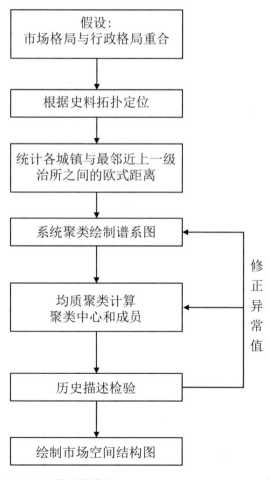

图4-18 技术路线图

性，因此以行政体系为线索，统计各城镇与之最邻近的上一级治所（不一定隶属）的距离。②运用SPSS对数列进行聚类分析。其中，系统聚类法可将数值差异最小者聚为一类，而均质聚类需要预设类别数，因此先通过系统聚类判断出合理的聚类数，再通过均质聚类查找具体的分组成员。③综合考虑城镇级别、规模等对统计噪声点进行排查和修正，其中噪声点和盲点是行政和经济格局发生偏差的空间反映。

需要补充说明的是：①SPSS快速聚类是普遍使用的统计方法，但是存有一定的争议。对于本文而言，其贡献在于探索性发现和启发——面对资料残缺和无法判定的历史现象，通过解读数据之间的相关性加深对表象的理解。②城镇之间的距离分为欧氏距离和成本距离。欧式距离易于确定和检验，成本距离受制因素较多。本文尝试将现代公路里程代替成本距离，分别对二者进行聚类，发现结果基本一致。为不使数据过大，采用欧式距离作为城镇间距。③为减少样本盲点，尽量搜集史料中所提及的所有规模城镇，使目标覆盖广泛，然而不免仍有遗漏。不过在聚类分析中同级内个别数值的缺失不会对结果产生太大的影响。

2．归绥地区市场体系

（1）系统聚类

以光绪朝《归绥道志》中卷五"十二厅治考"、卷九～十"乡镇"篇记载的厅城、乡镇为对象，其中可辨析今址的聚落点共32个，即归化城厅、萨拉齐、武川、和林格尔、托克托、清水河、东胜、宁远（今凉城县永兴镇）、兴和、陶林厅（今科布尔镇）、大佘太镇、小佘太、隆兴长（今五原县）、毕齐克齐镇、察素齐镇、白塔、麻池镇、土黑麻淖、黄草洼、河口镇、善岱、韭菜庄、富民庄、后营子、乌兰花、大滩、隆盛庄、大庄科、张皋镇、高庙子、上土城、新店子。

参考前人研究[①]，将归绥地区的高级市场体系确定为"一主两从"："一主"为归化城，"两从"

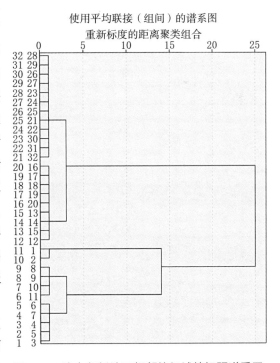

图4-19 清末归绥地区相邻等级城镇间距谱系图

---

① 乌敦. 近代绥远地区城镇体系研究［D］. 呼和浩特：内蒙古大学，2014.3

为包头镇和丰镇厅。归化城/绥远城是地区最高级市场所在（A），承接西北、漠北和关内之间的货物中转，且由军职、文职、神职人员构成一个数目庞大、较具购买力的消费群体，拥有大小商社45行；丰镇厅和包头镇分别是归绥地区东西两端的次级中心（B_1），包头是绥西地区的水旱码头，丰镇是张家口—归化城、张家口—库伦商路上的中转枢纽。

在确定地区A、B_1级市场的前提下，运用ArcGIS9.3测量其余厅城与最邻近B级中心，以及乡镇与最邻近厅城的距离，共产生32组数据。运用SPSS 23对距离进行系统聚类分析，聚类方法设定为"组间联接"、测量方法为"平方欧氏距离"，得出聚类分析谱系图。谱系分类较为清晰：当标度为25时，32个单元被聚为1类；当标度为15~20时，32个单元被聚为2类；当标度为5~10时，32个单元被聚为3类；当标度约为2.5时，32个单元被聚为5类（图4-19）。一个完整的子系统应该包括门户、中间、末端三个市场层级，对于归绥地区这样一个道域范围，中间层级出现分化是必然的，丰镇厅和包头镇高于其余厅城的市场地位已经论证地区市场网络至少存在4级，即道治、次级中心、厅城、乡镇。结合系统聚类分析结果，暂定5类为先验结论，对数值进行均值聚类分析（聚类数：5、方法：迭代与分类、迭代次数：10），最终5类中心为：R_1=134.5、R_2=96.25、R_3=74.00、R_4=38.06、R_5=15.18，具体聚类情况如表4-6。

清末归绥地区城镇间距最终聚类中心表　　　　表4-6

	聚类				
	1	2	3	4	5
VAR00001	134.50	96.25	74.00	38.06	15.18

（2）分析和修正

第1类中心为134.50，包括归化城—包头、归化城—丰镇两组数据，其余城镇间距均远低于该值，其与2类中心比值为1.4∶1，由此也验证了地区"一主两从"的假设。可推论归绥地区A级中心与B_1级中心或B_1级中心之间（A级中心包括下级市场的全部功能）间距约为135公里，B_1级市场半径约为70公里（图4-20）。

第2类中心为96.25，包括归化城—清水河、包头—大佘太、归化城—陶林，表现为"较大地方城市—普通州县"。第3类中心为74公里，包括归化城—托克托、归化城—宁远、丰镇—兴和、包头—东胜、隆兴长—大佘太，表现为"较大地方城市—普通州县"。从中发现，这8组距离分成2类，但在行政级别上却可以统归一类。

如果上述分类成立，即认可这样的假设：清水河、大佘太、陶林为三级市场，托克托、宁远、兴和、东胜、隆兴长为四级市场。但事实却与之相左：清水河厅是归绥道中规模最小的厅城，城内只有东西2里长的永安街1条，无集市，无

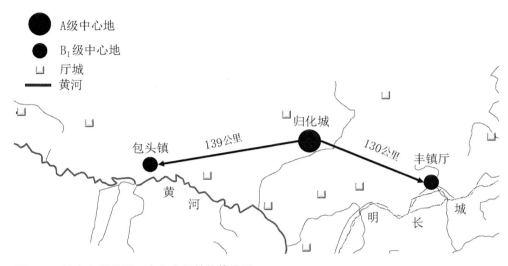

图4-20 清末归绥地区B_1中心空间结构推导图

城池，厅街人口在光绪末年为2100人，厅境人口为38787，且偏离杀虎口驿路；大佘太镇居民200余户，商肆50余家；陶林厅境人口为14562。与此相对，宁远厅全境人口为152416；托克托厅全境人口为81093，厅城人口24393。从规模上看，宁远厅、托克托厅、兴和厅应为三级市场，清水河厅、大佘太镇、陶林厅等为四级市场，规模分类顺序正好与间距分类相反。

如果2、3类不成立，则转而面临这样的假设：两类是否可以归并为一类？从空间分布上看，大佘太、陶林地处大青山北麓，包头—大佘太、归化城—陶林的连接线需要穿越大青山。如果考虑山脉的阻隔效应，可以认为完整的六边形模型只存在市场发育良好、地势平坦之地，对尚处于开发初期、地形复杂的地区，标准的六边形市场圈势必出现变形和挤压（图4-21）。

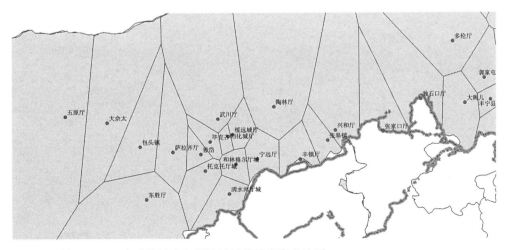

图4-21 基于ArcGIS生成的清末归绥地区城镇的泰森多边形
泰森多边形内点至中心点距离最近，边上点至两侧中心点距离相等，即泰森多边形为距中心点最近点的集合，其原理与中心地六边形模型一致，常被用于计算覆盖、辐射半径等。

但是如何解释市场规模的巨大差异呢？大佘太镇原议为五原厅厅治，但其厅治与东胜厅一样寄治于包头镇，表明大佘太、东胜厅与包头镇联系紧密，同时城镇规模均达不到厅城标准。陶林厅境人口更只有五原厅的一半。考虑到五原厅和陶林厅设治于1903年，可以认为在垦殖线向大青山北麓拓展的进程中，清朝主观上将二者规划为B_2级中心，但由于诸多限制，致使现实发展尚未达到预期。

清水河厅是最早的归绥六厅之一，1760年即为理民厅，上述解释无法适用。但清水河与归化城并非直接相邻，两者间隔有托克托厅、和林格尔厅、宁远厅（图4-22），间距分别是56、55、79公里，且托克托厅和宁远厅的市场规模远大于清水河厅，托克托厅境人口81093、厅城24393，城周7里，宁远厅境人口239391。因此，判定"清水河—归化城"距离为无效，剔除出第2类。

综上所述，将2类（96.25）和3类（74）同归一类，判断地区级中心（B_1）和地方级中心（B_2）或地方级中心（B_2）之间距离约为74公里，辐射半径为37公里，但山后等边缘地区出现变形，距离增至96.25公里。根据以上分析，将归绥地区地方城市（B_2级中心）空间组织图示见图4-23。

如图4-23所示，归绥地区B_2级中心空间组织出现以下特征：①六边形构图残缺严重，邻近单元多为1~3个，未出现标准的6个市场环绕局面。这主要一方面受地理分割的影响，南面长城和北面大青山的挤压，致使归绥地区被局限于一个扁长地带，以37.5公里的辐射半径，地区空间难以容纳下"众星拱月"的格局；另一方面受渐进放垦的影响，地区不能同时开发。伴随垦殖线的扩展，市场体系处于不断扩张。②包头镇和归化城之间出现一个空白区域。归绥以西地区设有萨拉齐厅，但萨拉齐厅—包头镇42公里，均值聚类中归为第4类，且包头和归化城之间中点处未有厅城，故而将在第4类中解释。

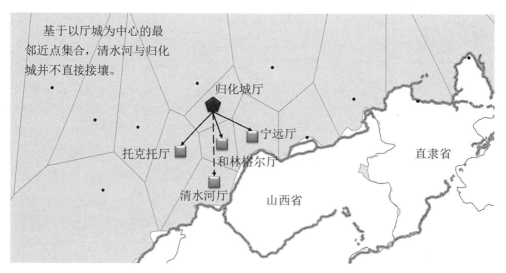

图4-22 基于泰森多边形的清水河厅区位

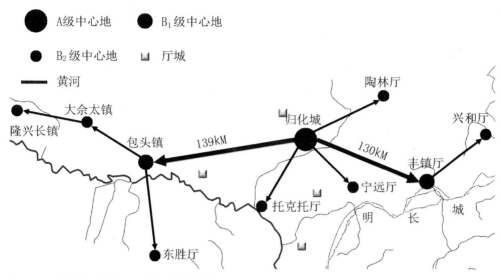

图4-23 清末归绥地区B_2中心空间结构

第4类中心为38.06公里，包括归化城—武川、归化城—和林格尔、包头—萨拉齐、大佘太—小佘太、丰镇—隆盛庄、丰镇—大庄科、和林格尔—新店子、归化城—毕齐克齐、归化城—察素齐、包头—土黑麻淖，表现为"普通州县—中心市镇"，对应市场为"地方批发市场—集散市场"或"集散市场—集散市场"。10组间距中多表现为"厅—镇"，惟归化城—武川、归化城—和林格尔、包头—萨拉齐为异常者，表现为"厅—厅"或"镇—厅"，再包括由上类剔除的清水河，其托克托厅—清水河厅56公里也归为此类。

上文已判定B_1—B_2/B_2—B_2间距约为74公里，包头至萨拉齐厅距离为42公里，二者有1.68:1的关系，接近于中地论的K_1体系（$\sqrt{3}$:1）。当包头、东胜、大佘太被判定为B_2中心，则有萨拉齐为下一级中心地（D）。假设萨拉齐也为三级市场（B_2），那么其与包头镇的距离过近，在37公里的服务半径下，二者重叠面积过多，从而使市场效率降低。萨拉齐厅虽为最早设治的厅城之一，但是随着厅境西部包头镇的崛起及其由此引发经济中心的转移，至民国初年厅城已是"**县以下物资的集散地，以依靠县下农村之间的贸易为主**"[①]。

在以归化城为中心的B_1范围内，A—B_1约为135公里，托克托和宁远距归化城约为75公里（B_1—B_2），与上级市场间距成1:2，接近于中地论的K_2体系。和林格尔和武川平均距归化城约为46公里，与A—B_1间距（135公里）成1:3，与B_1—B_2间距（75公里）成1:1.63，后者接近于中地论的K_3体系，说明和林格尔处于归化城—托克托—宁远三点连线的几何中点。假如上述三城均为B_2，在等距覆盖下会在中点处出现空白区域，从而需要一个低级中心地进行填补，倘若

---

① 乌敦. 近代绥远地区城镇体系研究[D]. 呼和浩特：内蒙古大学，2014：85.

该中心地的等级等同于三端点，在同距服务半径下会出现大量的叠置区域（图4-24），造成资源的浪费，即武川与和林格尔为环绕归化城的D级中心。此外，《归绥道志·卷五·十二厅治考》在归化城厅篇中记载："乡镇，东乡白塔尔、西乡毕齐可齐、南乡西大河、北乡克克伊里更。"[①]从中可以发现，作者将武川厅（克克伊里更）归于毕齐可齐镇和白塔镇一类，表明至少对于志书作者[②]而言，武川厅更多的是作为归化城的附属集镇，而非一个较独立的地方城市。事实上，武川厅设治后一直寄治于归化城，对归化城有较高的依附性，正如东胜、五原二厅寄治于包头镇一样。

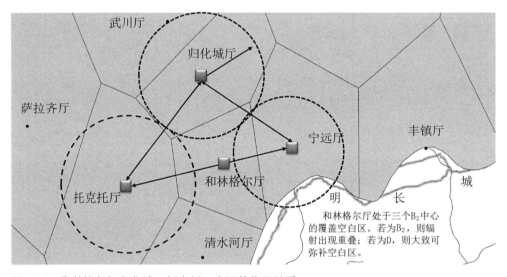

图4-24 和林格尔与归化城、托克托、宁远的位置关系

清水河厅是归绥十二厅中最小的厅城，其与北邻的托克托和宁远的规模差距悬殊，托克托厅—清水河厅56公里，故而判定清水河为托克托厅的次级中心，即托克托为B_2级中心、清水河为D级中心。此外，上文判定和林格尔厅为夹在归化、托厅、宁远三个B_2级市场中间的D级点，而和林格尔—清水河为55公里，符合D—D间距。根据以上分析，将归绥地区中心市镇（D级中心）空间组织图示见图4-25。

第5类中心为15.18公里，包括兴和—张皋、兴和—高庙子、丰镇—后营子、清水河—韭菜庄、清水河—富民庄、和林格尔—上土城、托克托—河口、归化城—白塔、归化城—西大河、包头—麻池镇、包头—黄草洼，表现为"厅—镇"，但由于间距仅为上一级的40%，推测该级别为集贸市场——E类中心（图4-26）。

---

① 内蒙古图书馆学会. 归绥道志（上）[M]. 呼和浩特：远方出版社，2007：176.
② 《归绥道志》作者为贻谷，满洲镶黄旗，1903~1908年任绥远将军、督办蒙垦大臣，在包头、丰镇、张家口设置垦务局，全力推行放垦事务。

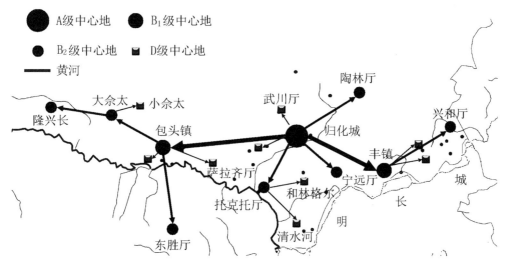

图4-25 清末归绥地区D级中心空间结构

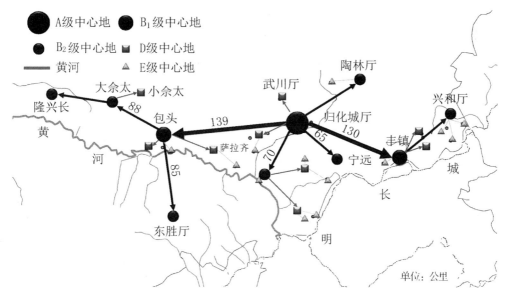

图4-26 基于空间距离的清末归绥地区城镇市场结构推导

3. 热河地区市场体系

（1）系统聚类

热河地区城镇市场网络由治所城市和基层集镇构成，治所包括承德府、朝阳府、赤峰直隶州及其所属州县10座；基层市镇包括有佐贰官分驻的市镇10座和普通乡镇41座。集镇信息来源于《清史稿·志二十九·地理一直隶》，具体为承德府8镇、滦平县7镇、平泉州8镇、丰宁县6镇、朝阳府4镇、建昌县4镇、赤峰直隶州4镇。总共点目标64个，最终可识辨目标有42个，占总数65%。利用ArcGIS9.3测量各聚落与最邻近上级治所的距离，共得数值48对。

运用SPSS对数值进行系统聚类分析，聚类方法设定为"组间联接"、测量方法为"平方欧氏距离",得出聚类分析谱系图(图4-27),谱系分类较为清晰:当标度为25时,48个单元被聚为1类;当标度为10~25时,48个单元被聚为2类;当标度为5~10时,48个单元被聚为3类;当标度约为2.5时,48个单元被聚为5类。以此为依据,对数值进行均值聚类分析(聚类数:5、方法:迭代与分类、迭代次数:10),最终5类中心为:R_1=243.00、R_2=220.00、R_3=156.40、R_4=74.30、R_5=30.20(表4-7)。

热河地区城镇间距最终聚类中心　　　　　　　表4-7

	聚类				
	1	2	3	4	5
VAR00001	243.00	220.00	156.40	74.30	30.20

(2)分析修正

第1类中心为243.00公里,为赤峰州—开鲁县,该聚类所示城镇原本为"口岸城市—较大城市",对应市场应为"中转市场—区域级批发市场"。赤峰直隶州为热河北部重要的商业重镇,辐射林西、巴林、阿鲁科尔沁等地,但就此判断为A级中心尚有牵强。开鲁县设治于光绪三十四年(1908年),县境人口3000,城厢人口约6~700人[①],规模与集镇相仿,空间距离与市场规模严重不符,不能因距离认定其为B级中心,因此判定该组数据为异常,将其剔除。

第2类中心为220公里,即承德府—朝阳府。承德府为道治所在和商业中心,虽然不是重要商路上的中转枢纽,但凭借其巨大的消费能力可以判定为A级中心。朝阳府原为朝阳县,1903年升府,1905年有3109户17280口[②]。朝阳,是热河往来奉天、锦州

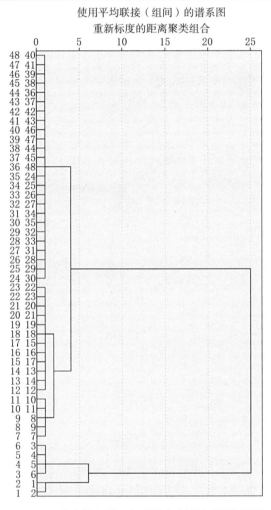

图4-27 清末热河地区相邻等级城镇间距谱系图

---
① 开鲁县地方志编纂委员会. 开鲁县志 [M]. 呼伦贝尔:内蒙古文化出版社,2001:107.
② 乌云格日勒. 十二至二十世纪初内蒙古城镇研究 [M]. 呼和浩特:内蒙古人民出版社,2005:123.

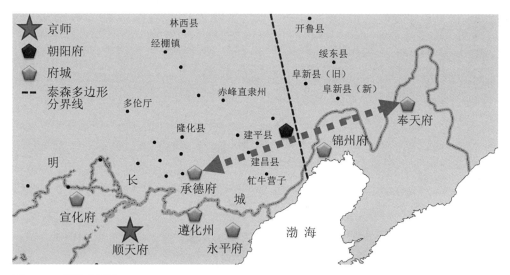

图4-28 朝阳府区位

孔道上的重要中转,是承德府—奉天府连线中点上规模最大的城市(图4-28),根据"府城+人口规模+地理区位"可以推断其为B_1级中心。故而,该类体现市场级别为"中转市场—区域级批发市场",对应城镇为"口岸城市—地区中心城市"。

第3类中心为164.25,即承德府—赤峰、朝阳府—绥东、赤峰—林西、赤峰—经棚镇。第2类判定为"A—B_1",若依次推断则第3类为"B_1—B_2"。但是,赤峰直隶州是热河北部的商业重镇,腹地包括林西县、开鲁县、克什克腾、巴林、翁牛特旗等蒙地,1913~1914年城厢有3000余户15000余口,店铺近1300余家,覆盖钱庄、杂货、运输等八大行业。从规模和区位来看,承德府应和朝阳府等同为B_1级中心——区域级批发市场。清代旅蒙商号除了以坐商形式做"旗下买卖"外,大商号还以"出拔子"的形式深入蒙地从事流动生意,于是在热河北部形成了赤峰和经棚南北两个中心:赤峰州的合盛成、义源长等以巴林两旗、阿鲁科尔沁旗为经营范围;经棚镇的庆德正、裕兴栈、恒兴成等以贝子庙、阿巴嘎、苏尼浩特等为经营范围[①]。此外,经棚镇是察哈尔往来东蒙地区的枢纽,鼎盛时期曾有民8000余人,因此将其与赤峰州等同,判定为B_1中心,而经棚镇与上级治所多伦厅(A)间距为150公里,也与该类距离相近。林西、绥东设治于清末新政,规模与开鲁县相仿,1909年有户300余家[②],故而判定其为异常,由此类中剔除。综上,合并第2、3类,留有承德(A)—赤峰(B_1)、承德(A)—朝阳(B_1)、赤峰(B_1)—经棚(B_1),平均间距调整为180公里,对应市场为"区域级批发市场",对应城镇为"地区中心城市"。根据以上分析,将热河地区B_1级中心空间结构图示见图4-29。

[①] 赤峰市地方志编纂委员会. 赤峰市志(全三册)[M]. 呼和浩特:内蒙古人民出版社,1996:1225-1227.
[②] 乌云格日勒. 十二至二十世纪初内蒙古城镇研究[M]. 呼和浩特:内蒙古人民出版社,2005:123.

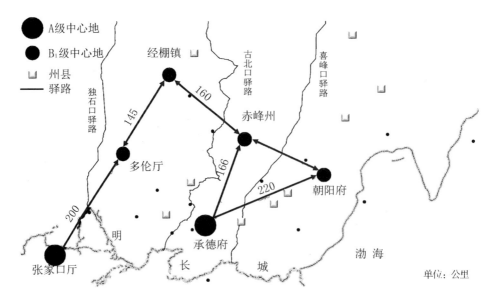

图4-29 清末热河地区B_1中心空间结构推导图

第4类中心为74.30公里,包括朝阳府—阜新县、朝阳府—建昌县、丰宁—森吉图镇、阜新县—绥东县、承德—隆化县、丰宁县—邓珊子镇、朝阳府—建平、承德—丰宁、平泉州—建昌、承德府—平泉州、经棚—林西县、建昌县—牤牛营子、赤峰—大庙镇,行政等级表现为"府—州县",市场类型为"地区市场(B_1)—地方市场(B_2)"。丰宁、隆化、平泉州均为承德府下辖州县,而八沟等地粮食产品也汇集承德后,经古北口运至关内,且三者基本等距离围绕府城分布,可判定其为B_2中心,进而判断其与属镇距离不应归于此类,即剔除丰宁县—邓珊子镇、丰宁县—森吉图镇(图4-30)。

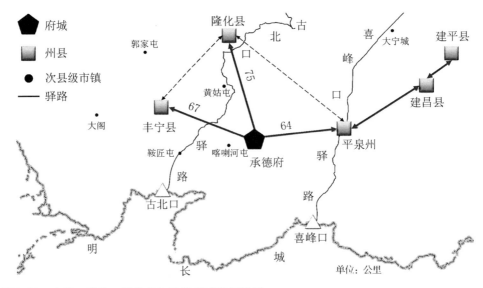

图4-30 丰宁、隆化、平泉州与承德府城空间关系

朝阳府—建昌县、朝阳府—建平县均被归于此类，且建昌—建平为26公里，这意味着在如此近距离内分布有两个B_2中心（图4-31）。建昌县，1740年即为塔子沟厅，1778年更置为承德府属县，道光七年（1827年）31996户163875口[1]，乾隆二十一年（1756年）额定塔子沟榷关正银5982两。建平县设于1903年，直至民国初年仍"虽系一县，实无异于一镇市"[2]。对比两者，可以判定建昌县较符合B_2中心，而建平县由于距其过近，应为建昌市场辐射之下的次级中心——D级中心。牤牛营子为建昌县巡检所在地，清末有商铺50户，市场交易以粮食和畜产品为主，且多由建昌、赤峰运来，故而判定为D类。大庙镇驻有赤峰县丞，在赤峰市志中未见更多介绍，由此推测其仅为赤峰州—多伦商路上的中转小集镇，未有州县范围的经济腹地。故而，将牤牛营子、大庙镇、建平县下移至第5类中。

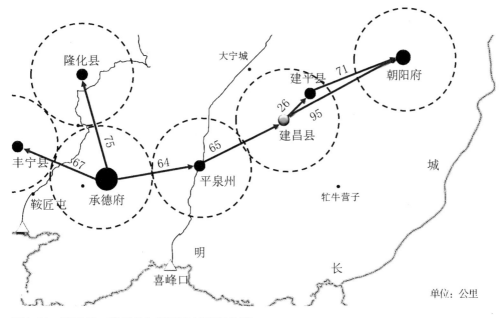

图4-31 建昌县、建平县与朝阳府城空间关系

经过上述调整，第4类中心仍约为74公里，确定丰宁县、隆化、平泉州、建昌、阜新、绥东为B_2级中心，将热河地区B_2级中心空间结构图示见图4-32。

---

[1]（清）海忠. 承德府志［M］. 光绪三十年刊本. 台北：成文出版社, 1968：730.
[2] 乌云格日勒. 十二至二十世纪初内蒙古城镇研究［M］. 呼和浩特：内蒙古人民出版社, 2005：38.

清代草原城镇：演化、结构与形态——以漠南地区为例

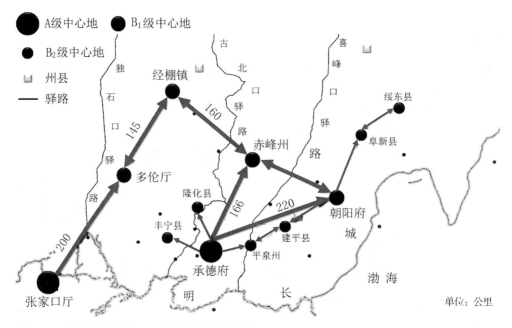

图4-32　清末热河地区B_2中心空间结构推导图

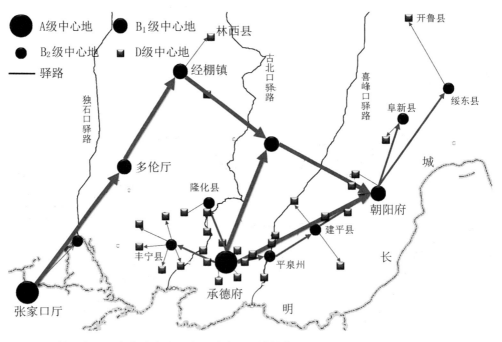

图4-33　基于空间距离的清末热河地区城镇市场结构推导

第5类中心为30.2公里，城镇行政等级均为"县—镇"，可以判定为D级中心，对应为"地方批发市场（B_2）—集散市场（D）"/"地方城市—中心市镇"（图4-33）。数列中异常者为"承德府—滦平县"，间距的行政类型为"府—县"，而该类大多对应为"区域批发市场（B_1）—地方批发市场（B_2）"。滦平是热河最

早移民和开发的地区，1742年设喀喇河屯厅，是承德西部重要的商业中心，县域人口在乾隆四十七年（1782年）为106630人、道光七年（1827年）为45769人、光绪三十三年（1907年）为97479人、宣统三年（1909年）为118168人[①]。但是县治市场在咸丰朝达到巅峰后逐渐衰落，究其原因：一方面是政治中心的移动。热河行宫修建后，清帝活动由滦河镇迁往承德，由于两者距离过近，不可避免地受到承德的抑制；另一方面是交通路线的改变。丰宁地区的物资经由鞍匠屯至古北口入关，滦河上游货物也在金沟屯转船，致使滦平县不再成为地区物资中转地。宣统三年县城人口为6276，1921年降至3177，县城也迁至鞍匠屯镇。可见，虽然清代滦平县的行政级别没有变更，但是所处地区区位的变化已经预示未来治所的衰落，而清末民初人口规模的缩减、治所的迁移均是对这一趋势的验证。

4．东蒙地区市场体系

（1）系统聚类

东蒙地区城镇市场网络由治所城市和基层市镇构成，治所包括分属于奉天、吉林、黑龙江三省、设于放垦蒙地的府厅州县；基层市镇包括有州县佐贰官分驻和未分驻的集镇。由于《清史稿·地理志》对东北三省州县之下集镇未作描述，再加上缺乏如《归绥道志》般省域地理志书，因此本文截选昌图府、奉化县、长春府等对境内集镇记述详尽地区作局部分析。共选取目标39个，其中府城3个、厅州县14个、佐贰官分驻集镇8个、普通集镇14个。利用ArcGIS9.3测量各聚落与最邻近上一级治所之间的距离，共获得距离值46个。其中，洮南府—昌图府为300公里、洮南府—长春府为258公里，距离过大，已然超过相邻府城的辐射范围，且《洮南府乡土志》记载境内"杂货由辽源州运入"[②]，判断洮南府—辽源州应为相邻市场，因此将二者剔除，剩余距离值44个。

运用SPSS对数值进行系统聚类分析，聚类方法设定为"组间联接"、测量方法为"平方欧氏距离"，得出聚类分析谱系图（图4-34）。谱系分类较为清晰：当标度为25时，44个单元被聚为1类；当标度为10~25时，44个单元被聚为2类；当标度为5时，44个单元被聚为3类；当标度约为2.5时，44个单元被聚为5类。以此为根据，对数值进行均值聚类分析（聚类数=5、方法=迭代与分类、迭代次数=10），最终5类中心为：R_1=210.00、R_2=163.00、R_3=104.4、R_4=61.39、R_5=26.33（表4-8）。

东蒙地区城镇间距最终聚类中心表　　　　表4-8

	聚类				
	1	2	3	4	5
VAR00001	210.00	163.00	104.40	61.39	26.33

---

① 滦平县地方志编纂委员会. 滦平县志[M]. 沈阳：辽海出版社，1997：219.
② （清）孙葆瑨. 洮南府乡土志[M]. 抄本. 1907（光绪三十三年）.

（2）分析和修正

清末，东北地区的枢纽城市为奉天、长春、哈尔滨，三者通过南满铁路串联成整体，欧氏距离平均约为250公里。在奉天和长春两个A级中心之间必然需要补充一个B_1级中心，而昌图府的位置正好填补了这一空缺（图4-35），其直线距离奉天约120公里，距离长春约160公里。此外，昌图府辖境人口403571，城厢人口11466。参考聚类列表，第2类距离（长春府—昌图府163公里）可以推测为A—B_1或B_1—B_1间距，B_1辐射半径约为80公里。由此可反推1类距离（210公里）为异常，因为其与城镇级别出入过大：辽源州和洮南府的市场地位远逊于长春府，辽源州城乡共11001户、72181口、138村，洮南府治125村，但是二者间距210公里却高出163公里（长春府—昌图府）近30%。

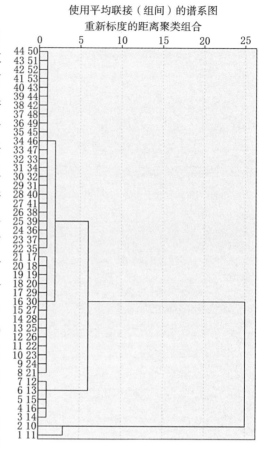

图4-34 清末东蒙地区相邻等级城镇间距谱系图

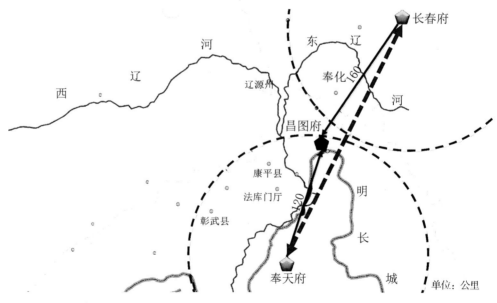

图4-35 昌图府区位图

第3类中心约为100公里，其与上下类比值相近（约为1.63）——2类：3类=1.63：1、3类：4类=1.628：1。该类包括4对间距，长春府—长岭县、辽源州—通辽县、洮南府—醴泉县、昌图府—辽源州，其中3对行政表现为"府城—州县"，1对为"州县—州县"。需要说明一点，通辽县原为辽源州地，清末放垦时开始出现聚落——白音太来村，凭借西辽河水运和丰富物产，1914年发展为通辽镇，1918年置通辽县。考虑到通辽是哲里木盟腹地、西辽河沿线重要的市场，且可以填补与热河开鲁县的衔接空白，故而将其也作为潜在的聚类新兴点。除去辽源州—通辽县，剩下三组均为府城与属县的距离，考虑到府城下辖若干州县，这一距离是"府—县"距离中的异常，不具有普遍意义。

第4类中心为61.39公里，间距目标的行政表现均为"府—州县/大镇"，该类18组数据中未发现明显的异常，可以大致认为其代表为地方市场间距，即B_1—B_2或B_2—B_2=60公里，B_2服务半径约30公里。将第3、4类数组中同府州县进行对比，如图4-36、表4-9所示，府城所属州县大致分布在距府城60公里范围内，但每府均有一点严重偏离均值，且偏离点和府城的连线均指向开垦蒙地的腹地方向。由此推测，该偏离点所预示的正是该地垦殖线和聚落扩散的方向。

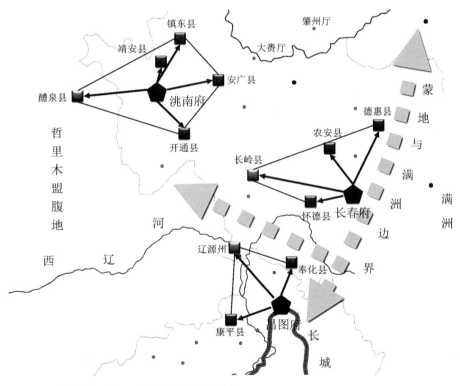

图4-36　东蒙地区第3、4聚类城镇空间图式

第3、4类间距对比表 单位（公里）　　　　　表4-9

聚类	洮南府		昌图府		长春府	
3	洮南府—醴泉县	95	昌图府—辽源州	90	长春府—长岭县	115
4	洮南府—安广县	69	昌图府—奉化县	64	长春府—德惠县	77
	洮南府—镇东县	65	昌图府—康平县	54	长春府—农安县	62
	洮南府—开通县	63			长春府—怀德县	46

　　造成这一现象的原因可能是，相邻府城（B_1）之间的横向空间已被限定，B_2级中心只有垂直蒙界的腹地方向才有更多的拓展余地，是点—轴体系空间推进的潜在增长点。昌图府（图4-37）下辖四县——奉化、怀德、康平、辽源州，起初均为昌图厅佐贰官驻地：奉化县1820年照磨→1877年县，怀德县1866年经历→1877年县、康平县1877年经历→1880年县、辽源州1880年主簿→1902年州。从设官时间上看，地区开发顺序大致为奉化→怀德→康平→辽源，辽源州地处昌图府治西辽河上游，至清末其市面已拥有大小铺户500余家。观察辽源州周边开发动态：其辽河上游100公里处的通辽市于清末民初形成；其西北方向1904年置洮南府、开通县、靖安县，1905年置安广县等。因此，有理由相信辽源州的设立对于周边地区——西辽河上游及科尔沁右翼前旗蒙地，具有不可忽视的拉动效应。正如点轴理论所描述的开发历程一样，沿着水运和驿路等发展轴，不同等级的发展点渐进式地向待开发区域推

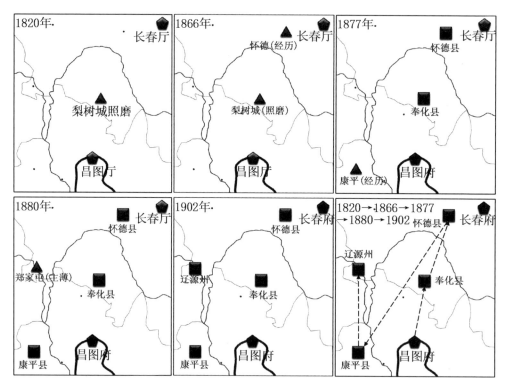

图4-37　昌图府周边城镇演化历程

进。综上，第3类（100公里）和第4类（61.39公里）应同归于B_2级市场范围，只是不同于内地体系的完善和细化，蒙地体系仍处于扩张的初级阶段，100公里可以认为是B_2体系在边缘的变形，是推动城镇扩散和晋级的必要前奏。

第5类中心为26.33公里，表征的市场间距为"B_2—D"或"D—D"，所在城镇行政表现为"州县—大乡镇"，异常者只有洮南府—靖安县。洮南府—靖安县为32公里，靖安县—镇东县为38公里，洮南府—镇东县为65公里，靖安县大致位于洮南府和镇东县中间位置，如果60公里为B_2之间距离，则可推论靖安县应为D级中心（图4-38）。

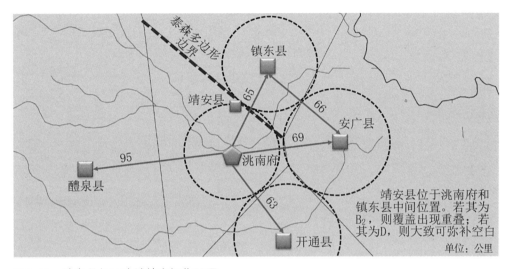

图4-38 靖安县与周边城镇空间位置图

需要注意的是，洮南府地区"一府五县"在由距离推导出的等级体系中为"B_1（昌图府）—B_2（醴泉、安广、镇东、开通）—D（靖安）"的格局，但在规模等级上却未呈现同样的等级关系，即"规模等级≠功能等级"。安广县域人口25014（宣统三年，1911年），村屯226，城厢居民3667口，市面"零落不成市集"，只有杂货7、8家，烧锅4家。境内居民"均为垦荒而来，除业农外并无讲求工业等业者……百货滞销，商贾视为畏途，应设法招徕"[1]；靖安县域人口为28289（宣统三年，1911年），境内"窝棚零星散处，极鲜数十家之大村落……县禀准暂免酒税一年，籍以招徕商贾，仅有商人袁辅廷开设新世泉烧锅，并丝房各一处，究以人烟稀少，获利无多，富商巨贾有鉴于此，无论官家如何提倡，均裹足不前，现尚未有商市，以致商会亦无从组织，一言商务发达，尚未可以时日期也"[2]；醴泉县"居民无多，已放街基未建筑房间而弃"[3]；镇东县，1925年调查有2819户24418口[4]。从上述方志记载中，可以看出洮南地区人口规模整体偏小，致使县治商业规

---

[1] 佚名. 安广县乡土志[M]. 抄本. 1909（宣统元年）.
[2] （清）朱佩兰. 宣统奉天省靖安县志[M]. 抄本. 1911（宣统三年）.
[3] 奉天通志，卷八十七，建置·城堡。
[4] 陈占甲. 镇东县志[M]. 铅印本. 1927（民国十六年）.

模和集镇无二，甚至尚不如某些大镇。从规模上市场等级应设定为D级。但这又与距离等级相冲突，因为这些州县大致分本在距离洮南府60公里——B_2辐射范围。

造成这一矛盾的原因，可能是政府预期规划与现实发展相悖所造成的。洮南地区开发于清末，在新政影响下由政府主动推进蒙地放垦，并在放垦区适中之处勘划城基，以较被动的方式坐等招民。然而由于地区偏远、条件不成熟等原因，招民的现实效果并不好，致使城内大量空地无人承领。在城基规模方面，开通县"四面各二里"；靖安县，"长二里、宽二里"；安广县，"城周1477丈5尺"，合8.2里；醴泉县和镇东县设治最晚，但规模更大，前者"南北街基840丈、东西街基600丈"，约合16里。后者"城基纵横594丈"，合13.2里。这些州县规格的城周规模与间距等级基本匹配，也从侧面验证了B_2级中心60公里的间隔范围。

反观昌图府属县，康平县"土周围约8里取长方形"，县境人口153256；怀德县，"东西向街道2条，各长2500米，南北向胡同3条，各长500米"，县境人口338417；奉化县，周围2760丈，合14里，光绪十年（1884年）人口164963。对比洮昌两府州县，城周规模较为接近，但人口规模相去甚远，洮南地区城周规模和人口规模严重不匹配。一言以蔽之，清朝规划蓝图中预期为B_2级中心，但现实只发展为D级，不禁感叹政府开发之雄心以及现实之凉薄（图4-39）。

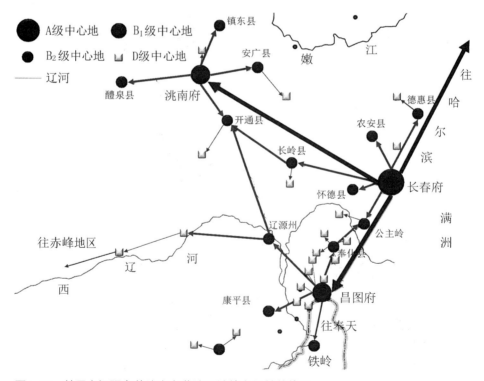

图4-39 基于空间距离的清末东蒙地区城镇市场结构推导

四、市场圈与行政格局的吻合关系

（1）蒙地城镇的市场格局和行政格局出现一定偏差（图4-40）。对比二者可以发现，高级和基层的吻合度较高，道治或府治大多为A级中心，次县级市镇（州县佐贰官驻地）大多为D级中心；分异主要出现在中间层级，部分巨镇（包头、经棚）跻身于B级中心，部分州县（清水河厅、林西县等）落入D级中心。这一现象恰恰是对前文的验证：在本节论述层级划分时，曾提及目前学者分类的特点在于"首尾的确定和中间的出入"。结合蒙地城镇的实例来看，原因是首尾规模的明确性、中转城镇判断依据的模糊性，以及行政体系的干扰性等。首位城市由于人为干预聚集大量军职、公职、神职人员，形成数目庞大的消费群体，其选址也多占据区位优势之地，再加上政策引导，自然发展为最高级市场；而随着城镇级别的降低，政治干预力量随之减弱，市场主导力量相应增强，因此最低级的次县级市镇与集散市场的吻合度较高，事实上政府也是遵循在商贾辐辏的大乡镇派驻佐贰官的原则；中间层州县恰好处于自上而下行政规定性和自下而上市场自发性的博弈之下，哪一方力量主导则对应属性占据多数。需要承认的是，城镇市场结构与行政结构的偏差是必然的，因为各自遵循不同的建构逻辑。例如，距离成本对于市场构建是一个敏感指标，但对于边地行政构建而言，却并非首要考虑。新兴的经济城市与传统的政治城市出现"双峰对峙"的格局，随着传统政治城市中心性的下降和区域内战略地位的调整，行政格局向市场格局靠拢已是趋势。而这可从归绥→热河→东蒙三地行政格局与市场格局逐渐契合中得到验证。

（2）由于市场网络构建更加注重距离成本，因而相比于行政格局，城镇市场空间格局更接近点—轴渐进式扩散的描述：越靠近蒙地边缘（点轴发生源）的城镇网络发育越好；城镇体系具有明显的方向性——由边缘指向腹地；城镇扩散具有明显的时序性和过渡性。除此之外，城镇市场格局的演化历程也一定程度符合"T"字形战略构想，即发展不平衡地区的扩散途径为沿公共边界横轴发展（海岸线—长城线）和沿发展轴向腹地纵向发展（长江—驿路/辽河等）。

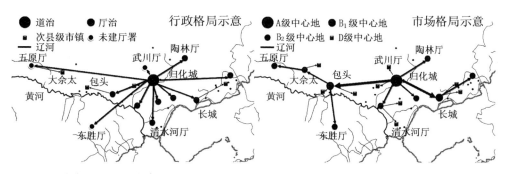

图4-40　清末归绥地区城镇行政格局与市场格局对比

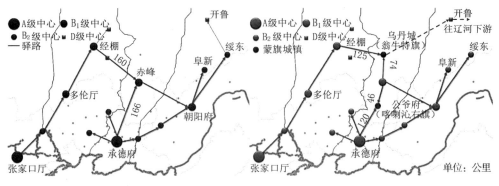

图4-41 蒙旗城镇对市场格局的补充作用

（3）蒙旗城镇可对治所城镇市场空间结构进行补充（图4-41）。有清一代，蒙古王爷驻地或寺庙所在地也相应地发展出一定的聚居和商业规模，如喀喇沁右翼旗王府（今锦山镇）、喀喇沁郡王府、定远营等。商业重镇多伦厅和经棚镇虽然是厅署和巡检署驻地，但是本质上却也因寺庙集市而聚集形成：多伦新旧买卖营的兴起得益于善因寺和汇宗寺的修建，经棚镇街区则以克什克腾旗庙庆宁寺为中心发展起来。由此可见，虽然在政治上盟旗制和州县制相互独立和并存，但是在商品流通领域中，无论是州县，还是蒙旗聚落均参与市场体系的构建，充当流通渠道中的一环。由于蒙治聚落不在本书范围内，故不作累述。

第四节 本章小结

本章以ArcGIS和SPSS为分析平台，运用中心地理论和施坚雅模型对清代蒙地城镇的驻防格局和市场格局进行刻画和剖析，并在与行政格局的对比中发现地域性和趋势性。其主要结论如下：

（1）漠南城镇所处的区位特点以及城镇经济大发展的时代背景，致使其显著地兼有政治城市、军事城市、经济城市三种属性。

（2）清中期漠南驻防圈分布特征：总体集中于土默特、察哈尔和热河地区，八旗分布较均衡，重点驻屯于地区首治，绿营分布地区差异较大，热河地区网络化程度最高，察哈尔地区集中度最高；在常态值守状态下，绿营和八旗相互独立，以多中心簇状分布作为长城体系的外延；在应激状态下，以"八旗兼统绿营"的形式对二者进行重构，形成"高级别聚落前置"的非均衡模式，长城体系下降为后援，整体由守势转为攻势，并存多种非均匀组合的可能。清朝通过驻军于蒙地城镇，以及常态和应激两套模式的转化，实现驻防体系的隐蔽化和合理化。

（3）城镇驻防格局和行政格局的吻合度随着级别的降低而下降：地区一级治所驻扎八旗系统的将军/都统和绿营系统的副将，首位身份高度契合；地区二级治所部分对应营级建置，但地区间出现分异，表现为归绥地区"多厅一营"、察哈尔地区"一厅多营"、热河地区"一县一营";地区三级治所与分汛驻地基本不重叠,表现为分汛多设置于未分驻州县佐贰官的重要集镇。

(4)地区城镇市场层级可划分为4级:中转市场—口岸城市,负责联系本地和外部的枢纽;批发市场—地区城市/地方城镇,承上启下的中间层级;集散市场—中心市镇,外界商品进入本地的终端和本地物产起运的起点;集贸市场—镇下村市,以集市贸易构建最基本的乡村生活共同体。其中前三者与治所城镇的对应关系清晰可辨。

(5)城镇市场格局和行政格局的吻合:①市场格局和行政格局出现一定偏差。首尾两级对应关系明确,道治或府治大多为A级中心,次县级市镇大多为D级中心,中间层级对应关系分异严重。新兴的经济城市与传统的政治城市出现"双峰对峙"的格局,有传统政治中心下降和区域内政治结构倒置的趋势。②市场空间格局更接近点轴理论描述的渐进过程。越靠近蒙地边缘(点轴理论中的发生源)的城镇网络发育越好;城镇体系具有明显的方向性——由边缘指向腹地;扩散具有显著的时序性和过渡性。此外,城镇市场格局和T字形战略构想较为相似,均为沿公共边界和发展轴扩散。③蒙旗城镇和治所城镇虽然在政治上互相独立,但经济上均是市场流通网络的构建者和参与者。

第五章 清代漠南地区城镇单体形态

自战国至清代，漠南地区曾出现过一系列著名的城市，如战国的云中、渔阳、上谷，北魏的盛乐城，唐代的受降城，元朝的应昌路城，明代的归化城等，但大多毁于兵燹，仅剩遗址供人凭吊。地区延续至今的城镇大部分兴建于清代。即使建于明嘉靖年间的归化城，也曾在后金征服林丹汗的军事行动中被付之一炬，几经修复沿用至今。因此，蒙地城镇形态中不同时期建造的叠加烙印较少，更易于从轮廓形状、规模等级、内部结构等方面折射时代性和地域性。

第一节 外部形态

顾朝林认为"在中国漫长的封建社会时期，城市的形态大多数是方形的，其次是不规则形的"[1]。究其原因，多归结于城市生活和自然环境的双重影响。通常认为北方地域开阔有利于城镇规划的纵横取直，南方水网密布地形复杂形态更为自由。作为城市硬边界和形态围合者，城墙不仅在中国古代城市发展过程中扮演着重要的角色，也是传统城市文化的重要构成，在明清时期甚至出现"无县不城"的局面。就漠南地区而言，矩形城池均筑有城垣，不规则城镇则部分筑有土垣，故而以有无硬边界（砖墙/土垣）作为地区城镇外部形态属性的聚类依据。

一、城墙内的治所

高大城墙包围的城池形象是中国古代社会的真实写照，正如领主古堡之于欧洲中世纪，天守阁之于日本武家政治一样。中国古代城市大多为政治中心，高大的城墙符合治所威严气势的需要，但其最基本的价值仍在于为居住者提供安全庇护。纵观清代漠南地区州县方志，匪患实乃城镇安全的巨大威胁，多数市面在劫掠之后就此萧条，一蹶不振。康平县"立县以来，为盗贼渊薮。当同治四年，有巨匪马傻子、王洛七等率羽党数千人，自朝阳界窜入扰害，境内几无完土"[2]；安广县境内胡匪，"少或三五，多或百十成群，忽聚忽散，出没无常"[3]；农安县"股匪繁兴"；包头筑城碑纪略云："同治年间，邻逆弄兵，人皆震惊，编氓释耒于畎中，商贾息于肆上，竞议迁移，莫谈防守"，筑城之后，"逆风已静于邻疆、商贾皆安于市肆、鹅鹤无惊、鸡豚皆息"。筑城费资甚多，因而不少城池的墙垣只是简单的"土围式""土堡式"，没有城楼、雉堞、角楼等设施，但即便如此，仍为时人所依赖。

---

[1] 顾朝林，柴彦威，蔡建明，等. 中国城市地理[M]. 北京：商务印刷馆，2002：533-534.
[2]（清）李绍刚，徐芳修. 康平县乡土志：兵事[M]. 抄本. 1908（光绪三十四年）.
[3]（清）佚名. 安广县乡土志：兵事.

1. 矩形轮廓

作为地区统治中心，治所城镇形态被赋予较多的政治和哲学理想，其中尤以规整对称的矩形更接近象天法地的愿景。《周礼·考工记·匠人营国》曾提出理想的城市布局，但现实中多以礼制观念的形式被传承，真正忠于该营造思想的城市寥寥无几，这既有对自然环境限制的妥协，也有对城市活动不可预知的顾虑。在新纳入国家治理的开垦区，由于不存在历史羁绊，城市营造似乎更有理由成为帝国政治秩序和开发雄心的展示。

在清代漠南地区，这种高度计划性营造的城市有绥远城、洮南府城、朝阳府城，以及清末放垦时增设的州县。矩形城池体现着高度的人为计划性和等级理想，逐渐形成固定的模式，因此府、州、县、镇的区别也表现在规模的大小和设施的多寡。此类城市平面方形规整，四周环筑城墙，墙垣规格视城市级别而定。以归绥地区为例，绥远城墙高2丈9尺5寸（约9.3米），顶阔2丈5尺（约8米），底阔4丈（约12.8米）；普通厅城高1丈5尺，顶阔1丈多，底阔2丈多；规模更小者，仅砌筑土垣。城墙四隅筑有角楼或墩台，高度与城墙齐平。四墙按方位砖砌门洞4个，部分城池增开便门或角门，门上建楼，或5楹或3楹，规模大者可于门外夯筑瓮城。墙外开挖城壕，因而城门外架桥，进而发展为专门性市场聚集地，如马桥、牛桥、驼桥。城内街道可分大街、小街、小巷三类，大街纵横交错为全城主干，规模大者呈"井"字形，标准为"十"字形，中心交叉处往往筑有钟鼓楼、城隍庙等标识物，沿主干道集中布置官署、市场等。小街与大街垂直相交，呈"丁"字形。

绥远城是漠南地区最大、最标准的计划性城市，性质为驻防满城，地处归化城东北五里地，雍正十三年（1735年）决议勘定，乾隆二年（1737年）启建，至乾隆四年（1739年）竣工，同治九年（1870年）重建北门城楼并浚壕种树，光绪三十年（1904年）绥远将军贻谷修缮城垣和疏浚城壕。整座城市从选址、勘定，直至营建严格按照计划执行，实乃传统城市构图之经典（图5-1）。城市平面为正方形，城周9里13步，城墙高2丈9尺5寸、底阔4丈、顶阔2丈5尺。四墙中以砖发券各设一门，按东西南北方位曰迎旭、抚安、承熏、镇宁，上建重檐屋顶门楼，门外筑瓮城。城墙四面设马面，四隅建角楼。城壕环绕城池，道旁夹种杨柳以防砂石淤塞。城内道路作棋盘状分割，其中大街4条十字交叉，中央为钟鼓楼，上建玉皇阁，为城内控制制高点。钟楼之南大街为城内唯一市场，旗丁兵籍日常所需皆由此取给；钟楼之东西大街为官署衙门聚集地。

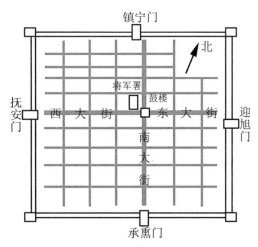

图5-1 绥远城平面示意图

即便如此，绥远城仍对理想模式进行了微调：在方位上未能完全实现坐北朝南，而是正南偏东，即所谓"壬山丙水"的朝向格局。中国传统堪舆将"北、东北、东、东南、南、西南、西、西北"8个方位进一步细分出24向，冠以"壬、子、癸、丑、艮、寅、甲、卯、乙、辰、巽、巳、丙、午、丁、未、坤、申、庚、酉、辛、戌、乾、亥"。其中，"壬山丙向"是对正南正北（子山午向）的一种角度偏移——正南偏东。采用这种方位的原因，应是对北面大青山东北—西南斜贯的呼应。正如奏折所言："详视归化城之东北五里许，后有大青山作屏障，前有依克图尔根、巴罕图尔根贰河之环抱，左有喀尔沁之水，右有红山口之水，会于未方，其中地势，永固之城基，实军民久安之要，新城垣建筑于此，取壬山丙水甚为合理等语。"① 这也就此奠定了日后呼和浩特市街巷格局的雏形。

在地区府城中，尚有朝阳府和洮南府为矩形城池。朝阳府原为三座塔厅，后相继更为朝阳县和朝阳府。同治元年（1862年）夯土筑城，平面为长方形，东长860丈、西长835丈、南阔411丈、北阔510丈，合计14里②。设4门，东曰长乐、西曰聚德、南曰阜财、北曰太平（图5-2）；洮南府为清代漠南地区设治最晚的府城，光绪二十八年（1902年）盛京将军增祺于"沙碛茅土地方"确定城基——"双流镇"，光绪三十年（1904年）置府。当时正值日俄战争，大批难民涌入洮南地界。增祺以工代赈，雇佣难民筑土为城，次年又增挖城壕。城池为方形，长阔各5里40丈，面积1234晌，有街巷36条③。城内东西向13条纬路，南北向10条经路，呈"井"字形，中央为衙署和商业区。

州县，是国家行政机构的终端，所谓"万事胚胎于州县"。在新开发地区，州县产生的途径不外乎二条：一是自下而上式自然聚集而成，在

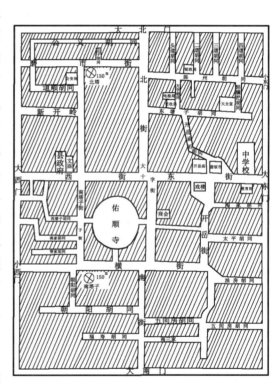

图5-2 民国朝阳县城图
（图片来源：朝阳县地方志编纂委员会. 朝阳县志[M]. 沈阳：辽宁民族出版社，2003：36.）

---

① 张威，李冰峰. 清绥远城兴建对呼和浩特城市形态演变的影响[J]. 内蒙古工业大学学报，2009，28（02）：157-160.
②（清）哈达清格. 塔子沟纪略·市镇[M]. 1773（乾隆三十八年）.
③ 奉天通志·城堡："洮南避乱之家纷至沓来，经前守田薌榖稟前将军增发帑数万金修筑城垣，以工代赈，难民赖之城内大小街巷凡三十六……城基初规定为正方形，长广各五里零四十丈，面积为一千二百三十四晌一亩六分二厘计八十八万三千六百方丈。"

区位良好的开垦区商民聚集,派驻州县佐贰官作为设官的开端,伴随聚落的扩大而晋升为州县治所,原有佐贰官再派遣新兴点。遵循此类发展轨迹的有奉化县(原梨树城照磨驻地)、怀德县(原八家镇经历驻地)、康平县(原康家屯经历驻地)、辽源州(原郑家屯主簿驻地)、农安县(原农安照磨驻地);二是自上而下式的计划营造,多为清末新政时期由政府勘定街基筑城招民之举。两者中,后者多为矩形轮廓,规模和做法逊于府城,大多为土围或土堡。城池挖壕以土筑城,仅数尺高(1~2米),无女墙;四周设门2/4/6个;正对于城内主要街道,门洞上筑门楼,简易者仅为土垣中间开凿过道(开鲁县);城内以"十"字形大街为骨干,署衙、官学、市场沿街分布,面积较大的县城纵横排列数条街道,多以头道街、二道街、三道街命名。《奉天通志·城堡》记录有所属州县的营造范式:"奉天各省修筑土城一处,周围约以三里为率⋯⋯每城外挖城壕一道,出海龙、新民二府、舆仁一县及绥中县就中后所旧城建治均毋庸修筑外,其余一州八县均令就地挖壕以土筑围。"①

此类土围式州县主要有建平县、林西县、开鲁县、康平县、靖安县、安广县、农安县、长岭县(图5-3)、安达厅等,详细情况如表5-1。

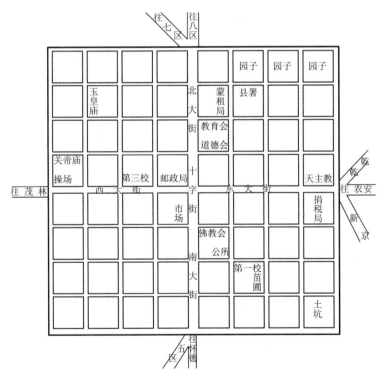

图5-3 清代长岭县城图
(图片来源:长岭县史志编纂委员会. 长岭县志[M]. 北京:中华书局,1993:14.)

---

① 《奉天通志·城堡》。

清代漠南地区矩形州县统计表　　　　　　　　　表5-1

州县	筑城时间	描述	出处
建平县	光绪三十二年（1906年）	四周累土为垣，东西0.5公里，南北1公里……南北二门，南迎薰，北拱辰……东西南北两条街	《建平县志》，377页
林西县	宣统三年（1911年）	城郭为正方形……土城墙，每面长925弓，高1.7米，宽1米……城内纵横7条街道，居中贯通东西、南北门者为中心大街……	《林西县志》，56~57页
开鲁县	光绪三十四年（1908年）	置县之初，县城为方形城。城墙土筑，每边长0.5公里，高2米。每墙中间留有通道，曰门……城内街道以"十"字街为主	《开鲁县志》，67页
康平县	—	县治大街二……土周围约八里取长方形，东西稍长，围高处六七尺，低处四五尺，周围有濠	《奉天通志·城堡》，2142页
靖安县	—	县无城垣，四周筑有高三尺许之土围，长二里宽二里，东西各一门，南北各二门……横街三……纵街二……	《奉天通志·城堡》
开通县	—	四面各二里	《奉天通志·城堡》
长岭县	宣统二年（1910年）	县城始筑土围，方约二里，城外有濠，城内东西南北大街	《长岭县志》
安达厅	—	城区为东西南北四面各五里的正方城，城内东西大街同南北大街交成"十"字形，把城区分为东南、东北、西南、西北四隅。各隅内纵横马路、胡同、小巷取直线……	《安达县志》
大赉厅	宣统二年（1910年）	宣统二年经薛龄锡挖凿四面，城壕宽八尺深八尺，即以挖掘之土叠为筑城之用，高五尺宽五尺，仅有四面土围……	《大赉县志》

除挖壕取土筑城之外，部分州县将商户外墙连接以为墙垣，再附跨街道两侧民房设立栅门以为城门，土墙外挖壕堑以相辅。此法虽然极其简易，但也形成了清晰可辨的城区边界，收获了一定的防御效果，且志书多将其记载为"土围"，故而归于有墙垣一类。此类以奉化县、怀德县为典型：奉化县，"县治街初周匝濬濠通桥，四面跨街头附民房建立四门，俨如土围式……门四，东曰启文、南曰拱化、西曰振武、北曰致和，城内井字形大街纵横各两道"[①]。怀德县"始修门六，东门抚近、西门迎恩、南门归昌、北门保泰、东北门绥远、西北门靖安，城门以外，则联络商家之墙以为垣，南北各有水沟一道籍以为池"[②]。

2．不规则形轮廓

《道德经》云：万物负阴抱阳，冲气以为和。这一思想深刻地影响着古代堪舆之术，在阳宅和城址选择中倾向山阳水阴之处——背山面水。而为了契合自然

---

① （清）陈文焞. 奉化县志 [M]. 台北：成文出版社，1974：144.
② 怀德县志编纂委员会. 怀德县志 [M]. 长春：吉林文史出版社，1996：33.

山水之形胜，有时不得不对规整的平面进行一定程度的拉伸或挤压，变形为不规则的城池轮廓。此外，部分城镇在设治初已具有一定规模，但无城垣。后迫于安全压力，由同知、经历、巡检等驻城主官牵头集资筑城。由于先有市街后有墙垣，而市街往往是自由建筑、漫无规度，从而致使包裹城区的土垣最终呈现不规则的走向。清代漠南地区的不规则城镇主要有长春府城、丰镇厅、萨拉齐厅、建昌县、包头镇、经棚镇等，形状以椭圆形、多边形、雁翅形为典型。

长春府初为长春厅，嘉庆五年（1800年）于郭尔罗斯前旗招垦地长春堡东隔伊通河十里地筑城设治——新立城；道光五年（1826年）移衙署于宽城子；同治四年（1865年）因马贼窜扰商民集资挖壕筑城。城墙高约1丈（3.2米），周20里（11.52公里）；城垣为不规则多边形，南北长4里，东西长7里，因东西长是南北宽之一倍余，故称谓"宽城子"。城池设门6座，东曰崇德、南曰全安、西曰聚宝、北曰永兴、西南曰永安、西北曰乾佑，城壕深1丈。光绪十五年（1889年）升为长春府，将原墙垣重筑为砖墙，规格扩大近一倍——高2丈5尺、宽2丈，接近绥远城2丈9尺的规模。同时又增开小东门、马号门等便门。城内街巷结构不再是棋盘式的"井"或"十"字形，而是以近南北向大街为主干、东西向四条支路与之垂直相交的鱼骨形，再辅以各式巷道形成与地形高度契合的扇面路网。结合周边环境来看，南北走向的伊通河在此先折为东西向，再折为南北向，并于西侧东流水系汇合，水系包裹了城基的东、西、南三面，基本决定了城市轮廓的走向（图5-4）。

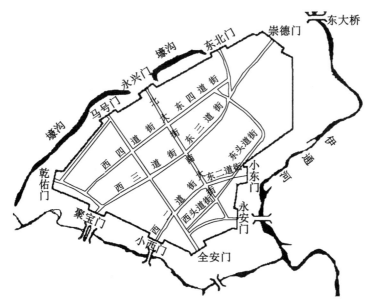

图5-4 清代长春府城图
（图片来源：崔煜. 长春城市规划历史研究［D］. 长春：吉林建筑工程学院，2001：19.）

在清代漠南地区众多集镇中,包头镇(图5-5)无疑是规模、地位、影响力最大者。包头镇原为萨拉齐厅西境的村落,康熙年间在昆都仑沟已有"泊头"的地名记载。乾隆六年(1741年)设昆都仑协理事通判,乾隆二十六年撤销,嘉庆十四年(1809年)移驻善岱巡检。直至清末,包头在行政建置上一直隶属于萨拉齐厅,级别虽位列州县之下,但却是归绥地区的"水旱码头"。道光三十年(1850年)原归绥地区西部的重要水运口岸——托克托厅河口镇被黄河冲毁,致使包头南海子渡口成为新的水运枢纽和货物集散地。同治十年(1871年)由包头巡检崔际平和大同总兵马升创建,城墙夯土而成,未包砖,墙高1丈5尺、底阔2丈、顶阔1丈,高度接近萨拉齐厅城(1丈7尺),女墙高6尺。平面呈椭圆形,城周14里,四隅有墩台,与墙齐平,城外有池,深3尺。城开6门,为东门、南门、新南门、西门、西北门、东北门,城台凸出墙体,高数丈,上无楼阁。城内"自由建筑、漫无规度、参差不齐"[①],道路

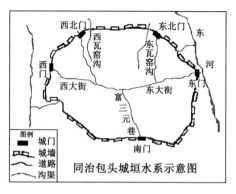

图5-5 同治年间包头镇城池图
(图片来源:孟令宏. 包头旧城历史地理研究[D]. 西安:陕西师范大学,2007:19.)

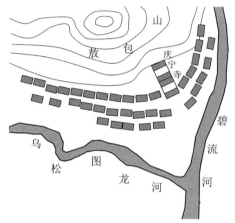

图5-6 清末经棚镇复原假想图

未取直线,交叉处也未垂直相交,其中沟通东西门的东大街—西大街为主干,其余道路与之锐角相交,呈"丫"字形。结合周边环境来看,包头镇地处山冈南侧,东西各有河流向南注入黄河,山冈和河流包围其东、西、北三面。由于城池北部位于山冈上,城东西各挖一沟,并筑1丈5尺高水栅为泄山洪;城东北建小水口,引东河之水入城以供民用。

经棚镇(图5-6)地处察哈尔通往东北地区、喜峰/古北口来往锡林郭勒盟的十字口,驻有多伦巡检(由白岔移驻)和绿营。光绪十年(1904年)商铺500余家,人口逾万。原城在1876年被乌松图龙河冲毁,后向东北移至乌松图龙河和碧柳河交汇处。由于敖包山、乌松图龙河、碧流河围合的区域过于狭窄,致使市镇以克什克腾旗旗庙(今庆宁寺)为中心,沿敖包山向北和西延

---

① 绥远通志馆. 绥远通志稿(第二册):卷17:城市[M]. 呼和浩特:内蒙古人民出版社,2007:419.

第五章 清代漠南地区城镇单体形态

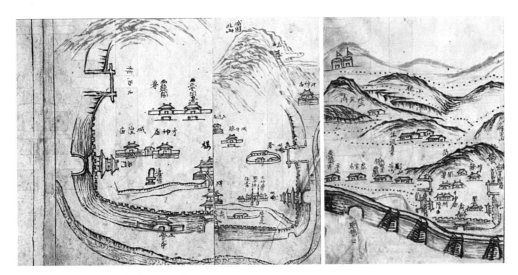

图5-7 清代丰镇厅城池图和区位图
(图片来源:(清)德溥,麻丽五.丰镇厅志[M].刻本.1881(光绪七年).)

展,形成"上"[①]字形的"雁翅形街区"[②]。街区外围环以土墙,"高两俄丈、厚一砖坯"[③]。城内主干道为当铺街、登平街、大南街,沿街分布商铺、货栈、作坊和官署。

同样依山而建的治所城镇还有丰镇厅(图5-7)。丰镇厅,前身为雍正朝设置于得胜口外的卫所——丰川卫(高庙子)和镇宁所(衙门口);乾隆十五年(1750年)裁撤卫所改置丰镇厅(衙门口),是绥东地区重要的商贸中心,市面虽逊于归绥,但与包头等量齐观。乾隆十八年(1753年),大朔理事通判包明初建厅城,形如围堡,城周575丈,东、西、南三面高1丈(3.2米),北面依山筑石为垣,高7尺(2.24米),厚3尺。后因商客聚集,"环城而居者倍于城户",又于乾隆三十八年(1773年)、道光二十年(1840年)数次展筑土围,城周增至845丈,再至1673丈5尺,东西南面土垣增至1丈5尺(4.8米),北面石垣增至9尺(2.88米),城门由5个增至7个。城内商民自由建筑,未能整齐。

土垣虽然低矮、不规则,但却为城镇经济实力之写照,所筑城镇多半区位优越、发展较好,且有设官。在归绥十二厅中,也只有归化城厅、绥远厅、萨拉齐厅、丰镇厅筑有城郭,其余厅治均"旧无城"。而丰镇东境隆盛庄镇,却外筑土

---

① (俄)波兹德涅耶夫.蒙古及蒙古人[M].刘汉明,等译.呼和浩特市:内蒙古人民出版社,1983:409. 书中提到:"这座城市成上字形,只不过上字的下面一线稍长。总的说来,该城由西往东延伸成一长线,其走向与乌松图龙河走向一致,而由北往南与克什克腾旗庙的房屋乡毗连。"
② 赤峰市地方志编纂委员会.赤峰市志(全三册)[M].呼和浩特:内蒙古人民出版社,1996:679.
③ (俄)波兹德涅耶夫.蒙古及蒙古人[M].刘汉明等,译.呼和浩特市:内蒙古人民出版社,1983:409.

堡，周6里，高1丈2尺，设7门。即使筑城伊始有意识地留有发展用地，但活跃的城镇经济仍推动城区范围溢出墙垣，形成规模颇大的关厢地区。为了将新出现的街区纳入城市范围，或原址扩展城垣，或在外围再筑土围，形成内外城之分。丰镇厅自建成后屡经展拓，直至光绪年间，城区面积较之道光年间又增加近1/3；归化城，康熙朝于城南增修外城，城周6里，道光中期又筑土垣为郭，光绪时期城区实际面积近绥远城2倍。

州县是清代国家最基层的行政组织，即所谓"皇权不下州县"，对于州县以下更为广袤的乡村社会，则依托节点分驻佐贰官和绿营分汛实现管控。因此"市镇"并不存在于国家机构序列中，在行政上与村屯同为"州县以下"区域。不同之处在于，市镇初步具备了一定程度的聚集能力，跻身于村落和州县之间承上启下的过渡层级。这种脱离纯农业聚落的趋势表现为其拥有与州县一致的形制——外筑土垣、内辟纵横街巷。新安镇，设有农安县分防主簿。光绪二十八年（1902年）建造城郭，东西长2180米，南北宽630米，设4门，土墙高2米厚0.5米[①]；乌丹城（今翁牛特旗驻地），清时筑土墙，"周6华里，高5尺，设东西两门"[②]；怀德县杨大城子镇，光绪三年（1877年）开始筑城，土城高9米，设东南西北4门，因此估计市镇内至少有与城门对应的四条大街；昌图府四面城镇，"围城十里四门，不知何年所建"；长春府小双城堡镇，道光七年（1827年）招垦设镇，城周筑土墙4～5里，高约余丈，土墙四面设东、南、西、北四座砖门，高约2丈，城内十字形大街[③]。

二、自由生长的街市

未筑墙垣的城镇，经济属性较之政治属性更为突出，分布于主要商路沿线，是典型的自下而上由商民自由建造的定居聚落。城区内外不存在明显的视觉分界——城墙，可以从任何位置走入城镇，是真正意义上的草原城市，街区形态更为自由与灵活。在清代漠南地区，此类街市城镇主要有承德府城、多伦厅城、平泉州、滦平县、醴泉县、宁远厅、托克托厅、和林格尔厅、清水河厅、武川厅、兴和厅、陶林厅、东胜厅、五原厅以及绝大部分市镇，街巷格局包括一字形、鱼骨形以及复式街区等。但无论何种形式，均反映出交通道路对城区形态的巨大影响。其生成逻辑是基于通勤成本考虑的利润最大化，街巷结构是刻画城镇形态的主要标识。

"一"字形街市：街区只有一条干道，商户、衙署、坛庙等沿干道两侧布置，

---

① 长岭县史志编纂委员会. 长岭县志[M]. 北京：中华书局，1993：24.
② 赤峰市地方志编纂委员会. 赤峰市志（全三册）[M]. 呼和浩特：内蒙古人民出版社，1996：1681.
③ 民国长春县志. 卷二：市镇[M]. 抄本. 1941：100.

夹道为市，是开放式街巷的最基本形式，道路两端架设栅门，大多为集镇或规模较小的州县。清水河厅（图5-8）为归绥十二厅最小者，北依金盖山，东、西、南三面临河，无城池，唯有东西大街一条——永安街，其形如箕，长约2里，能通车轨，街道两端筑有东西阁，沿街分布有厅署、巡检署、义学、三官庙、关帝庙、当平仓等公建；和林格尔厅街规制与清水河厅相仿，无城垣和市场，大街长2里90步，商民列廛而居，民国19年（1930年）于大街两端各辟1门。

图5-8 清代清水河厅（永安街）图
（图片来源：（清）文秀，等. 清水河厅志［M］. 台北：成文出版社，1968：34-35.）

鱼骨形街市：当一字形街巷格局的城镇规模继续扩大，商民自由建造推动主街向两端延展，同时开始出现次级街道与之相交，从而形成鱼骨形格局。城镇主要商贸活动仍集中于主大街上，但在支路上开辟新的专门市场，城市功能出现多元化倾向，是简单街区向复式街区的过渡。在漠南地区，最具代表性的为平泉州。平泉州，初为八沟厅，承德府属州，因"平地涌泉"而得名。州城南近喜峰口、北通昭乌达盟、西接承德府、东联奉天，是关内外北粮南货中转和集散地。州城以南北向近20里长的大街为主干，宽7～10米，沿街多为店铺，五行八作俱全。咸丰元年（1851年）于主街南北各建一门，南曰宁远，北曰绥远[1]。大街分为南、北、中三段，"宁远门"至转角房子为南街，转角房子至双桥子为中街，双桥子至茶棚庙为北街。其中，转角房子为中街口一处高低错落、四面设门的建筑。主街两侧错落排列胡同（表5-2），其中分布有牲畜市场（西街）、柴草市场（二道栅子胡同）、人力市场（财神庙和泰神庙前）以及庙宇、书院、酒肆、戏楼等。官衙多设于主街中心西侧，以八沟州署为原点，典吏署位于州署仪门右侧（南侧），八沟税务司署在"州署南一里许"[2]，八沟参将署在"平泉州州署西南里许"[3]。平泉州州学未建，平泉书院旧址在"州治南里许，乾隆三十八年移建州署之左"[4]。

---

[1] 平泉县地方志编纂委员会. 平泉县志［M］. 北京：作家出版社，2000：473.
[2]（清）海忠. 承德府志·卷十公署［M］. 影印本. 台北：成文出版社，1968：527.
[3]（清）海忠. 承德府志·卷十公署［M］. 影印本. 台北：成本出版社，1968：528.
[4]（清）海忠. 承德府志·卷十三学校［M］. 影印本. 台北：成本出版社，1968：558.

清代平泉州胡同表　　　　　　　　　　　　　　　　表5-2

西侧胡同	主要建筑	东侧胡同	主要建筑
翠花胡同	回民聚集区	单桥子胡同	—
通盛店胡同	—	纸秸胡同	—
太平街胡同	—	双桥子胡同	—
破店胡同	—	财神庙胡同	路北财神庙、路南戏楼
线胡同	大仙庙	宝乐胡同	宝局（赌场）、妓院
塘子胡同	牲畜市场	八沟胡同	污水道
杂货局子胡同	鲜果集散	转角胡同	—
喧哗街	书院、衙署、营房	剪子胡同	—
吉祥胡同	火神庙大殿	马家胡同	—
火神庙胡同	—	牛犄角胡同	—
—	—	关家胡同	—
—	—	二道栅子胡同	柴草集散市场

（资料来源：平泉县志）

复式街市：此类城镇规模更大，由数条大街或正交或平行构成，其间密布胡同巷道以联络，代表者有承德府城、赤峰直隶州城、多伦厅城等。承德府是作为避暑山庄的服务区而发展起来，不同于一般府城的交通枢纽地位，其繁荣是建立在一个庞大的消费群体之上——每年随清帝而来的宫眷、大臣、随扈、兵丁等。这一现象也被波兹德涅耶夫所观察并记录在日记中："中国与东北蒙古之间所有的贸易都取道于比较直捷而方便的多伦诺尔大道……只是在有历代皇帝前来巡幸的时候，承德府才是兴旺和发展的；皇帝一走，它就成了一个几乎是不值得一提的地方，就是提高它的行政地位也只能赋予它微弱的生气。"[1]府城未筑城墙，由三条东西向的大街和南北向的武烈河奠定城市主体，自北向南分别是粮食街、西大街、旱河堤街。西大街是整个城市的骨架和最繁华之处，由清帝往返避暑山庄和北京的御道发展而来，三座牌坊将其分为三段：头道牌坊至二道牌坊沿线分布考棚、学宫、都统衙门、府衙等行政机构；二道牌坊至三道牌坊沿线多集中酒肆和店铺，俗称"买卖街"；三道牌坊至火神庙分布有草市等。西大街北面为粮食街，分布有红庙、马神庙、老爷庙等公建以及三十家左右的粮食商铺，是承德地区粮食交易的集中地。西大街南面为旱河头街，是府城的旧货市场，沿街商铺

---

[1] （俄）波兹德涅耶夫. 蒙古及蒙古人：第二卷：第五章承德府[M]. 刘汉明，等译. 呼和浩特：内蒙古人民出版社，1983：217.

多为木材、砖石等仓库。

多伦诺尔是典型的"因庙而兴"的城市,由寺庙区和买卖城构成。寺庙区是城市的最初组成,主要有汇宗寺和善因寺。随着朝圣人群的聚集和庙会集市的兴起,在汇宗寺南面、额尔腾河西岸出现一个买卖区——兴化镇(旧营)。乾隆六年(1741年)在旧营东北1里处建新盛营,随后二者逐渐连为一体,形成东西约18里、南北约30里、形如木叶的商业区。城内大街为南北向平行,"川"字形:多伦厅署、巡检署和把总署集中于买卖区北端东西向的头道街,由此向南延伸3条大街,自西向东分别是马市街、牛市街和东盛街,马市和牛市街在城中部处止于东西向的长盛街,东盛街则贯穿全城;以中部横卧的长盛街为起点,再向南延伸3条大街,即二城街、兴隆街、福盛街。除此之外,还有数十条胡同贯穿其间。

赤峰直隶州早在乾隆时期就已形成"九街三市"的雏形,至中华人民共和国成立格局变化不大。赤峰州北邻金英河,南望敖包山,受南北方向的地理限制,街区呈东西向的长条状,以东西向6道大街为主干,分别为头道、二道、三道、四道、五道、六道街,其中以三道街最长,再辅以南北向横街(图5-9)。

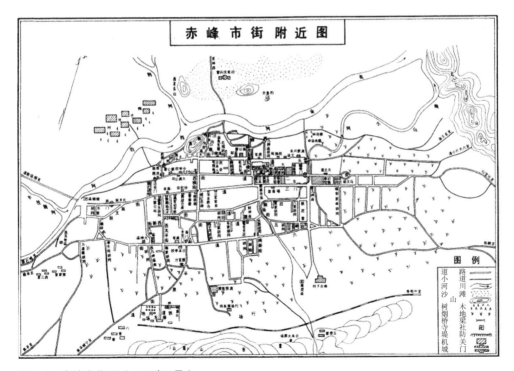

图5-9 赤峰市街图(1937年2月)
(图片来源:赤峰市地方志编纂委员会. 赤峰市志[M]. 呼和浩特:内蒙古人民出版社,1996:1639.)

第二节 规模等级

地理坐标反映了城镇空间位置的拓扑关系，城镇规模则体现聚落在能量分布中的位序关系。但在研究历史时期城镇规模方面存在诸多困难：首先，各类方志（府治/县志/乡土志等）缺乏对城镇自身营建的关注。选取清代长城沿线州县志书为例可窥其一二，《归绥道志（光绪）》章节顺序为"星度—沿革—乡镇—户口—城邑—古迹—兵制—田赋—风俗—职官—人物等"；《口北三厅志（乾隆）》为"地舆—山川—古迹—职官—人物—艺文等"；《承德府志（光绪）》为"诏谕—星度—建置—疆域—寺观—古迹—田赋/户口—兵防—风土等"；《昌图府志/宣统）》为"疆土—政治—实业—交通—风俗等"；《吉林通志（光绪）》为"凡例—图例—圣训—天章—大事—建置—舆地—食货—经制—学校—武备—职官—人物"。总体而言，清代省、府、州县地方史料多关注于自然环境、建置、职官、食货（田赋户口）、武备、人物等方面，而涉及城市营建的记载往往散落在建置、食货等章节。其次，不同于西方实证主义的科学精神，受传统经验主义哲学浸染的古文记述大量使用虚数词和概数词，数量本身不能准确反映实际大小，更多地是为了语句押韵而采用的夸张表述，只能起到大概描述的作用。如归化城"周三里许高三丈有奇……绥远城周九里有许[①]"，多伦诺尔城"人家鳞比、衡宇相望、居然漠南之间一大都会矣"[②]，平泉州"南北二十华里长街"[③]等。再次，清代城镇经济的兴起导致人口的空间极化，部分城市功能突破城墙的限制，形成发达且规模可观的城厢地带，如丰镇厅"环城而居者倍于城户"，而这一部分未见于史料记载，更增加城市规模判断的难度。

考虑到史料记载的残缺和口径的不一，将在各级城镇中选择资料翔实的典型，由个体推论总体，形成对蒙地城镇体量和等级的大致认识，且认识的重点在于数量级上的划分以及差异的成因。此外，史料中对城池周长记载的单位多有不一，有"里、丈、步"之分，因此需要折合成统一尺度，折算比例为清光绪三十四年（1908年）所定度量衡之制："1里=18引=180丈=1800尺≈0.576公里"[④]。

一、府级城市规模

至清末，漠南地区有山西归绥道、直隶口北道和热河道、奉天洮昌道、吉林西南道等，府级城市（包括直隶厅、直隶州）共计26个，其中府城5座：承德府（1723年）、朝阳府（1774年）、长春府（1800年）、昌图府（1806年）和洮南府

[①] 高赓恩，贻谷. 归绥道志[M]. 光绪三十三年本. 呼和浩特：远方出版社，2007：166.
[②] 姚明辉. 蒙古志[M]. 台北：成文出版社，1907：207.
[③] 平泉县地方志编纂委员会. 平泉县志[M]. 北京：作家出版社，2000：471.
[④] 杨生民. 中国里的长度演变考[J]. 中国经济史研究，2005（01）：143-144.

（1904年）；直隶厅城20座，包括归绥十三厅（包括绥远厅）、口北三厅、大赉厅、安达厅、肇州厅、法库厅；直隶州1座，为赤峰直隶州。府城和直隶州分布于热河、奉天、吉林地区，厅城分布于归绥、察哈尔、黑龙江地区。

1. 归绥地区

归化/绥远城是土默特地区当之无愧的"首邑"，建成时间、战略地位、建成规模远非其他厅城所能比拟。归化城地处阴山南麓，扼守蒙古高原游牧民族南下的重要孔道，同时地区土壤肥沃水草肥美，无论是农耕还是游牧都极具经济价值。16世纪土默特首领顺义王俺答汗和三娘子修建库库和屯于丰州川，后赐名为"归化城"。城池"周三里许、高三丈有奇"[1]，"康熙三十年在旧城为增筑外城，包东西南三面，以旧南门为鼓楼，周约六里"[2]，城内81条街巷330牌，"市街分为旗人喇嘛商贸三区，买卖亦旺盛"[3]。绥远城新建于归化城东北五里地，城池周围九里十三步，高两丈九尺。光绪二十二年（1896年）造册计厅城内共3017户24802人，光绪三十三年（1907年）厅城内27288口，厅城腹地领东西南北4乡312村，人民7678户76575丁[4]。全厅辖境共有10695户101377口，厅城人口占总人口24.5%。

其他诸厅城周和人口统计见表5-3，其中人口规模来源于《归绥道志》卷五十二厅治考、卷十一户口，城周记载规模来源于《绥远通志稿·城市》。

归绥十一厅人口和城周规模统计表　　　　表5-3

城镇名称	建置时间	厅境人口	治所人口	记载城周	折算里长
托克托厅	1736年	81093	24393	周7里余	7
和林格尔厅	1736年	55104		周4里140丈5尺	4.8
清水河厅	1736年	38787	2181	周600丈	3.33
萨拉齐厅	1739年	600000	21000	周9里18步	9
宁远厅	1751年	152416		周4里149步	4
丰镇厅	1751年	219823	46809	周575~1673丈	9.3
兴和厅	1903年	78308		周9里许	9
武川厅	1903年	47688		周5里20丈	5.1
五原厅	1903年	27749		周1220丈	6.8
陶林厅	1903年	14562		周1265丈2尺	7
东胜厅	1907年			周4里	4

---

[1]（清）贻谷. 归绥道志·上册［M］. 光绪三十三年本. 呼和浩特：远方出版社，2007：166.
[2] 绥远通志馆. 绥远通志稿：第二册：卷十七城市［M］. 呼和浩特：内蒙古人民出版社，2007：400-401.
[3] 谢承仁. 杨守敬集（第二册）：支那地志摘译·蒙古之部下篇·都府［M］. 武汉：湖北人民出版社，1997：80.
[4]（清）贻谷. 归绥道志·上册［M］. 呼和浩特：远方出版社，2007：373.

2. 热河地区

热河地区毗邻京畿，东接辽东、西临宣府，是京畿地区抵御北方游牧民族南下的重要屏藩。明代是科尔沁、察哈尔等蒙古部族的游牧地，清朝定鼎中原之后极为重视此地，通过组织移民开垦、开设八旗官庄、完善交通驿路网等推动热河地区的开发。康熙二十年（1681年），出于怀柔蒙古、加强边防和鼓励八旗尚武等考虑，选定木兰地区设置围场进行秋狝，届时皇帝率文武大臣、八旗官兵以及蒙古王公一齐行围狩猎。随着木兰秋狝逐渐地制度化，为了安顿大队人马和招待蒙古王公，由古北口至木兰地区修建一系列行宫，如喀喇河屯、热河、张三营等，尤以康熙四十一年（1702年）于热河上营地修建的避暑山庄为甚。木兰秋狝等政治活动的兴起、外八庙和避暑山庄等行宫的修建极大提升了承德的政治地位，也带动区域人口聚集和产业发展，使热河上营发展为口外重要都会和仅次于北京的第二政治中心。

承德府，是在行宫御道的基础上发展而来，没有城墙，由三条自西向东的街道组成，中间的西大街是城市骨架，衙署、文庙、市场多沿此街分布，范围为今承德市西大街头道牌楼至武烈河西岸，长约3公里。其余两条与之平行的大街，北为粮食街，南为旱河头街，测量今日承德市粮市东街和二仙居旱河之间的距离约为0.3公里。因而以道路的长度，可大致估计清代承德府的市域规模（不包括避暑山庄）约为1平方公里，折算城周约为6.6公里。据《钦定热河志》和《承德府志·户口》记载，承德府乾隆四十三年（1778年）造册计8979户41496口，道光七年（1827年）造册计16339户110171口。

朝阳府，土默特贝子旗三座塔地因其有东塔、南塔、北塔三座而得名，清初年移民商户八十余家在南北塔之间聚集，乾隆十八年（1753年）六月设立巡检衙署，基址为契丹柳城兴中府，管辖土默特两旗事务。乾隆四十三年（1778年）只建官署而未建城垣，至同治元年筑土城，"高六丈，东长八百六十丈，西长八百三十五丈，南面四百十一丈，北面五百十丈，计地十四里"[1]。又有《朝阳县志》记载其："城市设四门，东西二门相距0.5公里，南北二门相距1.0公里"[2]，且历史舆图反映城池形状为规则矩形，故而推算其城墙周长约为3公里，占地约0.5平方公里。清初城内"人烟稀少"[3]，乾隆四十七年（1782年）有户15356户61220口，道光七年（1827年）造册计31751户77432口[4]，至光绪三十一年（1905年），朝阳府城内有3109户17250口[5]。

---

[1] （清）哈达清格. 塔子沟纪略·市镇 [M]. 刻本. 1773（乾隆三十八年）.
[2] 朝阳县地方志编纂委员会. 朝阳县志 [M]. 沈阳：辽宁民族出版社，2003：33.
[3] 塔子沟纪略·市镇："……本朝初年，三座塔城内荆棒满地，虎狼群游，自喇嘛绰尔济卜地建寺于城内，于是渐有人烟……"
[4] （清）海忠，林从炯，等. 承德府志 [M]. 光绪三十三年刊本. 台北：成文出版社，1968：730.
[5] 乌云格日勒. 十二至二十世纪初内蒙古城镇研究 [M]. 呼和浩特：内蒙古人民出版社，2005：123.

3. 东蒙地区

长春府，嘉庆四年（1799年），吉林将军秀林以借地安民为由，奏请在郭尔罗斯前旗开垦二十六万余亩熟地，并就地划分四乡设置长春厅，治在长春堡东十里地处。由于马匪扰乱，同治四年（1865年）商民集资新筑土城，城郭版筑，"周二十里，门六池深一丈……城垣南北袤约四里，东西广约七里，盖东西广于南北之一倍，故有宽城子之名"①。长春厅"设治之初丁口不满七千余"②，到嘉庆五年（1800年）编户有11781户丁口61755口，道光二年（1822年）造册计10766户51878口，道光十六年（1836年）15270户64168口，光绪九年（1883年）23975户92135口③，领32乡1672村屯。宣统三年（1911年）记录人口为"城关户数7194，男丁31790，妇女12800，再加以镇乡之数，统计户数68051，男丁316934，妇女273369，男女共590303"④。1913年吉林国税厅统计长春县人口为514000人⑤。

昌图府，嘉庆初年于科尔沁左翼后旗博多勒噶台亲王旗地招民开垦，设昌图额勒克理事通判一员、监狱巡检一员，治于古榆城。城址修建年月不详，"周围一百丈有零头"⑥。府境内六百里土地肥沃，水运和铁路运输便利，农、商业发达，"村屯棋布廛市星罗，分土荒夹荒河西库都力五十一社，烟户不下数十万家……屹然为本省北边外之巨堡"⑦。《昌图府志》记载宣统二年（1910年）造册计52051户403571丁口，分22社32牌长1619村屯，其中满族16户89口，蒙古族2999户24559口，汉族47369户364616口，汉民多来自山东、直隶、山西三省。全府分为二十二社，府城城厢悦来社人口为11466，镇集恒足社/堆金社人口为82199，其余九乡人口共333616，府城人口占总人口2.68%。

洮南府，光绪二十八年（1902年）盛京将军增祺奏请勘定开垦土地，并于垦段中"沙碛茅土地方"确定城基，定名为"双流镇"。光绪三十年（1904年）在双流镇置洮南府。设治之初正值日俄战争，大量难民涌入洮南地界。增祺以工代赈的形式，雇佣难民修筑洮南城墙。修建后的洮南城为正方形，长宽各为5里40丈，面积有1234晌1亩余，城内有街巷36条⑧。次年，又于府城周围修城壕加强防御。

根据《光绪洮南府乡土志》记载，光绪三十三年（1907年）八月造册计2885户（旗户1520/汉户1365），人口为16911口（旗丁6856口/汉丁10055口）。又有《东

---

① 张书翰，马仲援，等. 民国长春县志·舆地志城镇[M]. 1941：84.
② 张书翰，马仲援，等. 民国长春县志·食货志[M]. 1941：135.《吉林舆地说略》记载长春厅邻村屯65，居民五千一百五十户.
③ （清）长顺，李桂林. 吉林通志·食货志一[M]. 1891（光绪十七年）：2086.
④ 翁有利. 长春人口发展与城市变迁研究（1800-1945）[D]. 吉林：吉林大学，2012：45.
⑤ 翁有利. 长春人口发展与城市变迁研究（1800-1945）[D]. 吉林：吉林大学，2012：47.
⑥ 金毓黻. 奉天通志·城堡[M]. 沈阳：辽海出版社，2003：2046.
⑦ 奉天通志·城堡.
⑧ 奉天通志·城堡："沈南避乱之家纷至沓来，经前守田蔚穀稟前将军增发币数万金修筑城垣，以工代赈，难民赖之城内大小街巷凡三十六……城基初规定为正方形，长广各五里零四十丈，面积为一千二百三十四晌一亩六分二厘计八十八万三千六百方丈……"

部内蒙古调查报告》第二卷"殖产兴业·都市"篇记载洮南城在1913~1914年人口为2000户15000余口[①]，因此可以推断上述光绪三十三年数据应该为府城城厢居民数，而非府境人口总数。除城厢外，境内尚统计有8社125村屯，不过需要注意的是，一些居民稀疏的定居点并未统计在内。此外，黑龙江蒙地三厅规模见表5-4。

清末黑龙江蒙地三厅规模统计表　　　　表5-4

城镇名称	建置时间	厅境人口	治所人口	记载城周	折算里长
大赉厅	1905年	51216	2430		
安达厅	1906年	12000		东南西北四边各长5里	20
肇州厅	1906年	70000		周8.5里	8.5

将上述府城周长里制进行折算：归化城，周6里≈3.5公里；承德府，6.6公里≈11.5里；长春府，周20里≈11.5公里；昌图府，周100丈≈0.5里≈0.3公里；洮南府，边长5里40丈≈周21里≈12公里。需要说明的是，《塔子沟纪略·市镇》记载"高六丈，东长八百六十丈，西长八百三十五丈，南面四百一十一丈，北面五百一十丈，计地十四里"[②]，城周≈860+835+411+510=2616丈≈14.5里，与文献记载符合，验证了光绪度量衡的可靠性。但《朝阳县志》记载其"东西二门相距0.5公里，南北二门相距1.0公里"[③]，推算城周3公里≈5.2里，与前文14.5里不符。由此推测，《塔子沟纪略》所记载"筑土为城"，应指的是契丹柳城兴中府遗址。综上所述，清代漠南地区府城规模统计见表5-5。

清代漠南地区一级治所规模统计表　　　　表5-5

城镇名称	府域人口	城池周长（里）	城厢人口	村屯数
归化城	101377（光绪三十三年）	6	27288（光绪三十三年）	312
承德府	110171（道光七年）	11.5		
朝阳府	77432（道光七年）	14	17280（光绪三十一年）	
长春府	590303（宣统三年）	20	44590（宣统三年）	1675
昌图府	403571（宣统二年）	0.5	11466（宣统二年）	1619
洮南府	—	21	16911（光绪三十三年）	125

由表5-5可知：（1）从城周里长来看，最长者为长春府和洮南府，约为20里（11.5公里），城周最短者为昌图府，约为0.5里（100丈）。但昌图府是建立在古

---

① 乌云格日勒. 十八至二十世纪初内蒙古城镇研究［M］. 呼和浩特：内蒙古人民出版社，2005：123.
②（清）哈达清格. 塔子沟纪略·市镇［M］. 刻本. 1738（乾隆三十八年）.
③ 朝阳县地方志编纂委员会. 朝阳县志［M］. 沈阳：辽宁民族出版社，2003：33.

榆树城址上，《昌图县志》记载的是古榆树城城周，结合府城人口推断，城池的实际规模应远大于该值。除去昌图府，最小记载城周为清水河厅3.33里（周600丈）。此外，如果考虑将归化城和绥远城视为整体，则其城周至少在10里以上，即归化城6里、绥远城9里；倘若只考虑归化城，《绥远通志稿》记载其街区早已突破康熙朝扩建的城墙范围，形成发达的城厢地区，则整体区域大约为绥远城的2倍，约为18里。运用SPSS对上述18个城周数据进行系统聚类分析，根据谱系图可以识别2、3、4层聚类，考虑到城周数据在［3.33，21］区间内分布连续，2类的聚落描述并不合适，故而只保留3、4类，并运用均值聚类法计算和查找各层中心和成员：3类的聚类中心分别为4.25、9.12、19.75；4类的聚类中心分别为4.25、8.09、12.75、19.75。二者的首位两级相等，表明城周在20里和5里的城市聚类脉络清晰稳定。中间层出现分异，中心为12.75的成员为承德府和朝阳府，中心为8.09的成员均为厅城。从成员城市的行政属性来看，府城城周明显大于厅城。

（2）从人口规模来看，城厢人口最大者为长春厅（44590），最小者为清水河厅（2181），辖境人口最大者为长春府（590303），最小者为安达厅（12000）。运用SPSS对城池人口数进行系统聚类，根据谱系图（图5-10）可清晰识别出2、3类，考虑到首位值跨度较大，故而将3类作为预设聚类数进行均质聚类计算：3类的聚类中心分别为45699.5、21374.4、5359，其中聚类中心为5359的成员包括昌图府（11466）、大赉厅（2430）、清水河厅（2181）。大赉厅是光绪三十年（1904年）设治于扎赉特旗开垦地的厅城；清水河厅是归绥十二厅中规模最小者，只有一条长约里许的厅街。大赉厅和清水河厅均属于发展滞后的厅城，但昌图府位于东辽河和西辽河交汇处，南满铁路线上重要的节点，且坐拥同江口埠口，即使规模不及长春、奉天等，也不可能与清水河厅等同视之。故而将原先聚类数由3拓展4，再进行均值聚类计算：4类聚类中心分别为45699.5、24227、15219、

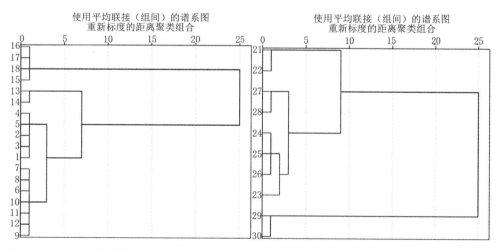

图5-10 城周里长谱系图（左）和人口规模谱系图（右）

2305。综上，清末漠南地区府级城市规模大致可以划分为4个层次，核心城市规模约为50000人、大府人口规模约为25000人、府城人口规模约为15000人、小厅人口规模约为3000人。

（3）府城城周与人口规模关联度较低，府城均有发达的城厢地区。洮南府的城周和人口记录最为详实，且筑城时间最晚，为20世纪初，可以推论修筑城池是基于当时的人口容量考虑，可以此作为衡量标准。归化城城周为6里，小于洮南府的20里，但人口比洮南府多出近10000人；朝阳府和洮南府人口规模相近，但前者城周只为后者的1/4；长春府和洮南府城周里长相近，但人口规模却是洮南府的2.6倍。萨拉齐厅和丰镇厅城周均为9里，但前者人口为21000、后者人口为46809，二者比例约为1：2.23。究其原因是，城池修筑早于人口统计，人口增长超过筑城时的预计规模。那么，多余人口自然溢出城墙，在靠近城门的关厢地区发展起来。归化城周初只有3里，在康熙三十年（1691年）扩建至6里，将当时东、西、南面的城厢地带囊括其中，但此后城市商贸发展很快再次突破城墙范围，出现"公私建筑多在城外，四周环城而居者，多于城内数倍"[①]，城市经济重心转移至南门外的召寺地区；丰镇厅傍山而建，乾隆十八年（1753年）砌筑墙垣，后由于客商聚集，"环城而居者倍于城户"，导致乾隆三十八年（1773年）和道光二十年（1840年）两次拓展城围，至光绪朝城外规模又接近主城1/3；长春府城筑于同治四年（1865年），因城池东西向约为南北向1倍，得名"宽城子"。随着东清铁路和南满铁路的修建，在宽城子西北方向陆续出现了东清铁路附属地区、南满铁路附属地区以及自开商埠区，城市实际占地规模由四大地区构成。这也就解释了为什么在城周相同的情况下，长春府与洮南府人口差异如此悬殊。而在光绪十四年（1888年），长春厅厅域内人口规模才不过十万人，足见两条铁路对于长春城市发展的巨大推动作用。

（4）城池周长不能作为规模判断的依据，但城池规划毕竟包含当局对城市等级和发展预期的考虑，因此仍可以尝试描绘出清代漠南地区府级中心地城周：大府城周约为20里、府城城周约为10里、小厅城周约为5里。长春府由于清末铁路的影响而发展出独立于传统城区之外的铁路附属区，因而宽城子城周里长亦无法表征其人口和占地规模。

二、县级城市规模

清末，漠南地区共有州县23座，其中承德府领4县，平泉州、丰宁县、滦平县、隆化县；朝阳府领4县，建昌县、建平县、阜新县、绥东县；赤峰直隶州领

[①] 绥远通志馆. 绥远通志稿：第二册：卷十七城市[M]. 呼和浩特：内蒙古人民出版社，2007：401.

2县，林西县和开鲁县；奉天省洮南府领5县，靖安县、开通县、安广县、醴泉县、镇东县；昌图府领4县，奉化县、怀德县、康平县、辽源州；新民府领1县，彰武县；吉林西南路道领3县，农安县、长岭县、德惠县；其人口、城周规模见表5-6。

清末漠南地区部分州县规模统计表　　　　　　　　　　表5-6

城镇名称	县域人口	城厢人口	记载城周	折算城周（里）
平泉州	587978		南北20华里长街	
建昌县			厅署驻扎方围10里	10
滦平县	118168（1911年）	6276（1911年）	东西2.5公里，南北0.5公里	10.4
隆化县	123264（1918年）		一条主街，长度仅千米	3.5
赤峰州	112604（1827年）		周围有土城墙6公里	6
建平县	206908（1917年）		东西0.5公里，南北1公里	5.2
林西县		2914（1912年）	四周土垣，每面925弓	10.7
开鲁县	3000（1908年）	700（1908年）	方形，每边0.5千米	3.5
奉化县	161963（1884年）		周2760丈	15
怀德县	161963（1884年）		东西街道长2500米，南北长500米	10.4
康平县	153526（宣统）		土周围约8里，取长方形	8
辽源州	72181（宣统）			
彰武县	74716		土城周1里	1
靖安县	31581（宣统）		长2里宽2里	8
开通县			四面各2里	8
安广县	25014（1911年）	3667（1911年）	池周1447丈5尺	8.2
醴泉县			南北街基840丈，东西街基600丈	16
镇东县			城基纵横594丈	13.2
农安县	55245	6128	周围约7里	7
长岭县			方约2里	2
德惠县	291302（1936年）	28506		

（资料来源：各州县地方志）

由表5-6可知：至清末，漠南地区县域人口最大值为平泉州587978，最小值为开鲁县的3000人。除去两极，大部分州县辖境人口在30000～200000区间。有关城厢人口的记载有6个，占总数26%，其中城厢人口最大者为德惠县的28506人，最小者为开鲁县的800人。利用SPSS对城厢人口进行均质聚类，当聚类数设定为3时，聚类中心为28506、4746、700；当聚类数设定为4时，聚类中心为

28506、6276、2914、700。平泉州主街长度近20里，且左右排列十数条小巷，拥有若干专业市场，其规模早已凌驾普通州县之上，可将其判断为大县一类；在SPSS进行4类聚集中，中心为2914一类包括林西县（2914）和安广县（3667）。林西县和开鲁县同属于赤峰直隶州，均设于光绪三十四年（1908年），两城直线相距260千米。而安广县设治之初虽然筑有1447丈城垣并划定街基，但城市发展并没有达到预期，市面萧条冷落。因此，根据条件和要素的相似性，可将三者合并为一类，即人口低于3000人的小县。综上，清末漠南地区州县人口规模大致可以划分为3个层次，大县规模在25000人左右、普通州县规模在5000人左右、小县规模低于3000人。而曹树基教授在清代华北人口模式中，也将县级城市的平均人口设定为5000人。

漠南地区有关城周里长记载的有18个，约占总数的78%。其中城周最大者为醴泉县的16里[1]，最小者为彰武县的1里，平均城周为8里，城周在8~10里范围内的城镇较多。运用SPSS对其进行均值聚类分析，由于人口规模已经划分为大县、县、小县三类，故将聚类数设定为3，得出最终聚类中心为12.24、7.2、2.5。聚类中心为2.5的成员包括隆化县（3.5里）、开鲁县（3.5里）、彰武县（2）、长岭县（1），其中开鲁县在人口等级中被判定为小县类，可以暂时推测在此类中城周规模与人口规模具有一定的对应性；聚类中心为7.2的成员包括建平县（5.2）、康平县（8）、靖安县（8）、开通县（8）、安广县（8.2）、农安县（7）。此类对应于普通州县，其中城周7里的农安县人口规模（6128）也符合普通州县5000人的假设。但是城周8.2里安广县在人口等级中属于小县级别，城厢只有3667人；聚类中心为12.24的成员包括滦平县（10.4）、林西县（10.7）、怀德县（10.4）、镇东县（13.2），其中滦平县人口6276属于普通州县、林西县人口2914属于小县。

可见，与府城类似，州县分别以城周里长和人口数量进行的聚类等级并不存在显著的关联性，越级现象明显。但是与府城有所区别的是：府城因城市功能溢出城墙范围而造成人口规模和城周的不对等，州县则更多地因现实发展未达到预期而致使城内部分街基闲置。东蒙大部分州县兴起于光绪朝晚期的新政，政府在放垦区适中之处勘划城基，以较为被动的方式坐等招民，然而由于地区偏远、条件尚不成熟等原因，招民的实际效果并不理想，导致城内大量空地无人承领。洮南府所属县城城周大多为8里，接近普通州县的平均水平，反映当局对设治地区的预期值，但现实却是安广县"零落不成市集、百货滞销"，靖安县"人烟稀少，获利无多，富商巨贾有鉴于此，无论官家如何提倡，均裹足不前，现尚未有商市，以致商会亦无从组织，一言商务发达，尚未可以时日期也"[2]，醴泉县"居民

---

[1]《奉天通志·城堡》记载："南北街基长八百四十丈，东西街基广六百丈"，故而城周折算为：（840+600）×2=2880丈，2880/180=16里。
[2]（清）朱佩兰. 宣统奉天省靖安县志[M]. 抄本. 1911（宣统三年）.

无多，已放街基未建筑房间而弃"①。

三、次县级市镇规模

清代漠南地区次县级市镇数量较少且记载匮乏，只有片段描述散见于所属州县地方志中。因而，选择记载较为详实的市镇作为个案，通过对其人口、商铺、城周数据的整理和分析，大致可以将次县级市镇划分为巨镇、大镇、小镇三个层级，且层级间差距悬殊，大市镇的规模接近府城，是为地区重要的经济节点，小市镇只有寥寥不到百户。文中的"次县级市镇"不同于志书中"镇"、"乡镇"，次县级市镇是基层文职或武职官员的驻地，且官员具有徵收地亩钱粮和处理民事纠纷的职责。相较于普通的乡镇、集镇、村市等，其通常具有人口和商业的聚集优势，是可发展成州县的潜在增长点。

（1）巨镇：此类市镇的城厢规模和经济地位超过普通州县，接近大府，其代表为萨拉齐厅西境的包头镇、昌图府的同江口镇。包头位于黄河北岸，大青山南麓，介于土默川和河套平原之间，原为游牧草地，逐渐有少量汉民聚集，后因土默特地区水运中转中心由河口渡转移至包头南海渡，遂成为归化城与西北地区商贸往来的"水旱码头"。1809年分驻萨拉齐厅巡检司，光绪末期设治的五原厅和东胜厅也寄治于此。包头一镇四乡人口在光绪朝时间已达20万余，城内居民有1500余户，大小商铺50余家，人口2万余。包头镇城墙修筑于同治十年～十二年，"周十四里，为椭圆形，城外有池"②，城墙四周有墩台和雉堞，筑有6门但无门楼，城内"有大街10条、小街10条、小巷69条、市场1处"，其商业组织有"九行十六社"之称。

同江口，位于昌图府西南境辽河东岸，是清代辽河水运重要的中转节点，东北地区农产品汇集于此转水运经营口港货通各地。1905年被辟为对日商埠，1910年驻扎昌图府分防经历。同江口镇最兴旺时居民近2万余人、3000多户，且均从事非农业产业。镇内"每日成集"，大小商铺170余户，各地汇聚的商船近千余艘。

（2）大镇：此类市镇大多为核心城市内的经济次中心，是对主城经济的补充，商业种类包括零售和批发，交通便利、区位优势明显，其城厢规模和经济地位接近甚至超于普通州县。毕克齐是归化城西境两大市镇之一，驻有归化城巡检司。农产品是各厅城重要的对蒙贸易，距厅城遥远者就寻近处为市，如归化城之毕克齐和可可易立更、托克托厅之河口镇、萨拉齐厅之泊头镇皆米粟汇聚所在，舟车驮运络绎不绝。镇内有"大街10条、小巷14条"。张皋镇和隆盛庄

---

① 奉天通志：卷八十七：建置·城堡。
② 绥远通志馆. 绥远通志稿（第二册）：卷十七城市［M］. 呼和浩特：内蒙古人民出版社，2007：417.

是绥东地区重要的货物中转和集散地，以粮食产品为主。丰镇厅雍正五年于张皋镇设巡检司，以资佐之，"相传清初居民已达2000余户"①，按照每户5口计算则城内人口约有万余；光绪三十一年（1905年）移驻张皋镇巡检司于隆盛庄，镇内有"大街4条，南北长一里半，东西长半里"②，后民国时期筑土垣环卫街区，城周"六里、设七门"③。善岱镇初设协理事通判，后裁析，至清末镇内有"居民五百余家、大小铺户三十余家"④。上述分驻市镇的商贸活跃程度均高于善岱镇，且主城（归化城/丰镇）的经济地位也高于萨拉齐，故而推测其人口至少不低于500户。

经棚镇，位于东蒙与张库大道之间的连接线上，从张家口或喜峰口出关，需经经棚折向东北地区或锡林郭勒盟。乾隆年间发展为以对蒙贸易为主的庙集市镇。道光五年（1825年）多伦厅设白岔巡检，光绪十年（1884年）移驻经棚。同治年间镇内已有"居民8000人"⑤，光绪朝时期"镇内商铺500余家人口愈万"⑥。旧镇毁于1876年的洪水，新城筑于敖包山东南麓，以庆宁寺为中心形成"上"字形街道格局，外筑土垣包裹市街，占地约0.9平方公里。

八面城，位于昌图府北境，光绪三年（1877年）梨树城照磨移驻于此，每日成集，城镇建于古城基础，周"三千六百余步"，折合约10里。这个城周长度已经达到洮昌地区州县的一般水平，如奉化县"土城周围2760丈、合14里8分"，康平县"土围周8里、长方形"，开通县"四面各二里"，安广县"池周1477丈5尺"等。

（3）小型市镇：此类分驻市镇大多为普通州县境内的大乡镇（表5-7），具有一定数量的商铺，业态主要为旅店、杂货、铁匠铺等零售业，没有货栈等批发贸易，多分布在清末新放垦蒙地，如东北的扎赉特、杜尔伯特旗、郭尔罗斯前旗以及河套地区。大佘太镇，于1903年设五原厅巡检，镇内有"居民二百余家，商肆五十余家、旅舍二十余家"⑦；泰来溪，1906年设治设局，镇内"有烧锅2户、染房2户、毛皮铺1户、杂货铺10户、药铺2户、食品铺3户、木匠铺1户、铁匠炉1户、大车店3户、旅馆2户"；塔子城，1904年设大赉厅分防经历，镇内有"杂货铺4户、药铺1户、车店2户、旅馆1户、食品铺2户、铁匠炉1户"。

---

① 绥远通志馆. 绥远通志稿（第二册）[M]. 呼和浩特：内蒙古人民出版社，2007：429.
② 乌敦. 近代绥远地区城镇体系研究[D]. 呼和浩特：内蒙古大学，2014：47.
③ 乌敦. 近代绥远地区城镇体系研究[D]. 呼和浩特：内蒙古大学，2014：47.
④ （清）贻谷. 归绥道志（上册），卷十一户口[M]. 光绪三十三年本. 呼和浩特：远方出版社，2007：300.
⑤ （俄）波兹德涅耶夫. 蒙古及蒙古人（第二卷）[M]. 刘汉明，译. 呼和浩特：内蒙古人民出版社，1983：425.
⑥ 赤峰市地方志编纂委员会. 赤峰市志[M]. 呼和浩特：内蒙古人民出版社，1996：1678.
⑦ （清）贻谷. 归绥道志（中册）：卷九：乡镇[M]. 光绪三十三年本. 呼和浩特：远方出版社，2007：303.

光绪朝萨拉齐厅境内大乡镇规模一览　　　　表5-7

乡镇名称	距离厅治	方位	户数	铺数
善岱镇	110里	东	500余	30
昌带镇	—	南	400余	20
苏勒哲塞镇	12里	北	800余	20
苏波罗盖镇	40里	东	400余	10
托斯河镇	30里	东	500余	10
梦达召镇	80里	东	300余	10
哈素村镇	80里	东	200余	40
老藏营镇	30里	东	500余	10
南海镇	100里	西南	200余	10
额尔哈逊镇	45里	西	500余	10
公吉板申镇	30里	西	500余	10
黑麻板申镇	25里	西	400余	10
土合气镇	50里	西	200余	60

（资料来源：贻谷，等. 归绥道志（中册）·习俗物产［M］. 呼和浩特：远方出版社，2007：673-675.）

综上，可以对清末漠南地区城镇规模做一次总结，拟出人口与等级之间的对应关系。城镇按人口可以划分为6个等级：核心枢纽城市约为50000人，大府、大厅、巨镇约为25000人，普通府/厅约为15000人，大县/大镇约为10000人，普通州县约为5000人，小县/小厅/小镇规模约为2500人，上下等级之间比率约在1.5~2倍。此外，城周里长与人口规模关联不显著，府城因功能溢出城墙而形成发达的关厢地区，州县因现实发展未达到预期而致使部分街基闲置。行政等级和城池规模没有严格的对应关系，也是市场格局和行政格局不吻合的体现。

第三节　内部结构

中国古代城市兴起于春秋战国时期，适逢奴隶制向封建制过渡，社会生产力和思想文化发展显著，同时伴随着奴隶主贵族之间兼并战争四起，掀起了以防御为主的城市建设高潮。此时的城市营造体现着"筑城以卫君、造郭以守民"的思想，城市内部相应地分为两大部分，统治者集中的"城"和普通民人生活的"郭"，并且为奴隶主服务的行宫、仓署、宗庙等设施占据城市大部分区域。政治区域和经济区域之间用城墙隔离，形成清晰可辨的界限。二者或为并列，如燕下都，或为分离，如赵邯郸，或为包含，如齐临淄。至封建时期初期，城市形态在西周"闾里制"基础上演化为"里坊制"，即全城作棋盘状划分，将居住的"里"和商业的"市"容纳至有高墙封闭的单元中，有吏卒管理定时开闭，全城宵禁，代表城市为曹魏邺城、唐长安与洛阳。伴随生产力的进一步发展，城市经济活动逐渐"溢出"里坊，唐末各类"侵街"现象层出不穷。终至宋代，开放式的街道取代封闭里坊成为城市内部结构的主体。明清是我国封建制度发展的巅峰，城市在规模、数量、职能方面得到极大的发展，尤其是广大市镇的兴起，构建和完善了城乡网络。总体来说，历经漫长的历史时期，中国传统城市的经济功能在不断加强；城郭之间的界限日趋模糊，并最终走向融合；城市内容在壮大和丰富之余逐渐"溢出"城墙限制。清代处于中国由古代迈向近代的变革时期，兴起和发展于同时代的漠南地区城镇不可避免在城市功能、实体要素、结构组织等方面带有时代和地区的烙印。

一、主要功能构成要素

乾隆《塔子沟纪略》"建置"曰："古列侯分封食邑，各据其地，后世设省会置郡守牧令以司之。历代相沿由来尚矣，我朝垂统百有余年。普天率土悉归王化，口外藩封尽属版图。于是设官分职俾守土而治之，诚亘古未有之盛事也。"前工业时代的治所城镇，主要作为维系国家统治的地方存在，因此城镇内部的功能组成较为简单，大致可以划分四类：一类是执行国家政令的各级官署衙门，如府衙、县衙、巡检署、将军都统衙门等；二类是宣扬封建教化的教育和祭祀设施，如官学、祠堂、坛庙等；三类是辅助型市政设施；四类是住宅和由此衍生的"前店后坊式"商铺/作坊。

（1）行政官署是府厅州县各级官吏处理政务的办公场所，在志书中多被冠以"官署"（口北三厅志）、"衙署"（塔子沟纪略）、"公署"（承德府志）等，是古代

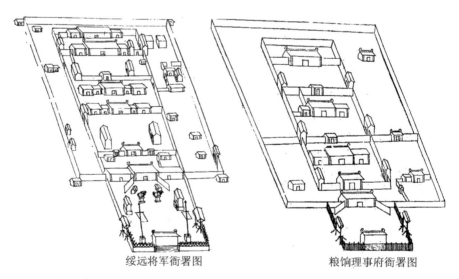

绥远将军衙署图　　　　　粮饷理事府衙署图

图5-11　绥远将军衙署和粮饷理事署
（图片来源：（清）高赓恩. 绥远全志[M]. 台北：成文出版社，1968：66-73.）

城市内部最重要的构成要素，大多为尊崇礼制而有计划性地布置于城市有利地位。对于异质于中原的漠南蒙地，各级官秩衙署更标榜着将外藩蒙地纳入内地的"经画规制"。

官署建筑的大小、多寡取决于所在治所的行政级别。通常情况下，高等级治所的官署种类和规模均高于低等级治所，下级信息汇总于此，需要更多地人力资源去处理和分析，导致办事空间的扩大。虽然规模不一，但同作为地区行政中心，职能内容大体相仿，可分为行政衙署和军事衙署：行政衙署包括道府州县署、县丞署、州判署、教授署、经历司署、司狱司署、巡检署、税务司署等；军事衙署包括将军衙署、都统衙署、八旗驻防公署、总管公署、绿营协副将署、各州县绿营守备和都司署、各分汛千总和把总署等。级别最高的八旗驻防通常将军事设施集中于一区，修筑专门的"满城"，例如绥远驻防城、太原满城、福州满城等。

虽然各类衙署专司的政务有别，但建筑形式均采用院落建筑群组的传统布局（图5-11、图5-12）：以院落为基本，沿主轴线由南及北依次布置照壁、仪门、庑廊、大堂、二堂、三堂等若干进主体建筑，东西两侧辅轴线上或布置县丞衙、典吏衙、主簿衙等佐贰官衙署，此外还设有仓库、监狱、库房、甚至官邸等辅助用房。这种布局为州县及其以上治所衙署的普遍形制，规模大者也仅表现为多进围合院落的纵向串联；对于州县以下的基层衙署有的则直接租赁民房，不另行修建衙署。以口北三厅地区为例，张家口厅理事同知下属之乌里雅苏台千总署、太平庄把总署均"未建租赁民房"；独石口理事同知下属之黑河川千总署"乾隆三年建，独石口东一百三十里，有大门一间、东西耳房二间、大堂三间、堂后住房三间、马棚二间"，丁庄湾把总署"在独石口西北三十里、乾隆四年建、大门一间、班房一间、大堂三间、堂后住房三间、厨房一间、马棚一间"；多伦诺尔则建有千总署，未建把总署[①]。

以奉化县为例，县署在本城街之南，建于光绪五年（1879年）。正堂三楹庑殿顶，暖阁一座，东有值堂，西有库房各一间。二堂三楹，东西环以廊。知县宅在二堂后，正厅堂五间，东西厢房各三间。慎初堂在二堂之西，三间，西厢房三间。幕庭在慎初堂后，北正房西厢房各三间。半圆在西南隅，小北房两间系验收工程后添置。正堂之前是露台，吏户礼房在露台东（七间），兵刑工房在露台西（七间）。仪门在露台之南，三间，东西二便门。东西班房在仪门外，共十间。仪门之南为大门，大门外立照壁一座。合厨房、跟役房、马号以及零星小房通共八十九间半。大门内男女监狱各一所，附有看押人犯房五间更房几间。典吏署在县署南大门以内，初本为照磨署，系道光间照磨张长泰移建，光绪五年典吏史奉文改建。大堂三楹，二堂三楹，典吏史宅在二堂后，正厅房五间，东西厢房各三间。外有仪门、大门、科房、班房、照壁东西房等约计大小房四十五间。

---

① （清）金志节原本，黄可润修. 口北三厅志·卷四官署[M]. 刊本. 1748（乾隆十三年）: 77. 书中曰："多伦诺尔驻防千总署，在旧营兴隆街，雍正十三年改建，大门一间，左右房二间半，大堂四间半，住房二间，署内营房三间，马棚六间。多伦诺尔驻防把总署未建。"

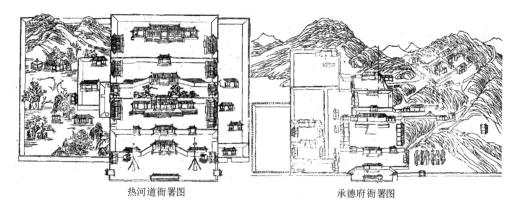

图5-12 热河道衙署（左）和承德府衙署（右）
（图片来源：（清）海忠，林从炯，等. 承德府志［M］. 台北：成文出版社，1968：424-425.）

（2）文化宣教机构是专职于封建王权意识形态传承和推广的设施，主要分为"教育"和"祭祀"两方面。文化教育机构包括各级官学（府学、州学、县学）、义学、书院、考棚、劝学公所、文庙。《左传》云："国之大事在祀与戎"，对于礼制的推崇可上升到中国传统政治哲学，并始终表现为城镇内部人文景观的重要组成要素。清代放垦蒙地新兴城镇虽位于化外藩地，但作为标榜封建礼制的治所城镇，文教祭祀类机构并不能因此荒废。《承德府志·卷十四》云："古者有封建，即有坛壝，境内至祭，不以域外而忽，自国朝首崇宣庙，次建城隍，巩固神皇，规模阔远，继此秩祀，群祀诸典，礼各属均，厘然并举，而围场山镇亦奉"。祭祀坛庙建筑分为喇嘛宗教庙宇、政府赦令祭祀神灵的坛庙、民间自发祭拜的宗祠。寺庙不仅是约定俗成的祭拜神灵和先贤的公共集会场所，更因其高聚集效应引起市廛附着，进而演化成为清代重要的庙会经济。

府城以承德府为例（图5-13），坛庙建筑包括先农坛、社稷坛、风云雷雨山川坛、厉坛、城隍庙、文昌庙等制度性坛庙以及名宦祠、土地祠、乡贤祠、节孝祠、鲁班祠、夏公祠等民间祠堂。

县城以昌图府之奉化县为例，学宫包括县学、文庙、文昌宫；坛庙包括关帝庙、城隍庙、三公祠、衙神庙、狱神庙。《奉化县志·卷四建置》在"坛庙篇"中记载社稷坛、先农坛、厉坛、龙神庙、火神庙、药王庙、八腊庙均未建，其中龙神和火神神位供奉在关帝庙、药王建神位供奉于财神庙，由此可推论上述未建坛庙也在州县经制的坛庙序列之类，可能存在于其他州县城镇内。

滦平县建设有神祇坛、关帝庙、龙王庙、龙母庙、土地祠，未建先农坛、社稷坛；丰宁县建设有先农坛、社稷坛、风云雷雨山川坛、厉坛、关帝庙、文昌庙、河神庙、龙王庙、山神庙；平泉州建设有文昌庙、关帝庙、火神庙、龙王庙、仓神庙、土地庙、马神庙，未建先农坛、社稷坛、风云雷雨山川坛、厉坛；赤峰县建设有关帝庙、文昌祠、土地祠，未建先农坛、社稷坛、风云雷雨山川

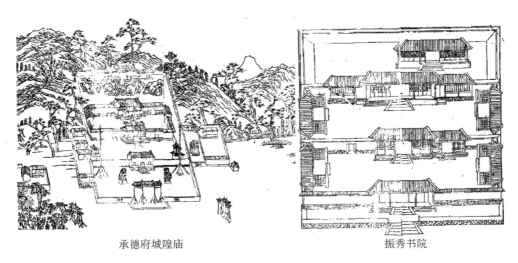

承德府城隍庙　　　　　　　振秀书院

图5-13　承德府城隍庙（左）与书院建筑（右）
（图片来源：（清）海忠，林从炯，等. 承德府志[M]. 台北：成文出版社，1968：422-427.）

坛、厉坛；建昌县建设有城隍庙、关帝庙、文昌祠、龙王庙、药王庙、土地祠、节孝祠，未建先农坛、社稷坛、风云雷雨山川坛、厉坛；朝阳县建设有关帝庙、马神庙，未建先农坛、社稷坛、风云雷雨山川坛、厉坛、文昌庙。在这些坛庙的基础上，各城镇根据所在地区风俗信仰的差异还建筑有各类坛庙。

上述宣教设施为汉民城镇普遍建设的文化教育和祭祀场所，漠南地区城镇是建立在蒙地的定居聚落，城镇人员构成不可能如内地一样均质化，而是由蒙、满、汉、回等多民族共同构成的杂居状态。这一本质属性决定了城镇内部要素构成的地域特色，具体反映在城镇内部文教设施方面，即喇嘛教召寺的大量兴建以及所处于城市的中心地位。佛教始于元明时期传入蒙古，但社会主流仍信奉萨满教。十六世纪藏传佛教格鲁派经土默特俺答汗的大力推行逐渐盛行于内外蒙古，后世清朝统治者也对此采取了保护和推崇的政策。因此自俺答汗于明万历六年（1578年）归化城始建大昭寺，喇嘛庙成为逐水草而居的游牧民族拥有的唯一且不可或缺的定居设施。此外，召寺不仅是从事宗教活动的场所，更由于其拥有土地、房产以及大量的放贷资金，再加上因朝拜活动和庙市经济而引起的人员聚集，自然地围绕其发展出商铺、民居、街道等设施，致使召寺在城市形态的发展过程中占据着举足轻重的地位，形成极具地区特色的城市人文景观。消极的方面在于，喇嘛阶层为了追逐最大的租金利润，往往不愿意在土地上开辟宽阔的道路和空地，造成城区过于拥挤和混乱。

口北地区的多伦诺尔是清代漠南地区"因庙而兴"的典型城镇，庙市经济成为城市形成的主要推动力。汇宗寺和善因寺建成后，蒙古各地蜂拥而至的朝拜者推动庙会集市的发展，逐渐在寺庙隔河相望的南岸形成新旧两个买卖营，奠定了多伦厅"召寺+兴化镇+新盛营"的基本格局。除新旧两庙外，多伦厅还建有城隍庙、会心寺、灵佑寺、兴隆寺、伏魔宫、寄骨寺等。经棚镇是赤峰州巡检司驻地，克什克腾旗旗庙在城镇中占据中心地位，商铺、货栈、官署、民居等以此为中心两翼延伸。此类格局在以蒙古人为主体的聚落中尤为常见，如百灵庙。归化城并非因庙而起，但召寺深刻影响清时期城市形态的发展轨迹。俺答汗修筑的归化城毁于清太宗征讨林丹汗的战争中，在日后的城市重建中，城南地区因大召无量寺、席力图召寺、崇福寺等寺庙的影响而迅速恢复成"商贾辐辏、市廛数里"的繁荣景象，导致原有城市中心南移，并将这一格局保持至清末。

（3）其他辅助性和服务性设施通常作为地方行政补充的"公所"（图5-14）。府、州、县以及次县级市镇设置"铺司"，接待"南北往来日行公文"；热河地区在往返北京和木兰围场的沿途城镇设有行宫，供皇帝及其扈从驻跸之用，如承德府设有热河行宫、滦平县设有喀喇河屯行宫、隆化县设有唐三营行宫等；清代漠南地区的移民大多为内地出口谋生的贫苦流民，因此规模较大的城镇通常设有政府主办的收容"疲癃残疾无告穷民"的福利慈善机构，在地方文献中常谓之"善局"，如养济院、牛痘局、育婴堂、漏泽园、留养局、粥厂等。《奉化县志·卷四建置》在"善局"内容中论述了慈善机构对于蒙地城镇的重要意义："官舍皆邑所不可废也，而养济院尤不可不加意焉，文王发政施仁，必先鳏寡孤独，此非其一端耶，此责备于官者尚已，而奉邑地属蒙疆，垦荒之处皆赖于四方流民，集事试思，今之得以征租累万者，伊谁之力，局员既有意好善，则盍更出资兴建养济院以惠穷黎，不尤为识饮水思源之义者乎。"善举机构除部分留养局为季节性外，多数拥有固定的场所和名号，分布在城厢地区，由民房或官署改建而成，未建者则暂寄于寺庙祠堂等公共活动场所内，日常费用由地方政府在税收中划拨以及个人捐款资助。例如，归化城养济院位于城西龙王庙路南，由旧把总营署三十余间房改建而成；承德府城留养局由知府购置于本街菩萨庙道南侧民房，改建后有屋十三楹；建昌县留养局由士庶商贾捐资新建于关帝庙东侧；朝阳县留养局设立于东门之外；奉化县未建牛痘局，其接种活动安排在三公祠内举行；昌图府牛痘局设于关帝庙内，后因设立卫生医院而废除。

（4）居住商业设施。清代蒙地城镇没有工业，只有少量的手工业作坊和商铺，居住民房是城邑内部形态的构成主体。贵族宅邸为若干进院落组合的砖木结构建筑群，且占据城内最好的位置。普通民房多为一层土木结构建筑，土石或土坯筑墙，草泥抹屋顶。沿街设立的商铺和作坊多为由民房改建成"前店后坊式"，这一点与内地州县无异。在归化城和多伦诺尔城，商铺多租赁喇嘛的房产和地产，出于减少租金和纠纷的考虑，汉商尽量用小房子凑合，避免建造大房子。在商业重镇归化城内，无论是主干道还是次要街道上的商铺都相当的寒碜，"大部分都是一间门面，两间门面的较少，三间门面的在全呼和浩特也找不到十家"；从事批发贸易的商人没有店面只设货栈和账房，"朝街的那一面除用泥和草砌成的围墙和两扇通到院内的大门外，什么也没有，院子里通常三面都是住宅和客房"。

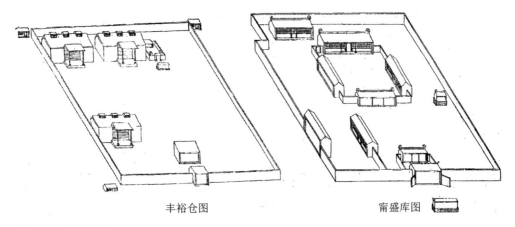

丰裕仓图　　　　　　　　　甯盛库图

图5-14　仓储建筑
(图片来源：(清)高赓恩. 绥远全志[M]. 台北：成文出版社, 1968: 75-76.)

二、主要功能区布局特征

清代蒙地城镇与内地传统城市一样，作为地区行政中心，城市功能具有单一性和稳定性，以住宅和官署为主，几乎看不出城市经济生活在空间上的差异性。外部形态呈现为砖或土砌的围合城墙以及城门、城楼、雉堞等附属设施，即使后期城市功能溢出而兴起的城厢地带，但城墙仍是清晰可辨的边界；内部形态表现为纵横交织的街巷网。由于寺观、文庙、衙署等均由木构架坡屋顶建筑组合而成，因此不同使用功能建筑的外部形态区别并不大，等级和体量的差异只反映在院落组合的多寡、屋顶形式以及大门外木牍牌匾上。城门，是城镇内外空间转换的节点，与街道走向休戚相关。蒙地城镇大都是先兴起街市，后出于安全考虑包裹土墙，这种自下而上的规划致使城门的布置与街巷结构存在对应关系。相反地，规划新建的城镇也会根据城门的个数和位置预先确定干道走向。

面对传统城市形态的稳定性，施坚雅认为："中华帝国晚期城市生态存在两个核心：一个是商业活动中心，一个是官绅士大夫活动中心"[①]。蒙地城镇作为内地政治、经济、文化的延伸，基本符合这一描述，只是进行了部分调整以适应当地生活的特殊性。首先，衙署建筑被有计划性的集中布置，包括都统署、府衙、县衙、巡检署、典吏署等；文化宣教类建筑由于体现的是统治阶层的意识形态，也部署于附近，包括府学、县学、文庙、考棚等，这样就形成了一个院落组合式的官署建筑群。例如，"多伦诺尔的所有官府及政府机关都集中在城市的北端，因此也可以把它们作为城市北部边缘的标志"[②]，这些机构包括多伦厅署、多伦绿

---

① (美)施坚雅. 中华帝国晚期的城市[M]. 叶光庭, 徐自立, 等译. 北京：中华书局, 2000: 634.
② (俄)波兹德涅耶夫. 蒙古及蒙古人：第2卷[M]. 刘汉明, 等译. 呼和浩特：内蒙古人民出版社, 1983: 280.

营署、巡检署,均设置在城北东西向的头道街;承德府,在头道牌(天光地日)坊和二道牌坊之间,自西向东依次排列有考棚、学宫、都统衙门、府衙等(图5-15)。奉化县舆图(图5-16)显示即使是普通州县,也会在城内合适位置集中布置仅有的官署建筑。

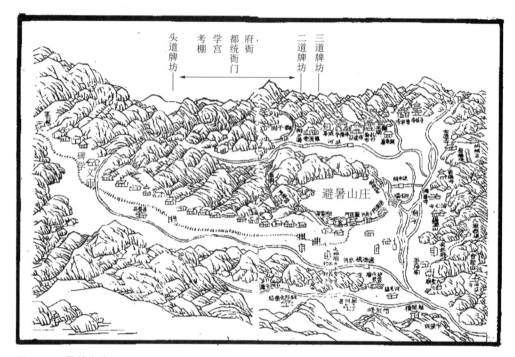

图5-15 承德府舆图
(图片来源:(清)海忠,林从炯,等. 承德府志 [M]. 台北:成文出版社,1968:414.)

其次,蒙地城镇大多建有寺庙,并且寺庙拥有土地的所有权和使用权。随着城镇经济和庙会集市的活跃,寺院在土地上建筑房屋并租售给商人,因而产生了以寺庙为核心的商业集中区——买卖城。例如,归化城经济中心位于城南召庙区,多伦厅新旧买卖营因善因寺和汇宗寺的修建而兴盛,经棚街区以庆宁寺为核心。由于买卖城是依托寺庙发展,且土地和房屋均归于寺庙,使其成为远离城市、相对独立的区域。主城在此设立税关等机构,如多伦厅在福盛街南段集中设置税关分署,征收茶叶税、布匹税和粮食税等。不同于内地城镇的本地坐商,买卖城内的从业者大多为外来商人。对这一现象波兹德涅耶夫记载道:"多伦诺尔也和归化城一样,有一点既不同于中国内地,也不同于长城以外地区,这就是市里很少有私人的房屋,几乎所有的房屋都属寺庙所有。每座和尚庙至少有五六座房屋,它就靠这些房屋的收入来维持,清真寺也是这样。"①

---

① (俄)波兹德涅耶夫. 蒙古及蒙古人:第2卷 [M]. 刘汉明,等译. 呼和浩特:内蒙古人民出版社,1983:339.

第五章　清代漠南地区城镇单体形态

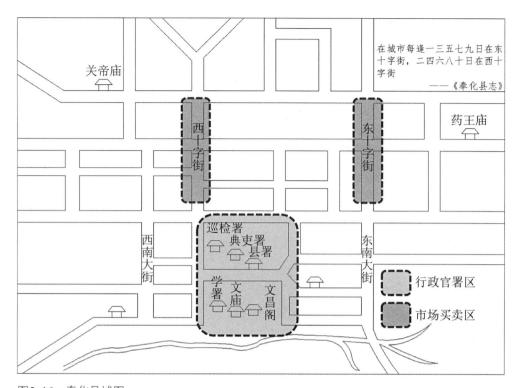

图5-16　奉化县城图
（图片来源：（清）陈文焯. 奉化县志［M］. 台北：成文出版社，1974：42-43.）

此外，紧邻城门的关厢地区由于邻近通衢大道，方便内外联络，成为专门商业聚集的首选地区。再加上蒙地城镇畜产品加工业发达，为了便于宰杀和卫生考虑，一般将其集中设置于城厢，又因城外多建有桥梁，而称呼为马桥、驼桥等。归化城有牲畜交易市场数处，马市在绥远城，曰马桥；驼市在副都统署旁，曰驼桥；牛市在城北门外，曰牛桥；羊市在北茶坊外，曰羊桥；皮货行在南门外十字街，曰皮十字，"市俱近桥故也，其屠宰牲畜，剥取皮革，就近硝熟"[①]。此外，赤峰州、多伦厅、经棚镇、平泉州等也有类似的专门市场。

对于普通州县而言，即便没有独立城外的买卖区，也会在城内主要大街或寺庙前开辟市场区。昌图府城在关帝庙前形成市场，每日成市，"粮豆柴草牲畜咸集"，随后又在"城南街财神庙前空地按东南西北分筑四门，门曰阜昌市集，内为买卖，各货聚集，实昌城一热闹地点也"[②]。奉化县"每逢一三五七九日在东十字街，二四六八十在西十字街"[③]。

最极致的表现当属于归化城与绥远城（图5-17），分别将城市生活的两个中

---

① 绥远通志馆. 绥远通志稿·第十二册：归绥识略［M］. 呼和浩特：内蒙古人民出版社，2007：122.
② 续金文. 昌图县志［M］. 台北：成文出版社，1974：84.
③ （清）钱开震，陈文焯. 奉化县志·卷之三地理志［M］. 刊本. 1884（光绪十年）：95.

心发展至城区的尺度。归化城发挥城市经济功能，四类牲畜市场、商号、货栈等多集中于此；绥远城本质上是驻防满城，城内遍布各式衙署和八旗驻军屋舍，仅有的市场也只满足日用需求（图5-18）。

图5-17 归化城和绥远城
（图片来源：高赓恩. 绥远全志[M]. 台北：成文出版社，1968：79.）

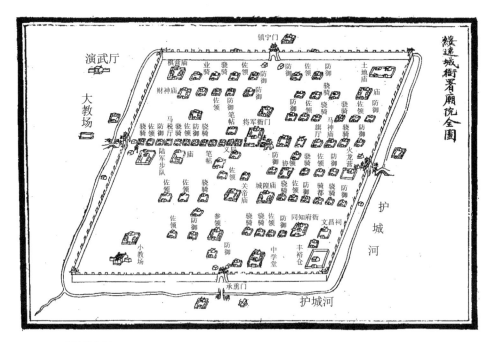

图5-18 绥远城图
（图片来源：高赓恩. 绥远全志[M]. 台北：成文出版社，1968：65.）

随着铁路的出现，沿线城市开始在传统城区外出现以铁路站房为核心的新城区，虽然数目很少，但究竟为近代城市之曙光，代表城市为长春府（图5-19）。未通铁路之前，长春府因东西向2倍于南北向被称为"宽城子"，是一座典型的传统城市：街区环筑近20里的城墙，辟6门，城外有濠，城内以南北大街为主干，为全城最繁华之地，辅以4条东西向支路，城厢分布有牛马市、菜市、粮市、银市等。随着中东铁路和南满铁路的修建，长春府迅速成为东北中部的货物集散中心，并相继发展出独立于宽城区的中东铁路附属区和南满铁路附属区。中东铁路区为俄国于1898年修建，由车站用地和城区用地构成，占地3~4平方公里，道路

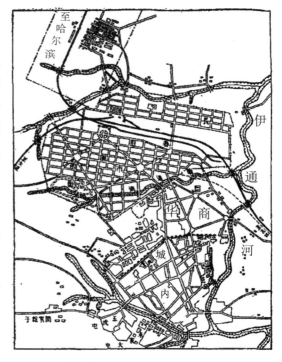

图5-19 长春府图（自北向南分别为中东、南满、自开埠、宽城子）

（图片来源：徐兆奎. 长春城市的形成与发展[J]. 经济地理，1983（01）：47-54.）

作棋盘状划分，不仅建设有站房、学校、教堂、俱乐部、仓库等，还包括路政、水电、邮政等市政设施；南满铁路区为日本于1907年修建，包括车站、住宅、商业、市政、工业、绿化等用地，以站前广场为中心组织起放射状和棋盘状并存的道路网。1909年清政府在南满铁路区和宽城子北门之间规划和修建了自开商埠区，至此长春府自北向南形成由中东铁路、南满铁路区、自开商埠区、宽城子构成的拼贴状城市。

第四节 本章小结

清代漠南地区城镇作为内地政治、经济、文化的延伸，形态与传统城市并无太大差异，只是在规模上稍有逊色，体现出中国传统城市功能的稳定性和单一性——城区环筑墙垣、墙上辟门、墙外有濠、城内分布衙署、文宣、商业居住等功能要素。计划修建的城市往往筑有规整的矩形城墙，内部配以井字或十字大街；自由生长的街区基于通勤成本考虑的利润最大化，交通道路对城区形态具有重要影响，街巷结构由简单到复杂包括"一"字形、鱼骨形、复式街区，致使部分后筑土垣包裹街区的城池呈现椭圆形、多边形、雁翅形等不规则轮廓。

清末漠南地区城镇按人口规模可大致划分为6个等级：核心枢纽城市约为

50000人，大府、大厅、巨镇约为25000人，普通府、厅约为15000人，大县、大镇约为10000人，普通州县约为5000人，小县、小厅、小镇约为2500人，上下等级之间比率约在1.5~2倍。城周里长和人口规模关联度不大，府城因功能溢出城墙而形成发达的关厢地区，州县因现实发展未达到预期而致使部分街基闲置。城镇行政级别和人口规模的不对应性也佐证了前文所述市场格局和行政格局的偏差。

城市内部生活存在两个活动中心——商业活动中心和官绅士大夫活动中心，前者表现为以召寺为中心独立主城的买卖城、城关发展形成牲畜专业市场和城内市场；后者表现为衙署有计划地集中布置。随着清末铁路的出现，沿线城市又于传统城区之外产生了独立的车站附属区，以车站为中心，形成车站、商业、居住、仓储、绿地等更多用地性质以及近代市政，虽然数目极少，但却标志着近代城市的曙光！

第六章　结　语

　　从傅斯年、顾颉刚的"中华民族是一个",到费孝通的"中华民族的多元一体格局",再到施展的"从边疆发现中国",无疑不在传递一个观点——中国是一个体系。而这种体系史观（或是系统观）则较好地体现与贯彻于这套长城·聚落丛书中。若以《明长城九边重镇防御体系与军事聚落》为"启",则分镇叙述为"承"。而沿着长城九边十一镇的历程,时间也终究由明代跨入了清代。所以,从时间的角度来看,本书姑且可以算作该系列的"合"。而所有的努力都试图在将长城"故"事讲得更清楚、更完整。

　　农牧博弈,是中国古代史的主线。而随着晚清时期海洋影响的增加,中国面临"三千年未有之变局",开始为迈入现代化进行艰难转型和自我整合。而明清两代,又恰好分别代表了博弈的两种典型表现——冲突与竞争,其产物则是对应时期长城地区的聚落体系。明朝受华夷之辨的观念影响,拒绝继承元朝的大一统格局,东起鸭绿江西止嘉峪关划出农耕经济资源利用的极限范围。并沿长城线迁出民户、迁入军户、修筑堡寨、实施军屯,逐渐在农业生产边际形成一个缓冲空间,以抵御游牧民族入侵。清代,随着长城南北的统一和华夷秩序的重构,与长城南侧军堡衰败相对应的,是长城北侧蒙地不可遏制的开发趋势。

　　长城北侧充足的可开垦土地带来的移民潮,以及因地处中原—蒙古/俄罗斯—西域—满洲的枢纽位置而发展起来的民族贸易,导致自雍正元年（1723年）设立归化城厅和热河厅,至宣统二年（1910年）设立镇东县和德惠县,放垦蒙地共建立77座治所城镇,形成"道—府/厅—州县—次县级市镇"的行政体系,成为关内政治、军事、经济、文化的延伸。为维系混居地带的农牧平衡,期间清政府采取诸多措施：①依托长城,空间上将汉蒙大体上圈限于南北两侧；②指定入蒙的长城关口和驿路,规定资源流动路径；③蒙地开垦权收于中央,通过放垦位置和范围调节移民量。这种秩序的空间投影是在长城北侧形成"多核带状"的城镇群：自西向东分别以归化城和绥远城（今呼和浩特市）、承德府、昌图府—洮南府—长春府为中心。

　　这些草原城镇或兴起于征准战争、民族贸易,或服务于木兰秋狝,或受益于清末新政和铁路修建,虽然在政治和军事上仍依附于长城以南世界,但经济上已主动嵌入跨区域市场网络。比如连接内地—口外—乌兰巴托—俄罗斯的张库大道,以及由中东铁路和南满铁路打造的东北亚贸易体系。同时,特殊的旅蒙商贸和土地产权（寺庙所有）导致聚落形态带有异于内地的草原特征：独立于主城、围绕召庙的集中商业区（买卖城）。但无论形式如何,过渡地区聚落体系均旨在于推动地区无序→有序：无序,意味着农业人口超过了放垦蒙地的承载力,对牧民权益的侵害超越了容忍阈值,引发农牧激烈对抗；有序,则表现为冲突可控、交流可控和容量可控。而随着明清更迭，秩序承担者由长城南侧的军事聚落转变为长城北侧的蒙地城镇。这种由军事城堡到经济城镇的轨迹，并非明清长城地区所独有，而是历史时期过渡地区或民族混杂地区常见的开发模式。具体表现可能有所区别，但底层逻辑大致相同。

除了农牧博弈的推动，自上而下的他组织与自下而上的自组织也是聚落/聚落体系塑形的一对作用力，主要表现在空间格局与等级规模两个方面。由于起点清晰可辨，使得我们有机会观察蒙地城镇从零到一的完整过程，而这可通过分维数进行刻画：历时性上，分维由整数向分数变化（0.990→1.018→1.125→1.439），描绘出点轴扩散模式的空间投影；共时性上，山西—直隶口外与奉天关外的数值差异，其地理意义也与史料基本相符。而这种不同尺度上分布的相似性——分形，也正是自组织演化在空间上的反映。同时也说明，网格分维作为描述性指标，为定量衡量历史时期城镇发展或地区开发提供了一把客观且简便的标尺。

他组织与自组织的冲突更显著地体现在聚落体系的空间结构和等级结构。一方面，是行政结构与市场结构的对应偏差。由于特殊的区位和时代背景，蒙地城镇复合有显著的行政、驻军与经济属性。而同一个城镇在三种网络中的生态位却存在较大的不同。这种偏差多出现在中段位，既是自上而下与自下而上两种建构逻辑冲突的结果，也反映了新兴的经济城市与传统的政治城市的"双峰对峙"；另一方面，是城镇行政等级与规模体量的矛盾。一边是动辄上千户、人口逾万的次县级市镇；另一边是"市面零落不成集"的州县。这份尴尬与窘境折射出预期与现实之间的巨大落差。

清代蒙地城镇研究，上可衔接明长城聚落，下可直通当代，具有较大的理论意义与现实价值，但局限于作者的认知和能力，不免存在诸多有待完善之处。而这，也即将成为未来工作的目标和方向：

首先，本书对象的时空范围界定于清时期的漠南地区，未来可将空间范围拓展至整个长城北侧地区（包括满洲）、时间跨度推进至当代。以此观察连续历史时期下整个长城带地区聚落化和城镇化的完整历程，更好地为当下区域规划和城市建设提供依据和参考。

其次，本书虽然尝试将空间分析和数据统计技术应用于历史研究，但内容仍停留在数据挖掘和专题地图展示阶段；虽然构建了城镇扩散的描述型模型，并进行了粒子生成法则的初步探讨，但缺乏更智能的模拟模型和更多的人机交互。因此，以NetLogo等智能体软件为平台，设计具有参数控制的情景模拟对历史现象进行推演和检验将是下一阶段研究的重点。

最后，本书属于城镇史的基础理论研究，应考虑如何"有用于世"。寻找历史城市和当代城市的传承脉络、还原城市历史形态、发现城市兴衰的历史成因和客观规律、建立城市历史特色评价体系等，皆可为区域发展战略、旅游规划、城市特色空间塑造、文化遗产保护等提供依据和开拓视野。

本书得以顺利完成并出版，首先要感谢恩师张玉坤教授，从选题直至定稿都有赖于先生的悉心指导。同时，也提供了参与高水平科学研究和生产实践的平台，更以严谨的治学态度、精辟的专业见解、敏锐的学术洞察力，以及高度的工作热忱使我在工作和生活上都受益匪浅。在先生的指导下，我进入了一个崭新的北方聚落世界，原本沉寂于晦涩古文和旷野中的聚落充满了立体感，激发我运用新的视角去诠释它。

　　感谢天津大学谭立峰教授、吴葱教授、李严副教授、李哲副教授对本书的修改和完善提出诸多建设性意见；感谢六合工作室诸多师兄、师姐对我的认可和鼓励！

　　本书是国家自然科学基金青年项目（51708378）与江苏省自然科学基金（BK20170381）的赞助成果之一，能够得以出版有赖于中国建筑工业出版社各位编辑老师的辛勤工作和大力支持！

　　感谢苏州科技大学夏健教授、王勇教授和邱德华副教授对本人工作和本书出版的支持！

　　感谢我的家人，他们的支持是我坚强的后盾！

　　最后补充一点，历史时期城镇体系演变是一个复杂的空间自组织系统，随着研究的深入和量化手段的介入必将推动更多学科的融合。然而受限于本人的知识储备和认识水平，书中难免出现不妥之中，敬请读者斧正，同时表达最诚挚的感谢！

附　录

附录一　清代漠南地区城镇信息一览表

城镇名称	初设时间（年）	初设级别	级别变更（年）	最终级别	上级隶属	四字要缺	治所今址
归化城厅	1723	理事厅	1884抚民厅	厅	归绥道	冲繁疲难	呼和浩特市玉泉区
承德府	1723	厅	1778承德府	府	热河道	冲繁难	承德市双桥区
张家口厅	1724	理事厅	1881抚民厅	厅	口北道	要	张家口市桥西区
张皋镇	1727	巡检司		镇	丰镇厅		张皋镇
平泉州	1729	八沟厅	1778平泉州	散州	承德府	冲繁难	平泉县
多伦厅	1732	理事厅	1881抚民厅	厅	口北道	要	多伦县
独石口厅	1734	理事厅	1881抚民厅	厅	口北道	要	独石口镇
托克托厅	1736	协理通判	1760理事厅 1884抚民厅	厅	归绥道	繁疲难	托克托县
和林格尔厅	1736	协理通判	1760理事厅 1884抚民厅	厅	归绥道	繁疲难	和林格尔县
清水河厅	1736	写理通判	1760理事厅 1884抚民厅	厅	归绥道	繁疲难	清水河县
郭家屯镇	1736	巡检司		镇	丰宁县		丰宁县郭家屯镇
大阁儿镇	1736	巡检司		镇	丰宁县		丰宁县城关镇
黄姑屯镇	1736	巡检司		镇	丰宁县		隆化县城关镇
鞍匠屯营	1736	巡检司		镇	滦平县		滦平县城关镇
丰宁县	1736	巡检司	1778丰宁县	县	承德府	繁难	丰宁县凤山镇
萨拉齐厅	1739	协理通判	1760理事厅 1884抚民厅	厅	归绥道	冲繁疲难	土默特右旗
善岱镇	1739	协理通判	1760裁		归绥道		土默特左旗善岱镇
绥远厅	1739	厅		厅	归绥道		呼和浩特市新城区
建昌县	1740	塔子沟厅	1778建昌县	县	承德府	繁难	凌源市
滦平县	1742	喀喇河屯厅	1778滦平县	县	承德府	难	承德市双滦区

续表

城镇名称	初设时间（年）	初设级别	级别变更（年）	最终级别	上级隶属	四字要缺	治所今址
隆化县	1742	巡检司	1910隆化县	县	承德府		隆化县唐三营镇
宁远厅	1751	厅	宁朔卫怀远所，1884抚民厅	厅	归绥道	冲疲难	凉城县永兴镇
丰镇厅	1751	厅	丰川卫镇宁所，1884抚民厅	厅	归绥道	繁疲难	丰镇市
赤峰州	1774	乌兰哈达厅	1778赤峰县 1908赤峰州	直隶州	热河道	繁难	赤峰市红山区
朝阳府	1774	三座塔厅	1778朝阳县 1903朝阳府	府	热河道	繁疲难	朝阳市双塔区
鄂尔土板	1774	巡检司	1903阜新县 1911县治移	镇	朝阳府		奈曼旗青龙山镇
长春府	1880	长春厅	1882抚民厅 1889长春府	厅	西南路道	繁疲难	长春市南关区
大庙镇	1805	县丞		镇	赤峰州		赤峰市大庙镇
昌图府	1806	昌图厅	1877昌图府	府	洮昌道	繁疲难	昌图县老城镇
包头镇	1809	巡检司		镇	萨拉齐厅		包头市东河区
大宁城	1811	州判		镇	平泉州		宁城县大明镇
四家子镇	1811	县丞		镇	建昌县		敖汉旗四家子镇
蟒庄	1811	巡检司		镇	建昌县		建昌县城关镇
奉化县	1820	照磨	1877奉化县	县	昌图府	繁难	梨树县城关镇
毕克齐镇	1849	巡检司		镇	归化城厅		土默特左旗
怀德县	1866	经历	1877怀德县	县	昌图府	繁难	公主岭市怀德镇
康平县	1877	经历	1880康平县	县	昌图府	繁难	沈阳市康平县
八面城	1877	照磨	梨树照磨移	镇	昌图府		昌图县八面城镇
辽源州	1880	主簿	1902辽源州	散州	昌图府	繁难	双辽市

续表

城镇名称	初设时间（年）	初设级别	级别变更（年）	最终级别	上级隶属	四字要缺	治所今址
农安县	1882	照磨	1889农安县	县	西南路道	疲难	农安县城关镇
经棚镇	1884	巡检司	白岔巡检移	镇	多伦厅		克什克腾旗驻地
靠山屯	1889	照磨	农安照磨移	镇	长春府		农安县靠山镇
朱家城	1890	照磨	靠山屯照磨移	镇	长春府		德惠市朱城子镇
后新秋	1884	主簿	郑家屯主簿移	镇	康平县		彰武县后新秋镇
彰武县	1902	县		县	新民府	繁疲难	彰武县城关镇
兴和厅	1903	厅		厅	归绥道		兴和县城关镇
武川厅	1903	厅		厅	归绥道		武川县城关镇
五原厅	1903	厅	1903大佘太移驻隆盛旺	厅	归绥道		五原县城关镇
陶林厅	1903	厅		厅	归绥道	要	察哈尔右翼中旗科布尔镇
建平县	1903	县		县	朝阳府		建平县叶柏寿镇
阜新县	1903	县	1911鄂尔土板县治移	县	朝阳府		阜新市水泉镇
哈拉套	1903	县承		镇	彰武县		彰武县哈尔套镇
大佘太镇	1903	巡检司	筹议五原厅治	镇	五原厅		乌拉特前旗大佘太镇
新安镇	1903	主簿		镇	农安县		
靖安县	1904	县		县	洮南府	繁疲难	白城市
开通县	1904	县		县	洮南府	繁疲难	通榆县城关镇
洮南府	1904	府		府	洮昌道	繁疲难	洮南市
塔子城	1904	经历		镇	大赉厅		泰来县塔子城镇
安广县	1905	县		县	洮南府	冲繁疲难	大安市新平安镇

续表

城镇名称	初设时间（年）	初设级别	级别变更（年）	最终级别	上级隶属	四字要缺	治所今址
大赉厅	1905	厅		厅	黑龙江省	冲疲难	大安市
安达厅	1906	厅		厅	黑龙江省	冲繁难	安达市任民镇
肇州厅	1906	厅		厅	黑龙江省	繁难	肇州县城关镇
开化镇	1906			镇	醴泉县		通榆县瞻榆镇
泰来溪	1906	治设局		镇	大赉厅		泰来县泰来镇
景星镇	1906	经历		镇	大赉厅		龙江县景星镇
法库厅	1906	散厅	1907直隶厅	厅	奉天省	冲繁难	法库县法库镇
东胜厅	1907	厅		厅	归绥道	要	鄂尔多斯市东胜区
乾安镇	1907	照磨		镇	洮南府		乾安县乾安镇
林西县	1908	县		县	赤峰州		林西县城关镇
开鲁县	1908	县		县	赤峰州		开鲁县城关镇
长岭县	1908	县		县	西南路道		长岭县城关镇
绥东县	1908	县		县	朝阳府		库伦旗驻地
昌五城	1908	经历		镇	肇州厅		肇东市昌五镇
醴泉县	1909	县		县	洮南府	冲繁	突泉县城关镇
德惠县	1910	县		县	西南路道		德惠市大房身镇
镇东县	1910	县		县	洮南府		镇赉县城关镇
同江口	1910	同知		镇	昌图府		昌图县通江口镇

（资料来源：《清史稿》《清代政区沿革综表》《中国行政区划通史·清代卷》以及省府州县方志。）

附录二 清代内蒙古五路驿站信息一览表

驿站名称	所属路线	架设年代（年）	记载里程（公里）	驿站性质
喜峰口	喜峰口驿路	康熙三十一年（1692）	0	汉站
宽城站	喜峰口驿路	康熙三十一年（1692）	70	汉站
和齐·坦频·格儿	喜峰口驿路	康熙三十一年（1692）	100	蒙古站
勘斯呼站	喜峰口驿路	康熙三十一年（1692）	120	蒙古站
托和图站	喜峰口驿路	康熙三十一年（1692）	140	蒙古站
伯尔克站	喜峰口驿路	康熙三十一年（1692）	140	蒙古站
洪郭图站	喜峰口驿路	康熙三十一年（1692）	150	蒙古站
锡喇诺尔站	喜峰口驿路	康熙三十一年（1692）	160	蒙古站
库呼彻尔站	喜峰口驿路	康熙三十一年（1692）	100	蒙古站
三音哈克站	喜峰口驿路	康熙三十一年（1692）	180	蒙古站
西讷郭特尔站	喜峰口驿路	康熙三十一年（1692）	90	蒙古站
奎苏·布拉克站	喜峰口驿路	康熙三十一年（1692）	160	蒙古站
博罗·额尔吉站	喜峰口驿路	康熙三十一年（1692）	140	蒙古站
诺木齐站	喜峰口驿路	康熙三十一年（1692）	140	蒙古站
哈沙图站	喜峰口驿路	康熙三十一年（1692）	180	蒙古站
哈拉·克勒苏特侬	喜峰口驿路	康熙三十一年（1692）	180	蒙古站
珠克特侬站	喜峰口驿路	康熙三十一年（1692）	100	蒙古站
哈达罕	喜峰口驿路	康熙三十一年（1692）	90	蒙古站
古北口	古北口驿路	康熙三十二年（1693）	0	汉站
鞍匠屯	古北口驿路	康熙三十二年（1693）	70	汉站
红旗营站	古北口驿路	康熙三十二年（1693）	90	汉站
十八里站	古北口驿路	康熙三十二年（1693）	60	汉站
赖坡村站	古北口驿路	康熙三十二年（1693）	80	汉站
默尔沟站	古北口驿路	康熙三十二年（1693）	120	蒙古站
锡尔哈站	古北口驿路	康熙三十二年（1693）	100	蒙古站
阿木沟站	古北口驿路	康熙三十二年（1693）	60	蒙古站
卓素站	古北口驿路	康熙三十二年（1693）	70	蒙古站
彻多布站	古北口驿路	康熙三十二年（1693）	80	蒙古站
拉苏特克站	古北口驿路	康熙三十二年（1693）	80	蒙古站
锡拉穆楞站	古北口驿路	康熙三十二年（1693）	40	蒙古站
噶克察站	古北口驿路	康熙三十二年（1693）	100	蒙古站
海拉察克站	古北口驿路	康熙三十二年（1693）	120	蒙古站

续表

驿站名称	所属路线	架设年代（年）	记载里程（公里）	驿站性质
阿噜噶木尔站	古北口驿路	康熙三十二年（1693）	60	蒙古站
独石口	独石口驿路	康熙三十二年（1693）	0	汉站
魁屯布拉克站	独石口驿路	康熙三十二年（1693）	120	蒙古站
额楞站	独石口驿路	康熙三十二年（1693）	230	蒙古站
额墨根站	独石口驿路	康熙三十二年（1693）	150	蒙古站
卓索图站	独石口驿路	康熙三十二年（1693）	160	蒙古站
西林果尔站	独石口驿路	康熙三十二年（1693）	150	蒙古站
呼鲁图站	独石口驿路	康熙三十二年（1693）	180	蒙古站
张家口	张家口驿路	康熙三十二年（1693）	0	汉站
蒐吉站	张家口驿路	康熙三十二年（1693）		蒙古站
昭化站	张家口驿路	康熙三十二年（1693）		蒙古站
塔拉·布拉克站	张家口驿路	康熙三十二年（1693）		蒙古站
穆海图站	张家口驿路	康熙三十二年（1693）		蒙古站
和林格尔站	张家口驿路	康熙三十二年（1693）		蒙古站
杀虎口	杀虎口驿路	康熙三十一年（1692）	0	汉站
和林格尔站	杀虎口驿路	康熙三十一年（1692）	100	汉站
萨尔沁站	杀虎口驿路	康熙三十一年（1692）	50	汉站
归化城	杀虎口驿路	康熙三十一年（1692）	60	汉站
杜尔根站	杀虎口驿路	康熙三十一年（1692）	100	蒙古站
东素海站	杀虎口驿路	康熙三十一年（1692）	120	蒙古站
吉格苏特站	杀虎口驿路	康熙三十一年（1692）	200	蒙古站
巴颜布拉克	杀虎口驿路	康熙三十一年（1692）	200	蒙古站
阿鲁乌尔图站	杀虎口驿路	康熙三十一年（1692）	200	蒙古站
巴尔苏海站	杀虎口驿路	康熙三十一年（1692）	150	蒙古站
察幸札大站	杀虎口驿路	康熙三十一年（1692）	150	蒙古站

（资料来源：《清史稿》；韩儒林. 穹庐集：元史及西北民族史研究［M］. 上海：上海人民出版社，1982（11）：221-245；金峰. 清代内蒙古五路驿站［J］. 内蒙古师范大学学报（哲学社会科学版），1979（1）：20-34.）

附录三 清代绿营大同镇驻屯信息一览表

名称	属路	职官	兵力（人）	驻地	分汛
灵丘路	灵丘路	参将	325	灵丘县	28
浑源城营	灵丘路	都司		浑源州城	25
广昌城营	灵丘路	都司		广昌县	8
新平路	新平路	参将	463	新平堡	6
天镇营	新平路	都司	128	天镇县	8
阳和营	新平路	都司	130	阳和县	6
瓦窑口堡	新平路	千总	100	瓦窑口堡	2
锁门堡	新平路	把总	112	锁门堡	2
守口堡	新平路	把总	120	守口堡	
东井集堡	新平路	千总	60	东井集堡	5
得胜路	得胜路	参将	503	得胜堡	6
拒墙堡	得胜路	把总	96	拒墙堡	4
镇川堡	得胜路	把总	110	镇川堡	2
聚乐城	得胜路	千总	165	聚乐城	4
镇羌堡	得胜路	把总	56	镇羌堡	1
镇边堡	得胜路	把总	70	镇边堡	1
助马路	助马路	参将	562	助马堡	3
高山城	助马路	都司	145	高山城	7
怀仁城营	助马路	都司	172	怀仁县	15
左卫城营	助马路	千总	120	左云县	11
威鲁堡	助马路	千总	92	威鲁堡	7
宁鲁堡	助马路	把总	62	宁鲁堡	3
破鲁堡	助马路	把总	79	破鲁堡	3
破虎堡	助马路	把总	66	破虎堡	6
保安堡	助马路	把总	90	保安堡	1
拒门堡	助马路	把总	80	拒门堡	6
北楼口营	北楼口营	参将	316	北楼口	2
平型关营	北楼口营	都司	135	平型关	3
茹越口营	北楼口营	守备	140	茹越口	3
小石口营	北楼口营	守备	150	小石口堡	2
金刚库营	北楼口营	千总	90	五台县金岗库	4
台怀镇营	北楼口营	把总	90	台怀镇	5

续表

名称	属路	职官	兵力（人）	驻地	分汛
车道场口	北楼口营	把总	39		2
东路营	东路营	参将	661	代州	33
忻州营	东路营	都司	287	忻州	21
白草口	东路营	把总	44		4
水峪口	东路营	把总	40		2
峪口	东路营	把总	40		2
偏关营	偏关营	参将	679	偏关县	5
桦林营	偏关营	都司	287	桦林堡	2
镇西城营	偏关营	都司	190	岢岚州	17
岢岚营	偏关营	把总	81	岢岚州	6
老牛湾堡	偏关营	把总	74	老牛湾堡	2
楼沟堡	偏关营	把总	68	楼沟堡	3
三岔堡	偏关营	把总	70	三岔堡	4
五寨堡	偏关营	把总	68	五寨堡	3
山阴路	山阴路	参将	243	山阴县	2
应州营	山阴路	守备	172	应州	14
马邑营	山阴路	千总	84	马邑县	6
杀虎口协	杀虎口协	副将	1600	杀虎口堡	12
平鲁营	平鲁营	守备	323	平鲁县	8
井坪城营	平鲁营	参将	151	井坪城	9
威远城营	平鲁营	把总	127	威远城	5
阻虎堡	平鲁营	把总	72	阻虎堡	3
败虎堡	平鲁营	把总	77	败虎堡	4
大水口堡	平鲁营	把总	72	大水口堡	3
威虎堡	平鲁营	把总	46	威虎堡	0
迎恩堡	平鲁营	把总	46	迎恩堡	0
朔平城守营	朔平城守营	参将	909	朔平府	9
铁山堡	朔平城守营	把总	40	铁山堡	2
云石堡	朔平城守营	把总	98	云石堡	2
宁武营	宁武营	参将	654	宁武府	11
利民营	宁武营	都司	280	利民城	5
神池营	宁武营	都司	184	神池县	8
八角营	宁武营	都司	178	八角堡	7
静乐营	宁武营	把总	100	静乐县	9

续表

名称	属路	职官	兵力（人）	驻地	分汛
阳方口营	宁武营	守备	230	阳方口堡	10
宁化营	宁武营	把总	67	宁化古城	4
朔州营	宁武营	都司	150	朔州营	9
老营营	老营营	参将	657	老营堡	5
将军会堡	老营营	千总	56	将军会堡	5
贾家堡	老营营	把总	45	贾家堡	1
五眼井堡	老营营	把总	110	五眼井堡	6
马站堡	老营营	把总	71	马站堡	3
永兴堡	老营营	把总	67	永兴堡	2
乃河堡	老营营	把总	69	乃河堡	4
河保营	河保营	参将	784	河曲县	7
焦尾城营	河保营	把总	100	焦尾城	8
楼子营	河保营	把总	95	楼子营镇	13
唐家会营	河保营	把总	59	唐家会	14
河会营	河保营	把总	67	河会	7
河曲营	河保营	把总	68	河曲县	8
保德营	河保营	守备	320	保德州	5
水泉营	水泉营	副将	408	水泉城	5
草垛山堡	水泉营	把总	110	草垛山堡	6
滑石涧堡	水泉营	把总	146	滑石涧堡	6

（资料来源：（清）王轩，等. 山西通志1-8册［M］. 光绪十八年刊本. 华文书局，1969.）

附录四　清代绿营古北口提督驻屯信息一览表

名称	隶属	职官	兵力（人）	驻地
提标中营	古北口提督	参将	173	古北口
提标左营	古北口提督	游击	171	古北口潮河关
提标右营	古北口提督	游击	172	古北口
古北口城守营	古北口提督	都司	144	古北口
提标前营	古北口提督		193	密云县石臣城
密云城守营	古北口提督	都司	128	密云县
顺义营	提标前营	都司	92	顺义县
石塘路营	提标前营	把总	70	密云县石塘路
河屯协左营	河屯协	都司	396	热河
河屯协右营	河屯协	守备	319	承德府土城子
唐三营	河屯协	守备	155	承德府唐三营
八沟营	古北口提督	参将	273	平泉州
建昌营	八沟营	都司	161	敖汉旗贝子府
赤峰营	八沟营	都司	212	翁牛特旗杜梨子沟
朝阳营	八沟营	守备	174	朝阳县六家子
唐三屯营	古北口提督	参将	120	三屯营
喜峰路营	唐三屯营	都司	146	喜峰口
建昌路营	唐三屯营	都司	123	建昌堡
燕河路营	唐三屯营	都司	44	卢龙县燕河堡
昌平营	古北口提督	参将	235	昌平州
居庸路营	昌平营	都司	146	居庸关
鞏华城守营	昌平营	守备	99	鞏华城
怀柔营	昌平营	都司	86	怀柔县
汤泉营	昌平营	守备	90	昌平州汤泉

（资料来源：（清）李鸿章，等. 畿辅通志：120卷［M］. 北京：商务印书馆，1934.）

附录五 清代绿营宣府镇驻屯信息一览表

名称	隶属	职官	兵力	驻地
镇标中营	宣府总兵	游击	124	宣化府城
镇标左营	宣府总兵	游击	113	宣化府城
镇标右营	宣府总兵	都司	108	宣化府城
宣化城守营	宣府总兵	都司	183	宣化府城
张家口营	宣府总兵	都司	183	万全县张家口
万全营	张家口营	守备	90	万全县城
膳房堡	张家口营	守备	97	万全县膳房堡
新河口堡	张家口营	守备	84	万全新河口
洗马林堡	张家口营	守备	87	万全洗马林堡
独石口左营	杀虎口协	都司	126	独石口
独石口右营	杀虎口协	守备	131	独石口
云州堡	杀虎口协	千总	53	云州堡
赤城堡	杀虎口协	把总	47	赤城堡
镇安堡	杀虎口协	守备	51	镇安堡
龙门所	杀虎口协	守备	63	龙门所
滴水崖堡	杀虎口协		21	滴水崖堡
靖安堡	杀虎口协		19	靖安堡
马营堡	杀虎口协	把总	23	马营堡
松树堡	杀虎口协		21	松树堡
君子堡	杀虎口协		17	君子堡
镇宁堡	杀虎口协	把总	22	镇宁堡
多伦中营	多伦协	都司	263	多伦诺尔
多伦左营	多伦协	守备	225	多伦诺尔
多伦右营	多伦协	守备	224	经棚
蔚州路营	蔚州路营	都司	180	蔚州
怀来路营	怀来路营	都司	203	怀来县新保安
岔道营	怀来路营	守备	210	延庆州岔道口
龙门路营	龙门路营	都司	230	龙门
怀安路营	怀安路营	都司	308	怀安县城

（资料来源：（清）李鸿章，等. 畿辅通志：120卷［M］. 北京：商务印书馆，1934.）

附录六 城镇扩散模拟MATLAB源代码

Clear all
Clc
Nsum=1000
R0=2
R=4
Lx=60;ly=50
Axis ([0 lx 0 ly]);
Set(gcf,'color','w');
Hold on
Xhalf1=floor(Lx/6);Xhalf2=floor(Lx/3);Xhalf3=floor(Lx/2);Xhalf4=floor(2*Lx/3);Xhalf5=floor(5*Lx/6);
Sz Points=sparse(Lx,Ly);
Sz Points(Xhalf1,1)=1;Sz Points(Xhalf2,1)=1;Sz Points(Xhalf3,1)=1;Sz Points(Xhalf4,1)=1;Sz Points(Xhalf5,1)=1;
[u,v]=find(szPoints);
Plot1= plot(u,v,'*')
Hold on
Nx=Xhalf3; ny=Ly
P=-1:1; lx=0; ly=0;
For n=1:nsum;
　　Flag=0;
　　Nx=Xhalf3; ny=Ly
　　Theta=round((-1)*pi*rand);
Nx=round(nx+r0*cos(theta));ny=round(ny+r0*sin(theta));
While nx>1 & nx<Lx & ny<Ly & ny>1 & flag=0
　　NN=sum(sum(szPoints(nx+p，ny+p)));
　　D1=sprt((nx-Xhalf1)^2+(ny-1)^2);d2=sprt((nx-Xhalf2)^2+(ny-1)^2);
　　d3=sprt((nx-Xhalf3)^2+(ny-1)^2);d4=sprt((nx-Xhalf4)^2+(ny-1)^2);
　　d5=sprt((nx-Xhalf5)^2+(ny-1)^2);d6=sprt((nx-lx)^2+(ny-ly)^2);
　　dd=[d1,d2,d3,d4,d5,d6]
　　[dmin ii]=min(dd);

```
            If NN>0 round(dmin)<=R
                szPoints(nx,ny)=1;
                flag=1;
                lx=nx;ly=ny
            else
                theta=round((-1)*pi*rand);nx=round(nx+r0*cos(theta));
                ny=round(ny+r0*sin(theta));
            end
        end
        clear nx
        clear ny
        clear flag
end
[u,v]=find(szPoints);
    Figure(1);plot(u,v,' * ')
```

参考文献

一、外文文献

［1］Carballo DM, Pluckhahn. T Transportation corridors and political evolution in highland Mesoamerica: Settlement analyses incorporating GIS for northern Tlaxcala, Mexico [J]. Journal of Anthropological Archaeology, 2007, 26(4):607–629.

［2］Mason S O, Baltsavias E P, Bishop I. Spatial Decision Support system for the Management of Informal Settlement [J]. Environment and Urban Systems, 1997, 21(3–4):189–208.

［3］Brown C T, Witschey W R T. The fractal geometry of ancient Maya settlement [J]. Journal of Archaeological Science, 2003, 30(12):1619–1632.

［4］Wernke S A. Spatial network analysis of a terminal prehispanic and early colonial settlement in highland Peru [J]. Journal of Archaeological Science, 2012, 39(4):1111–1122.

［5］Jones E E. An analysis of factors influencing sixteenth and seventeenth century Haudenosaunee(Iroquois) settlement locations [J]. Journal of Anthropological Archaeology, 2010, 29(1):1–14.

［6］Drennan R D, Dai X P. Chiefdoms and states in the Yuncheng Basin and the Chifeng region: A comparative analysis of settlement systems in North China [J]. Journal of Anthropological Archaeology, 2010, 29(4):455–468.

［7］Hiebert D. The social geography of Toronto in 1931: A study of residential differentiation and social structure [J]. Journal of Historical Geography, 1995, 21(1):55–74.

［8］Samuel Haroutunian. A GIS analysis of Early Bronze Age settlement patterns in Armenia [J].Quaternary International, 2016, 395: 95–103.

［9］Kakembovan Niekerks. The integration of GIS into demographic surveying of informal settlements: The case of Nelson Mandela Bay Municipality, South Africa [J]. Habitat International, 2014(44):451–460.

［10］Turconi L, Nigrelli G, Conte R. Historical datum as a basis for a new GIS application to support civil protection services in NW Italy [J]. Computer and Geoscience, 2014(66):13–19.

［11］Underhill A P, Feinman G M, Nicholas L M. Changes in regional settlement patterns and the development of complex societies in southeastern Shandong, China [J]. Journal of Anthropological Archaeology, 2008，27，(1):1–29.

二、中文期刊

［1］陈鹏.《太祖高皇帝实录》中有关努尔哈赤时期对蒙古政策史料整理研究[J]．古籍整理研究学刊，2004（5）：42-48．

［2］张景秋．1900—1970年中国人文地理学的发展与回顾[J]．人文地理，1998，13（1）：65-70．

［3］（德）Hans-Jurgen Nitz．1952-1992年德国历史地理学的发展[J]．姜道章，译．中国历史地理论丛，2004，19（1）：89-101．

［4］刘恩兰．川西之高山聚落[J]．地理学报，1948（1）27-29．

[5] 王绚, 侯鑫. 传统防御性聚落分类研究[J]. 建筑师, 2006（02）: 75-79.

[6] 业祖润. 传统聚落环境空间结构探析[J]. 建筑学报, 2001（12）: 21-25.

[7] 刘建国, 王琳. 地理信息系统支持的临汾盆地古代人地关系研究[J]. 考古, 2007（07）: 64~70.

[8] 冷疏影, 宋长青, 吕克解, 等. 地理学学科15年发展回顾与发展[J]. 地球科学进展, 2001（06）: 845-851.

[9] 李长吉, 金丹萍. 个案研究法研究述评[J]. 常州工学院学报（社科版）, 2011, 29（6）: 107-111.

[10] 邱均平, 邹菲. 关于内容分析法的研究[J]. 中国图书馆学报, 2004（02）: 12-17.

[11] 李红波, 张小林. 国外乡村聚落地理研究进展及近今趋势[J]. 人文地理, 2012（4）: 103-108.

[12] 白洪希. 皇太极绥服漠南蒙古及其作用[J]. 明清史研究, 1997（4）: 97-101.

[13] 张萍. 黄土高原原梁区商业集镇的发展及地域结构分析——以清代宜川县为例[J]. 中国历史地理论丛, 2003, 18（3）: 46-56.

[14] 慈鸿飞. 近代中国镇、集发展的数量分析[J]. 中国社会科学, 1996, 2: 27-40:

[15] 李东, 许铁钺. 空间、制度、文化与历史叙述——新人文视野下传统聚落与民居建筑研究[J]. 建筑师, 2005（3）: 1001-6740.

[16] 张松. 历史城镇保护的目的与方法初探——以世界文化遗产平遥古城为例[J]. 城市规划, 1999（7）: 50-54.

[17] 黄天其. 历史城镇形态文化价值计量的类型学方法[J]. 重庆建筑大学学报, 1998, 20（3）: 83-87.

[18] 陈桥驿. 历史时期绍兴地区聚落的形成与发展[J]. 地理学报, 1980, 35（1）: 14-23.

[19] 乔坤, 马晓蕾. 论案例研究法与实证研究法的结合[J]. 管理案例研究与评论, 2008, 1（1）: 62-67.

[20] 樊树志. 明代江南市镇研究[J]. 明史研究论丛, 1983（0）: 133-160.

[21] 李哲, 张玉坤, 李严[J]. 明长城军堡选址的影响因素及布局初探——以宁陕晋冀为例[J]. 人文地理, 2011（2）: 103-107.

[22] 包玉海, 乌兰图雅. 内蒙古古代城市（城郭）分布影响因素分析[J]. 人文地理, 2000, 15（5）: 72-74.

[23] 王晓坤. 内蒙古河套地区秦汉时期城址的分布及类型[J]. 草原文物, 2011（2）: 46-55.

[24] 李少兵, 索秀芬. 内蒙古自治区城址概说[J]. 内蒙古文物考古, 2005（1）: 54-63.

[25] 高晓路, 季珏, 樊杰. 区域城镇空间格局的识别方法及案例分析[J]. 地理科学, 2014, 34（1）: 1-9.

[26] 卢晖临, 李雪. 如何走出个案——从个案研究到扩展个案研究[J]. 中国社会科学, 2007（1）: 119-119.

[27] 王禹, 刘岳斌. 入关前后满洲与蒙古各部关系初探[J]. 江西财经大学学报, 2006, 43（1）: 71-76.

[28] 傅宗文. 宋代的草市镇[J]. 社会科学战线, 1982（1）: 116-126.

[29] 傅宗文. 宋代的草市镇与扩城建郊[J]. 社会科学战线, 1988（4）: 162-166.

[30] 马晓东, 朱传耿, 马荣华, 等. 苏州地区城镇扩展的空间格局及其演化分析[J]. 地理学报, 2008, 63（4）: 405-416.

[31] 金其铭. 我国农村聚落地理研究历史及近今趋势[J]. 地理学报, 1988, 43（4）: 311-317.

[32] 王益厓. 无锡都市地理之研究[J]. 地理学报, 1935（03）: 23-63.

[33] 沈尧. 以图论为背景的传统民居聚落外部空间量化分析的应用探析[J]. 小城镇建设, 2011（12）: 73-77.

[34] 高松凡. 中地论与历史城市地理研究——以嘉兴市域城镇演化为重点[J]. 经济地理, 1988（2）: 112-115.

[35] 沈汝生. 中国都市之分布[J]. 地理学报, 1937, 4（1）: 915-935.

[36] 李小文, 曹春香, 常超一. 地理学第一定律与时空邻近度的提出[J]. 自然杂志, 2007, 29 (2): 69-72.

[37] 费驰. 论交通对晚清东北开埠历程的影响[J]. 东北师大学报（哲学社会科学版）, 2007 (6): 30-34.

[38] 王凯旋. 论清代东北地区的城镇经济[J]. 社会科学战线, 2003 (1): 162-167.

[39] 吴祖鲲. 论清代吉林的驿路交通[J]. 长白学刊, 2001 (1): 92-96.

[40] 张林. 略论清代吉林的驿路交通及其对边疆地区开发的贡献[J]. 1999, 16 (4): 30-32.

[41] 曹树基. 清代北方城市人口研究——兼与施坚雅商榷[J]. 中国社会科学文摘, 2002 (1): 29-31.

[42] 成一农. 清代的城市规模与行政等级[J]. 扬州大学学报（人文社会科学版）, 2007, 11 (3): 124-128.

[43] 丛佩远. 清代东北的驿路交通[J]. 北方文物, 1985 (1): 80-92.

[44] 田树茂. 清代山西票号分布图[J]. 文史月刊, 1998 (06): 178-182.

[45] 姜红, 王伟. 中国东北地区商路演变研究[J]. 学术交流, 2013 (10): 89-93.

[46] 郭红. 别具特色的地理单元的体现——明清卫所方志[J]. 中国地方志, 2003 (2): 80-85.

[47] 汤芸, 张原, 张建. 从明代贵州的卫所城镇看贵州城市体系的形成机理[J]. 西南民族大学学报（人文社科版）, 2009 (10): 7-12.

[48] 肖立军. 明代边兵与外卫兵制初探[J]. 天津师范大学学报（社会科学版）, 1998 (2): 37-46.

[49] 段智君, 王贵祥. 明代北边"卫所城市"平面形态与主要建筑规模研究[J]. 西部人居环境学刊, 2014 (4): 123.

[50] 郭红, 于翠艳. 明代都司卫所制度与军管型政区[J]. 军事历史研究, 2004 (4): 78-188.

[51] 彭勇. 明代卫所制度流变论略[J]. 民族史研究, 2007 (0): 147-174.

[52] 顾诚. 明帝国的疆土管理体制[J]. 历史研究, 1989 (3): 135-151.

[53] 顾诚. 卫所制度在清代的变革[J]. 北京师范大学学报（哲学社会科学版）, 1988 (2): 15-22.

[54] 陈倩, 谭纵波, 赖特. 大理、丽江地域聚落分布概括研究[J]. 华中建筑, 2011 (11): 125-130.

[55] 齐乌云, 周成虎, 王榕勋. 地理信息系统在考古研究中的应用类型[J]. 华夏考古, 2005 (02): 108-112.

[56] 冯文兰, 周万村, 李爱农, 等. 基于GIS的岷江上游乡村聚落空间聚集特征分析——以茂县为例[J]. 长江流域资源与环境, 2008, 17 (1): 57-62.

[57] 汤国安, 赵牡丹. 基于GIS的乡村聚落空间分布规律研究——以陕北榆林地区为例[J]. 经济地理, 2000, 20 (5): 1-4.

[58] 单勇兵, 马晓冬. 基于GIS的徐州乡村聚落空间分布规律研究[J]. 徐州师范大学学报（自然科学版）, 2011, 29 (1): 73-75.

[59] 张竟竟, 杨德刚, 张豫芳, 等. 基于GIS与分形理论的天山北坡城乡空间演变综合研究[J]. 资源环境, 2007, 29 (6): 83-89.

[60] 周文磊, 王秋兵, 边振兴, 等. 基于RS和GIS技术的乡村聚落空间分布规律——以新宾县为例[J]. 广东农业科学, 2011 (22): 155-157.

[61] G·阿尔伯斯. 聚落结构模型的历史发展[J]. 沙春元, 译. 城市与区域规划研究, 2010 (3): 142-166.

[62] 宋靖华, 赵冰, 熊燕, 等. 聚落生成影响因素的量化分析方法[J]. 土木建筑与环境工程, 2009, 31 (2): 110-115.

[63] 刘建国, 王琳. 空间分析技术支持的聚落考古研究[J]. 遥感信息, 2006 (3): 51-53; 94.

[64] 李德一, 张安定, 张树文. 山东半岛北部海岸带城乡聚落扩展变化特征与驱动力分析[J]. 自然资源学报, 2008, 23 (4): 612-618.

[65] 刘明皓，戴志中，邱道持，等．山区农村居民点分布的影响因素分析与布局优化——以彭水县保家镇为例[J]．经济地理，2011，31（3）：476-482．

[66] 李全林，马晓冬，沈一．苏北地区乡村聚落的空间格局[J]．地理研究，2012，31（1）：144-154．

[67] 王传胜，孙贵艳，孙威，等．云南昭通市坡地聚落空间特征及其成因机制研究[J]．自然资源学报，2011，26（2）：237-246．

[68] 刘继生，陈彦光，刘志刚．点—轴系统的分形结构及其空间复杂性讨论[J]．地理研究，2003，22（4）：447-454．

[69] 陆大道．关于"点—轴"空间结构系统的形成机理分析[J]．地理科学，2002，22（1）：1-6．

[70] 蒙莉娜，郑新奇，赵璐，等．区域城镇点—轴系统空间结构的分形模型[J]．地理科学进展，2009，28（6）：944-951．

[71] 张豫芳，杨德刚，张小雷，等．天山北坡城市群地域空间结构时空特征研究[J]．中国沙漠，2008，28（4）：795-801．

[72] 沈惊宏，陆玉麒，韩立钦，等．基于点—轴理论的皖江城市带旅游空间布局整合[J]．经济地理，2012，32（7）：43-49．

[73] 地力木拉提·吾守尔，杨德刚，张仲伍，等．天山北坡经济带"组团"点—轴城镇空间结构研究[J]．中国沙漠，2012，32（1）：252-257．

[74] 车前进，段学军，郭垚，等．长江三角洲地区城镇空间扩展特征及机制[J]．地理学报，2011，66（4）：446-456．

[75] 张莉，陆玉麒．"点—轴系统"空间分析方法研究——以长江三角为例[J]．地理学报，2010，65（12）：1534-1547．

[76] 晋迪，宋保平，高楠．基于"点—轴"理论的山西旅游空间结构特征研究[J]．干旱区资源与环境，2013，27（5）：196-202．

[77] 高楠，马耀峰，李天顺，等．基于"点—轴"理论的陕西旅游空间结构研究[J]．干旱区资源与环境，2012，26（3）：177-182．

[78] 李宏志，王圣学．基于"点—轴"理论的西安大都市圈空间结构演变研究[J]．现代城市研究，2006（10）：16-21．

[79] 程晓丽，祝亚雯．基于点—轴理论的皖南国际旅游文化示范区旅游空间结构研究[J]．地理科学，2013，33（9）：1082-1088．

[80] 丰志勇，石培基，曾刚．兰州都市圈城镇体系发展战略研究[J]．干旱区资源与环境，2005，19（6）：1-7．

[81] 陆玉麒．论点—轴系统理论的科学内涵[J]．地理科学，2002，22（2）：136-143．

[82] 陆大道．论区域的最佳结构与最佳发展——提出"点—轴理论"和"T"形结构一来的回顾与再分析[J]．地理学报，2001，68（2）：127-135．

[83] 陆玉麒．区域双核结构模式的形成机理[J]．地理学报，2002，57（1）：85-95．

[84] 成功，李仁杰，张军海，等．成都茶馆空间随机聚集分形特征研究[J]．地理科学进展，2012，31（6）：701-710．

[85] 刘继生，陈彦光．城镇体系空间结构的分形维数及其测算方法[J]．地理研究，1999，18（2）：171-178．

[86] 陈涛．城镇体系随机聚集的分形研究[J]．科技通报，1995，11（2）：98-102．

[87] 刘继生，陈彦光．东北地区城市体系分形结构的地理空间图式——对东北地区城市体系空间结构分

形的再讨论[J].人文地理,2000,15(6):9-16.

[88] 巫兆聪.分形分析中的无标度区确定问题[J].测绘学报,2002,31(3):240-245.

[89] 刘继生,陈彦光.河南省城镇体系空间结构的多分形特征及其与水系分布的关系探讨[J].地理科学,2003,23(6):713-720.

[90] 郑典模,朱升干,蒋文天,等.基于DLCA模型的絮凝过程模拟与应用[J].南昌大学学报(工科版),2011,33(2):129-133.

[91] 曹迎春,张玉坤.基于分形理论的城市天际线量化分析[J].城市问题,2013(12):32-36.

[92] 李传武,张小林,吴威.基于分形理论的江苏沿江城镇体系研究[J].长江流域资源与环境,2010,19(1):1-6.

[93] 张宸铭,田国行.基于分形理论的南宋巴蜀古城镇群分布研究[J].山东建筑大学学报,2014,29(5):428-432.

[94] 蒲欣冬,陈怀录,徐中民,等.基于分形理论的西部干旱区县域城镇体系研究——以定西县为例[J].中国沙漠,2002,22(2):81-87.

[95] 强海洋,张小雷,雷军.基于分形理论的新疆干旱区绿洲城镇体系研究[J].干旱区地理,2010,33(5):802-808.

[96] 蒋铭萍,周年兴,梁艳艳.基于聚集分形的江苏省区域旅游空间结构差异分析[J].长江流域资源与环境,2012,21(Z2):81-88.

[97] 高元衡,王艳.基于聚集分形的旅游景区空间结构演化研究——以桂林市为例[J].旅游学刊,2009,24(2):52-58.

[98] 苏章全,明庆忠,陈英.基于聚集分形维数的旅游区空间结构测评与优化——以云南丽江市古城区为例[J].地域研究与开发,2011,30(5):103-107.

[99] 胡章鸿,段七零.基于时空距离的江苏省景区系统聚集分形演化研究[J].长江流域资源与环境,2014,23(9):1208-1214.

[100] 徐陈超,祝宇红,叶全林.基于有限扩散凝聚模型的边缘扩散效应研究[J].杭州师范大学学报(自然科学版),2013,12(3):258-263.

[101] 刘继生,陈彦光.交通网络空间结构的分形维数及其测算方法探讨[J].地理学报,1999,54(5):471-479.

[102] 吴剑平,陈爽,吴松.南京城市沿交通线轴向伸展的测度研究[J].长江流域资源与环境,2008,17(Z1):8-13.

[103] 许志晖,戴学军,庆大昌,等.南京市旅游景区景点系统空间结构分形结构[J].地理研究,2007,26(1):132-140.

[104] 同丽嘎,李百岁,张靖.内蒙古城镇体系空间结构分形特征分析[J].干旱区资源与环境,2011,25(2):14-19.

[105] 刘志宇,张扬.我国城市群中心地体系与聚集分形特征研究——以湖南"3+5"城市群为例[J].现代城市研究,2014(11):75-80.

[106] 陆玉麒,董平.明清时期太湖流域的中心地结构[J].地理学报,2005,60(4):587-596.

[107] 吴晓舜,张紫雯,王士君.辽西地区中心地等级关系和空间结构研究[J].经济地理,2013,33(5):54-59.

[108] 王士君,王永超,冯章献.吉林省中部地区中心地空间关系分析[J].地理科学进展,2012,31(12):1628-1635.

[109] 吴琳娜,杨胜天,刘晓燕,等.1976年以来北洛河流域土地利用变化对人类活动程度的响应[J].地理学报,2014(01):54-63.

[110] 杨海军,邵全琴.GIS空间分析技术在地理数据处理中的应用研究[J].地球信息科学,2007,9(5):70-75.

[111] 李凡.GIS在历史、文化地理学研究中的应用及展望[J].地理与地理信息科学,2008,24(1):21-26;48.

[112] 尔德尼其其格,阿拉腾图雅,乌敦.基于GIS和RS的呼和浩特市近百年城市空间扩展及其演变趋势[J].干旱区资源与环境,2013,27(1):33-39.

[113] 满志敏.光绪三年北方大旱的气候背景[J].复旦学报(社会科学版),2000(6):28-36.

[114] 满志敏.小区域研究的信息化:数据架构及模型[J].中国历史地理论丛,2008,23(2):5-11.

[115] 潘威,孙涛,满志敏.GIS进入历史地理学研究10年回顾[J].中国历史地理论丛,2012,27(1):11-17.

[116] 李凡,朱竑.GIS在历史及文化地理学研究中的应用——国外研究进展综述[J].人文地理,2009(01):41-47.

[117] 何凡能,葛全胜,郑景云.中国清代城镇用地面积估算及其比较[J].地理学报,2002,57(6):709-716.

[118] 张丹卉.论明清之际东北边疆城镇的衰落[J].中国边疆史地研究,2004,14(1):58-68;150.

[119] 张萍.从军城到治城:北边民族交错带城镇发展的一个轨迹——以明清时期陕北榆林为例[J].民族研究,2006(6):63-71.

[120] 王社教.明清时期陕西地区城镇的发展[J].西北大学学报(自然科学版),2007,37(2):311-316.

[121] 雍际春,吴宏歧.明清时期陇西、青东黄土高原地区的城镇发展[J].天水师范学院学报,2010,30(6):44-48.

[122] 肖忠纯.古代辽宁地区城镇变迁考论[J].辽宁工程技术大学学报(社会科学版),2011,13(2):113-118.

[123] 王雁.衰落与萌芽——明清战争期间辽宁城镇发展[J].满族研究,2012(2):38-44.

[124] 曾早早,方修琦,叶瑜.吉林省近300年来聚落格局演变[J].地理科学,2011,31(1):87-94.

[125] 朱普选.明清河湟地区城镇的形成与发展[J].西北民族研究,2005(3):59-68.

[126] 刘洋.明清时期平凉地区的城镇[J].陕西师范大学学报(哲学社会科学版),2004(33):186-188.

[127] 雍际春,吴宏歧.宋金元时期陇西、青东黄土高原地区城镇的发展[J].中国历史地理论丛,2004,19(4):84-94;106.

[128] 杨果.宋元时期江汉-洞庭平原聚落的变迁及其环境因素[J].长江流域资源与环境,2005,14(6):3-6.

[129] 方修琦,叶瑜,葛全胜,等.从城镇体系的演变看清代东北地区的土地开发[J].地理科学,2005,25(2):129-134.

[130] 董立三.历史时期洞庭湖地区城镇职能的演变[J].经济地理,2006,26(3):500-503;510.

[131] 陆希刚.明清时期江南城镇的空间分布[J].城市规划学刊,2006(3):29-35.

[132] 黄勇,赵万民. 三峡地区古代城镇时空格局变迁[J]. 重庆建筑大学学报,2008,30(2):7-14.

[133] 吴宏岐,郝红暖. 努力拓展后都城时代西安城市地理研究的学术空间[J]. 中国历史地理论丛,2009,24(3):157-160.

[134] 余慧,邱建. 西南丝绸之路与四川传统多民族聚落的生长和演变解析[J]. 中国园林,2012(7):87-91.

[135] 常建华. 日本八十年以来的明清地域社会研究述评[J]. 中国社会经济史研究,1998(2):72-83.

[136] 严艳,吴宏岐. 历史城市地理学的理论体系与研究内容[J]. 陕西师范大学学报(哲学社会科学版),2003,32(2):56-63.

[137] 王晓伟,何小芊,戈大专,等. 中国历史聚落地理研究综述[J]. 热带地理,2012,32(1):107-112.

[138] 李令福. 中国历史地理学的理论体系、学科属性与研究方法[J]. 中国历史地理论丛,2000(3):213-232.

[139] 吴松弟,侯甬坚. 中国历史人文地理学研究进展与展望[J]. 地理科学进展,2011,30(12):1513-1518.

[140] 徐少华,江凌. 明清时期南阳盆地的交通与城镇经济发展[J]. 长江流域资源与环境,2001,10(3):199-204.

[141] 陶卫宁. 明清时期陕南汉江走廊乡村聚落类型的地名研究[J]. 中国历史地理论丛,2003,18(3):73-79.

[142] 杨师群. 明清城镇不存在资本主义萌芽——与西欧中世纪城市的比较研究[J]. 浙江社会科学,2005(1):146-154.

[143] 谢永平. 明清徽商的兴起与东南城镇经济的发展[J]. 南通大学学报(社会科学版),2008,24(2):80-86.

[144] 陈蔚,胡斌,张兴国. 清代四川城镇聚落结构与移民会馆——人文地理学视野下的会馆建筑分布选址研究[J]. 建筑学报,2011(S1):44-49.

[145] 王玉海. 清代内蒙古东部农业村落的规模和布局[J]. 内蒙古社会科学(汉文版),2001,22(6):41-44.

[146] 金峰. 清代内蒙古五路驿站[J]. 内蒙古师范大学学报(哲学社会科学版),1979(1):20-34.

[147] 鲁西奇,马剑. 城墙内的城市?——中国古代治所城市形态的再认识[J]. 中国社会经济史研究,2009(2):7-16.

[148] 邓庆平. 华北乡村的白寨与明清边镇的社会变迁——以河北蔚县为中心的考察[J]. 清史研究,2009(3):19-27.

[149] 阚耀平. 历史时期新疆北部城镇的形成与发展[J]. 人文地理,2001,16(4):72-80.

[150] 刘景纯. 清代黄土高原地区城镇书院的时空分布与选址特征[J]. 中国历史地理论丛,2007,22(1):62-72.

[151] 周清澍. 试论清代内蒙古农业的发展[J]. 内蒙古大学学报(社会科学版),1964(2):35.

[152] 杨宇振. 清代四川城池的规模、空间分布与区域交通[J]. 新建筑,2007(5):45-47.

[153] 苟德仪. 清代的乡是行政区划还是地理概念——以四川南部县为个案的分析[J]. 西华师范大学学报(哲学社会科学版),2013(3):11-20.

[154] 胡勇军,徐茂明. "施坚雅模式"与近代江南市镇的空间分布[J]. 南通大学学报(社会科学版),2012,28(3):28-34.

[155] 颜晓红,方志远. 80年代以来国内学者明清城镇及城乡商品经济研究的回顾[J]. 中国史研究动态, 1999（4）: 2-10.

[156] 刘景纯. 从地志资料看清代黄土高原地区市镇及其相关的几个问题[J]. 中国历史地理论丛, 2004, 19（4）: 107-113.

[157] 任放. 二十世纪明清市镇经济研究[J]. 历史研究, 2001（5）: 168-183.

[158] 樊树志. 明清江南市镇的实态分析——以苏州府嘉定县为中心[J]. 学术研究, 1988（1）: 87-91.

[159] 张萍. 明清陕西集市的发展及地域分布特征[J]. 人文杂志, 2008（1）: 152-159.

[160] 陆玉麒,董平. 明清时期太湖流域的中心地结构[J]. 地理学报, 2005, 60（4）: 587-596.

[161] 桑义明,肖玲. 商业地理研究的理论与方法回顾[J]. 人文地理, 2003, 18（6）: 67-71.

[162] 李严,张玉坤,李哲. 长城并非线性——卫所制度下明长城军事聚落的层次体系研究[J]. 新建筑, 2011（3）: 118-121.

[163] 张萍. 明代陕北蒙汉边界区军事城镇的商业化[J]. 民族研究, 2003（6）: 76-110.

[164] 李三谋. 明代边防与边垦[J]. 中国边疆史地研究, 1995（4）: 20-27.

[165] 蓝勇. 明清时期西南地区城镇分布的地理演变[J]. 中国历史地理论丛, 1995（1）: 107-118.

[166] 慈鸿飞. 近代中国集、镇发展的数量分析[J]. 中国社会科学. 1996（2）: 27-39.

[167] 赵明. 自然环境和资源条件对内蒙古城镇体系规划的影响[J]. 内蒙古师大学报（自然科学版）, 1998, 27（4）: 316-319.

[168] 何一民,付娟. 从军城到商城：清代边境军事城市功能的转变——以腾冲、张家口为例[J]. 史学月刊, 2014（6）: 16-24.

[169] 薄音湖. 呼和浩特城（归化）建成年代重考[J]. 内蒙古大学学报（哲学社会科学版）, 1985（2）: 35-39.

[170] 边晋中. 清绥远城修筑时间和过程考[J]. 内蒙古师范大学学报（哲学社会科学版）, 2007, 36（1）: 19-24.

[171] 张威. 1572~1921年呼和浩特城市形态演变分析[J]. 内蒙古社会科学（汉文版）, 2009, 30（2）: 55-60.

[172] 王卓男,王罡. 清绥远城街巷名称及其演变[J]. 内蒙古工业大学学报, 2010, 29（1）: 73-80.

[173] 张威,李冰峰. 清绥远城兴建对呼和浩特城市形态演变的影响[J]. 内蒙古工业大学学报, 2009, 28（2）: 157-160.

[174] 李艳洁,周红格. 绥远城城市功能的变迁[J]. 内蒙古大学学报（哲学社会科学版）, 2011, 43（2）: 9-14.

[175] 张威. "壬山丙向"呼和浩特市道路朝向风水观[J]. 地图, 2009（5）: 78-81.

[176] 张威. 从呼和浩特城市演变过程看绥远城兴建的意义[J]. 内蒙古社会科学（汉文版）, 2010, 31（5）: 57-60.

[177] （日）近藤富城. 清代归化绥远市区的形成过程[J]. 蒙古学信息, 1996（1）: 23-28.

[178] 包慕萍. 长城内外都市文化的融合：游牧和定居的重层都市呼和浩特[J]. 北京规划建设, 2006（4）: 54-57.

[179] 杨洪友. 宽城子起源及长春厅衙署移建考论[J]. 东北史地, 2014（4）: 51-56.

[180] 马天卓. 清代厅城的类型与特点研究[J]. 西南大学学报（社会科学版）, 2011, 37（1）: 168-173.

［181］徐兆奎．长春城市的形成与发展[J]．经济地理，1983（1）：47-54．

［182］朱永杰．"满城"特征探析[J]．清史研究，2005（4）：78-84．

［183］刘凤云．城墙文化与明清城市的发展[J]．中国人民大学学报，1999（6）：93-98．

［184］张力仁．清代城市的空间范围及其人口属性[J]．陕西师范大学学报（哲学社会科学版），2014，43（5）：121-130．

［185］何一民．清代城市规模的静态与动态考察[J]．西南民族大学学报（人文社科版），2014（11）：211-222．

［186］杨宇振．清代四川城的形态与祠庙建筑空间格局[J]．华中建筑，2005（1）：157-158．

［187］刘凤云．市廛、寺观与勾栏在城市空间的交错定位——兼论明清城市文化[J]．中国人民大学学报，1997（5）：54-60．

［188］席明旺．试论清代城市发展的特征：以城市功能与空间为视角[J]．洛阳师范学院学报，2010，29（4）：91-94．

［189］何一民．天时、地利与人和：清代省会城市形成的条件探析[J]．西南民族大学学报（人文社科版），2009（4）：196-208．

［190］熊建林．中国清代中前期城市商业空间演变的规律及其形成机制[J]．西昌学院学报（自然科学版），2012，26（3）：58-61．

［191］（日）太田出．清代绿营的管辖区域与区域社会——以江南三角洲为中心[J]．清史研究，1997（2）：36-44．

［192］张研．清代市镇管理初探[J]．清史研究，1999（1）：39-53．

［193］任玉雪．从八旗驻防到地方行政制度——以清代盛京八旗驻防制度的嬗变为中心[J]．中国历史地理论丛，2007，22（3）：103-112．

［194］定宜庄．清代八旗驻防将军兼统绿营的问题[J]．中国史研究，2003（43）：133-143．

［195］定宜庄．清代北部边疆八旗驻防概述[J]．中国边疆史地研究，1991（2）：20-29．

［196］阎晓雪，陈新亮，薛志清．清代察哈尔都统职任考略[J]．河北北方学院学报（社会科学版），2014，30（1）：47-51．

［197］许檀．清代山西归化城的商业[J]．中国经济史研究，2010（1）：83-92．

［198］张慧芝．18世纪口北三厅的民族经济与城镇发展[J]．内蒙古社会科学（汉文版），2008，29（3）：46-49．

［199］李伯重．明清江南与外地经济联系的加强及其对江南经济发展的影响[J]．中国经济史研究，1986（2）：117-135．

［200］乌云格日勒．清代边城多伦诺尔的地位及其兴衰[J]．中国边疆史地研究，2000，36（2）：79-87．

［201］许檀，何勇．清代多伦诺尔的商业[J]．天津师范大学学报（社会科学版），2007（6）：37-42．

［202］许檀．清代后期晋商在张家口的经营活动[J]．山西大学学报（哲学社会科学版），2007，30（3）：227-233．

［203］许檀．清代前期北方商城张家口的崛起[J]．北方论丛，1998（5）：98-102．

［204］牛敬忠．清代至民国时期中央政府对察哈尔地区行政控制的加强[J]．内蒙古大学学报（人文社会科学版），2007，39（4）：34-39．

［205］秦兆祥．避暑山庄与热河驻防[J]．内蒙古师范大学学报（哲学社会科学版），2007，36（6）：37-40．

[206] 姚永超. 开港贸易、腹地纵深与新"东北"区域的塑造（1861-1931）[J]. 浙江学刊, 2006（5）: 36-40.

[207] 丁春英. 近代东北地区粮食流通市场的形成及历史启示[J]. 南京农业大学学报（社会科学版）, 2010, 10（1）: 102-108.

[208] 费驰. 晚清东北商埠格局变迁研究[J]. 史学集刊, 2007（2）: 75-80.

[209] 高晓燕. 十九世纪后半期黑龙江地区城镇的发展[J]. 黑河学刊, 1995（2）: 114-118.

[210] 陈桦. 清代东北地区经济的发展与特点[J]. 清史研究, 1993（4）: 11-22.

[211] 衣保中. 论清末东北经济区的形成[J]. 长白学刊, 2001（5）: 77-81.

[212] 任启平, 陈才. 东北地区人地关系百年变迁研究——人口、城市与交通发展[J]. 人文地理, 2004, 19（5）: 69-73.

[213] 曲晓范, 李保安. 清末民初东北城市近代化运动与区域城市变迁[J]. 东北师大学报, 2001（4）: 43-49.

[214] 衣保中. 清末东北地区商埠的开辟与区域经济的近代化[J]. 北方文物, 2007（2）: 78-85.

[215] 王革生. 清代东北商埠[J]. 社会科学辑刊, 1994（1）: 112-119.

[216] 王凯旋. 论清代东北地区的城镇经济[J]. 社会科学战线, 2003（1）: 162-167.

[217] 何一民, 易善连. 近代东北区域城市发展述论[J]. 史学集刊, 2002（3）: 74-80.

[218] 周建波, 项凯标. 旅蒙晋商明清时代开发蒙古市场研究[J]. 商业研究, 2010（4）: 199-203.

[219] 陈东升. 清代旅蒙商初探[J]. 内蒙古社会科学（汉文版）, 1990（3）: 89-99.

[220] 祁美琴, 王丹林. 清代蒙古地区的"买卖城"及其商业特点研究[J]. 民族研究, 2008（2）: 63-74.

[221] 王少平. 买卖城[J]. 史学集刊, 1986（2）: 70-73.

[222] 祁美琴. 论清代长城边口贸易的时代特征[J]. 清史研究, 2007（3）: 73-86.

[223] 祁美琴, 李立璞. 明后期清前期长城沿线民族贸易市场的生长及其变化[J]. 明清史, 2008（10）: 30-37.

[224] 何一民. 清代藏新蒙边疆城市发展滞后原因探析[J]. 民族学刊, 2012（9）: 59-68.

[225] 张丽, 骆昭东. 从全球经济发展看明清商帮兴衰[J]. 中国经济史研究, 2009（4）: 102-110.

[226] 林柏成. 发展还是停滞：对于中国明、清时期经济变化的认识——从全国市场的角度看16到19世纪中期中国经济的变化[J]. 黑龙江史志, 2015（3）: 1-3.

[227] 任放. 近代市镇研究的方法论[J]. 清华大学学报（哲学社会科学版）, 2006, 21（3）: 50-61.

[228] 郑维宽. 论明清时期广西的历史进程与政区响应[J]. 广西师范大学学报（哲学社会科学版）, 2012, 48（3）: 123-128.

[229] 袁森坡. 论清代前期的北疆贸易[J]. 中国经济史研究, 1990（2）: 41-71.

[230] 吴承明. 论清代前期我国国内市场[J]. 历史研究, 1983（1）: 96-106.

[231] 廖声丰. 论清政府对长途商业的管理政策——以清代榷关的考察为中心[J]. 云南社会科学, 2007（4）: 116-121.

[232] 郭蕴静. 略论清代商业政策和商业发展[J]. 史学月刊, 1987（1）: 31-37.

[233] 许檀. 明清商业城市研究感言：理论、资料与个案[J]. 清华大学学报（哲学社会科学版）, 2007（5）: 14-16.

[234] 许檀. 明清时期城乡市场网络体系的形成及意义[J]. 中国社会科学, 2000（3）: 191-202.

[235] 许檀. 明清时期区域经济的发展——江南、华北等若干区域的比较[J]. 中国经济史研究, 1999

(2): 19-37.

[236] 许檀, 乔南. 清代的雁门关与塞北商城——以雁门关碑刻为中心的考察[J]. 华中师范大学学报（人文社会科学版）, 2007, 46 (3): 78-86.

[237] 韦庆远. 清代区域社会经济史研究概况[J]. 学术研究, 1988 (2): 82-86.

[238] 丰若非, 刘建生. 清代杀虎口的实征关税与北路贸易[J]. 中国经济史研究, 2009 (2): 15-26.

[239] 鲍成志. 区域经济变迁与中国古代城市体系的演化[J]. 四川大学学报（哲学社会科学版）, 2014 (1): 36-42.

[240] 许檀. 区域经济与商品流通——明清时期中国经济发展轨迹探讨[J]. 史学月刊, 2004 (8): 9-11.

[241] 任放, 杜七红. 施坚雅模式与中国传统市镇研究[J]. 浙江社会科学, 2000 (5): 112-116.

[242] 李伯重. 十九世纪初期中国全国市场：规模与空间结构[J]. 浙江学刊, 2010 (4): 5-14.

[243] 张杰. 柳条边、印票与清朝东北封禁新论[J]. 中国边疆史地研究, 1999 (1): 78-86.

[244] 那顺达来. 蒙古地区区位方向及其对清代文献记载的影响[J]. 内蒙古大学学报（哲学社会科学版）, 2009, 41 (3): 51-57.

[245] 任晓凡. 乾隆年间旅蒙商票照申请制度初探[J]. 晋中学院学报, 2012, 29 (2): 79-81.

[246] 穆崟臣. 试论清代东蒙古地区的商业发展[J]. 东北史地, 2004 (6): 30-32.

[247] 穆崟臣. 试论清朝治理东蒙古的政策和措施[J]. 内蒙古社会科学（汉文版）, 2005, 26 (3): 49-53.

[248] 赵之恒. 清中叶的人口增长与内蒙古西部的违禁开发[J]. 内蒙古师范大学学报（哲学社会科学版）, 2006, 35 (3): 5-9.

[249] 赵云田. 清政府对蒙古、东北封禁政策的变化[J]. 中国边疆史地研究, 1994 (3): 20-28.

[250] 张秀华. 清末放垦蒙地的实质及其对蒙古经济社会发展的影响[J]. 吉林大学社会科学学报, 2007, 47 (3): 81-87.

[251] 刘丽君. 清代封禁政策的内在矛盾与归化城土默特地区教育事业的发展[J]. 内蒙古师范大学学报（哲学社会科学版）, 2005 (6): 107-111.

[252] 杨强. 论清代对蒙古地区汉族移民的政策[J]. 辽宁师范大学学报（社会科学版）, 2005, 28 (2): 113-115.

[253] 张双志. 论清朝管理边疆地区的路票制度[J]. 新疆社会科学, 2006 (4): 98-106.

[254] 乌云格日勒. 20世纪前半期日本人关于内蒙古城镇的调查研究——以今堀诚二的两部著作为主[J]. 蒙古学信息, 2004 (4): 104-108.

[255] 冯文勇, 王乃昂, 何彤慧. 鄂尔多斯高原及毗邻地区历史城市发展的影响因素[J]. 经济地理, 2010, 30 (3): 431-437.

[256] 何一民. 国家战略与民族政策：清代蒙古地区城市之变迁：上[J]. 学术月刊, 2010, 42 (3): 137-144.

[257] 何一民. 国家战略与民族政策：清代蒙古地区城市之变迁：下[J]. 学术月刊, 2010, 42 (4): 134-141.

[258] 乌云格日勒. 口外诸厅的变迁与清代蒙古社会[J]. 山西大学学报（哲学社会科学版）, 2007, 30 (2): 24-28.

[259] 陈喜波, 颜廷真, 韩光辉. 论清代长城沿线外侧城镇的兴起[J]. 北京大学学报（哲学社会科学

版），2001，38（3）：12-18．

[260] 李威，李哲，李严．明榆林镇军事聚落分布对现代城镇的影响[J]．新建筑，2008（5）：62-67．

[261] 冯文勇，王乃昂，何彤慧．鄂尔多斯地区历史城市的城市平面组合和子城特征[J]．干旱区资源与环境，2010，24（5）：80-84．

[262] 苏德．关于清末内蒙古西部地区的放垦[J]．蒙古史研究，2003（7）：434-448．

[263] 张永江．论清代漠南蒙古地区的二元管理体制[J]．清史研究，1998（2）：29-40．

[264] 乌云格日勒．略论清代内蒙古的厅[J]．清史研究，1999（3）：99-104．

[265] 何一民．清代藏、新、蒙地区城市的发展变迁[J]．民族学刊，2011（6）：1-11．

[266] 田宓．清代归绥地区的基层组织与乡村社会[J]．中国社会历史评论，2008（0）：343-356．

[267] 陶继波．清代至民国前期河套地区的移民进程与分析[J]．内蒙古社会科学（汉文版），2003，24（5）：26-30．

[268] 乌云格日勒．清末内蒙古的地方建置与筹划建省"实边"[J]．中国边疆史地研究，1998（1）：15-23．

三、中文著作

[1] 珠飒．18-20世纪初东部内蒙古农耕村落化研究［M］．呼和浩特：内蒙古人民出版社，2009．

[2] 周一星．城市地理学［M］．北京：商务印书馆，1995．

[3] 罗尔纲．绿营兵志［M］．北京：中华书局，1984．

[4] （美）刘易斯·芒福德．城市发展史——起源、演变和前景［M］．倪文彦，宋俊岭，译．北京：中国建筑工业出版社，1989．

[5] （美）施坚雅．中华帝国晚期的城市［M］．叶光庭，等译．北京：中华书局，2000．

[6] （日）田山茂．清代蒙古社会制度［M］．潘世宪，译．北京：商务印书馆，1987．

[7] 葛剑雄．曹树基．中国人口史：第5卷：上［M］．上海：复旦大学出版社，2005．

[8] 葛剑雄．曹树基．中国人口史：第5卷：上［M］．上海：复旦大学出版社，2005．

[9] 张文奎．人文地理学概论［M］．长春：东北师范大学出版社，1989．

[10] 定宜庄．清代八旗驻防研究［M］．沈阳：辽宁民族出版社，2003．

[11] 秦树才．清代云南绿营兵研究——以汛塘为中心［M］．昆明：云南教育出版社，2004．

[12] 朱永杰．清代驻防城时空结构研究［M］．北京：人民出版社，2010．

[13] 黄丽生．由军事征掠到城市贸易：内蒙古归绥地区的社会经济变迁（14世纪中至20世纪初）［M］．台北：台湾师范大学历史研究所，1995．

[14] 乌云格日勒．十八至二十世纪初内蒙古城镇研究［M］．呼和浩特：内蒙古人民出版社，2005．

[15] 牛平汉．清代政区沿革综表［M］．北京：中国地图出版社，1990．

[16] 宋小冬，钮心毅．地理信息系统实习教程［M］．北京：科学出版社，2007．

[17] 朱晓华．地理空间信息的分形与分维［M］．北京：测绘出版社，2007．

[18] 陈彦光．基于Excel的地理数据分析［M］．北京：科学出版社，2010．

[19] 陈彦光．分形城市系统：标度、对称、空间复杂性［M］．北京：科学出版社，2008．

[20] 汤国安，杨昕．ArcGIS地理信息系统空间分析实验教程［M］．北京：科学出版社，2006．

[21] 郭红，勒润成．中国行政区划通史：明代卷［M］．上海：复旦大学出版社，2007．

[22] 周振鹤．中国行政区划通史：清代卷［M］．上海：复旦大学出版社，2013．

[23] 李逸友. 内蒙古历史名城 [M]. 呼和浩特：内蒙古人民出版社，1993.

[24] 内蒙古自治区志·商业志编纂委员会. 内蒙古自治区志：商业志 [M]. 呼和浩特：内蒙古人民出版社，1998.

[25] 内蒙古自治区志·军事志编纂委员会. 内蒙古自治区志：军事志 [M]. 呼和浩特：内蒙古人民出版社，2002.

四、史籍方志

[1]（清）会典馆. 钦定大清会典事例·理藩院 [M]. 北京：中国藏学出版社，2006.

[2] 高赓恩，等. 绥远全志 [M]. 台北：成文出版社，1968.

[3]（朝）朴趾源，朱瑞平. 热河日记 [M]. 上海：上海书店出版社，1997.

[4] 东北文史丛书编辑委员会. 奉天通志（4）[M]. 东北文史丛书编辑委员会.

[5]（清）陈文焯. 奉化县志 [M]. 台北：成文出版社，1974.

[6]（清）孙葆晋. 洮南府乡土志 [M]. 抄本. 1907（光绪三十三年）.

[7] 怀德县志编纂委员会. 怀德县志 [M]. 长春：吉林文史出版社，1996.

[8] 佚名. 安广县乡土志. 抄本. 1909（宣统元年）.

[9]（清）洪汝冲. 宣统昌图府志 [M]. 铅印本. 1910（宣统二年）.

[10]（清）朱佩兰. 奉天省靖安县志 [M]. 宣统抄本.

[11]（清）李绍纲. 康平县乡土志 [M]. 1910（宣统二年）.

[12]（清）孙云章. 辽源州志书 [M]. 宣统抄本.

[13]（清）张鼎彝. 绥乘 [M]. 泰东图书局，1921.

[14]（清）王轩，等. 山西通志 [M]. 北京：中华书局，1990.

[15] 绥远省通志馆. 绥远通志稿 [M]. 呼和浩特：内蒙古人民出版社，2007.

[16] 佟靖仁. 绥远城驻防志 [M]. 呼和浩特：内蒙古大学出版社，1984.

[17]（清）李鸿章. 畿辅通志 [M]. 光绪刻本.

[18] 李毓澍. 吉林通志 [M]. 台北：文海出版社，1965.

[19] 凤凰出版社编选. 吉林府县志辑 [M]. 南京：凤凰出版社，2006.

[20] 农安县志编纂委员会. 农安县志 [M]. 长春：吉林文史出版社，1993.

[21]（清）赵尔巽，等. 清史稿 [M]. 北京：中华书局，1976.

[22]（清）陈惟清，等. 建昌县志 [M]. 成都：成都出版社有限公司，1989.

[23] 建平县志编委会. 建平县志 [M]. 沈阳：辽海出版社，1997.

[24] 王福悦，隆化县志编纂委员会. 隆化县志 [M]. 石家庄：河北人民出版社，2001.

[25] 滦平县史志办公室. 滦平县志 [M]. 石家庄：河北人民出版社，2006.

[26] 宋海，丁孜，王蓟. 平泉县志 [M]. 北京：作家出版社，2000.

[27]（清）林从炯，等. 承德府志，台北：成文出版社，1968.

[28] 赤峰市地方志编纂委员会. 赤峰市志 [M]. 呼和浩特：内蒙古人民出版社，1996.

[29] 开鲁县地方志编纂委员会. 开鲁县志 [M]. 海拉尔：内蒙古文化出版社，2001.

[30] 林西县志编纂委员会. 林西县志 [M]. 呼和浩特：内蒙古人民出版社，1999.

[31]（清）金志节，黄可润. 口北三厅志 [M]. 台北：成文出版社，1968.

[32] (清) 和瑛. 热河志略 [M]. 扬州: 广陵书社, 2006.

[33] (清) 哈达清格. 塔子沟纪略 [M]. 修本. 1773 (乾隆三十八年).

[34] (清) 姚明辉. 蒙古志 [M]. 中国图书公司, 1907.

[35] (日) 下村修介, 关口长之. 新译蒙古地志 [M]. 王宗炎, 译. 上海: 启新书局, 1903.

[36] 张守和, 吉林省地方志编纂委员会. 内蒙古方志概考 [M]. 长春: 吉林省地方志编纂委员会, 1985.

[37] (日) 陆军参谋本部. 蒙古地志摘译 [M]. (清) 杨守敬, 译. 武汉: 湖北人民出版社, 1997.

[38] (俄) 阿·马·波兹德涅耶夫. 蒙古及蒙古人 [M]. 刘汉明, 等译. 呼和浩特: 内蒙古人民出版社, 1983.

五、学位论文

[1] 刘景纯. 清代黄土高原地区城镇地理研究 [D]. 西安: 陕西师范大学, 2002.

[2] 吴滔. 流动的空间: 清代江南的市镇和农村关系研究 [D]. 上海: 复旦大学, 2003.

[3] 张萍. 明清陕西商业地理研究 [D]. 西安: 陕西师范大学, 2004.

[4] 陆希刚. 明清江南城镇 [D]. 上海: 同济大学, 2006.

[5] 曾谦. 近代陕西城镇地理研究 [D]. 西安: 陕西师范大学, 2007.

[6] 徐俊辉. 明清时期汉水中游治所城市的空间形态研究 [D]. 武汉: 华中科技大学, 2013.

[7] 乌敦. 近代绥远地区城镇体系研究 [D]. 呼和浩特: 内蒙古大学, 2014.

[8] 哈斯巴根. 18~20世纪前期鄂尔多斯农牧交错区域研究——以伊克昭盟准格尔旗为中心 [D]. 呼和浩特: 内蒙古大学, 2005.

[9] 陶卫宁. 历史时期陕南汉江走廊人地关系地域系统研究 [D]. 西安: 陕西师范大学, 2000.

[10] 易华. 游牧与农耕民族关系研究 [D]. 北京: 中国社会科学院研究所, 2000.

[11] 俞勇军. 赣江流域空间结构模式研究 [D]. 南京: 南京师范大学, 2004.

[12] 刘建国. GIS支持的聚落考古研究 [D]. 北京: 中国地质大学, 2007.

[13] 张祖群. 清代以来咸阳村落的分布变化和社会之考察 [D]. 西安: 陕西师范大学, 2009.

[14] 李旭. 西南地区城市历史发展研究 [D]. 重庆: 重庆大学, 2010.

[15] 牛会聪. 多元文化生态廊道影响下京杭大运河天津段聚落形态研究 [D]. 天津: 天津大学, 2011.

[16] 张以红. 潭江流域城乡聚落发展及其形态研究 [D]. 广州: 华南理工大学, 2011.

[17] 王飒. 中国传统聚落空间层次结构解析 [D]. 天津: 天津大学, 2011.

[18] 刘玉皑. 边疆与枢纽: 近代新疆城市发展研究 (1884—1949) [D]. 西安: 西北大学, 2013.

[19] 吴秩群. 清代新疆边境地区城市对比研究 [D]. 上海: 复旦大学, 2007.

[20] 董瑞军. 近代东北商会研究 (1903—1931) [D]. 长春: 吉林大学, 2013.

[21] 陈彦光. 分形城市系统的空间复杂性研究 [D]. 北京: 北京大学, 2004.

[22] 吴勇. 山地城镇空间结构演变研究 [D]. 重庆: 重庆大学, 2012.

[23] 李春华. 新疆绿洲城镇空间结构的系统研究 [D]. 南京: 南京师范大学, 2006.

[24] 翁有利. 长春人口发展与城市变迁研究 (1800—1945) [D]. 长春: 吉林大学, 2012.

[25] 李贺楠. 中国古代农村聚落区域分布与形态变迁规律性研究 [D]. 天津: 天津大学, 2006.

[26] 李立. 城镇化进程中乡村聚落形态发展研究——以长江三角洲地区为例 [D]. 上海: 同济大学, 2005.

［27］赵逵．川盐古道上的传统聚落与建筑研究［D］．武汉：华中科技大学，2007．

［28］郭晓东．黄土丘陵区乡村聚落发展及其空间结构研究——以葫芦河流域为例［D］．兰州：兰州大学，2007．

［29］林志森．基于社区结构的传统聚落形态研究［D］．天津：天津大学，2009．

［30］王琳峰．明长城蓟镇军事防御性聚落研究［D］．天津：天津大学，2011．

［31］刘珊珊．明长城居庸关防区军事聚落防御性研究［D］．天津：天津大学，2011．

［32］王绚．传统堡寨聚落研究——兼以秦晋地区为例［D］．天津：天津大学，2004．

六、网络资源

［1］http://www.gscloud.cn/地理空间数据云

［2］http://www.geodata.cn/地球系统科学数据共享平台

［3］http://yugong.fudan.edu.cn/复旦大学历史地理研究中心（禹贡网）

［4］http://www.tju.edu.cn/jzxtcxzx/中国传统村落与建筑遗产保护协同创新中心

［5］http://www.ngcc.cn/国家基础地理信息中心